인도:
삶으로
전달되는 지혜

폴 스탠리,
로버트 클린턴

네비게이토 출판사
TO KNOW CHRIST AND TO MAKE HIM KNOWN

네비게이토 선교회는
국제적이며 복음적인 기독교 기관이다.
예수 그리스도께서는 자기를 따르는 자들에게
"너희는 가서 모든 족속으로 제자를 삼으라"
(마태복음 28:19)는 지상사명을 주셨다.
네비게이토 선교회는 세계 모든 국가에서
예수 그리스도의 일꾼들을 배가시켜
이 지상사명의 성취를 돕는 것을
근본 목표로 하고 있다.

네비게이토 출판사는
네비게이토 선교회의 문서 선교를 담당하고 있다.
본 출판사에서는 그리스도인의 영적 성장을 돕는
서적과 자료들을 출판하여,
그리스도인의 삶의 기초가 견고한
헌신된 제자로 성장하게 하고,
나아가 성숙한 인격과 지도력을 갖춘
일꾼이 되도록 돕고 있다.

CONNECTING

THE MENTORING RELATIONSHIPS YOU NEED TO SUCCEED IN LIFE

PAUL D. STANLEY
J. ROBERT CLINTON

Translated by permission
Title originally published in English as
CONNECTING by NavPress,
a ministry of The Navigators.
©1992 by Paul D. Stanley and
J. Robert Clinton
Korean Copyright ©2000
by Korea NavPress

목 차

	예화, 표와 그림	6
	저자 소개	9
	서론	11
1	인도의 필요성	15
2	인도의 형태	39
3	정기적 인도 : 제자삼는 자	53
4	정기적 인도 : 영적 조언자	69
5	정기적 인도 : 코치	83
6	부정기적 인도 : 상담자	99
7	부정기적 인도 : 교사	115
8	부정기적 인도 : 후원자	133
9	수동적 인도 : 동시대 모본	151
10	수동적 인도 : 역사적 모본	169
11	인도의 범위 : 성상 모형(星狀 模型)	179
12	동료간의 상호 인도	193
13	인도의 십계명	227
14	끝맺음을 잘하는 삶	247
	부록	269

예 화

새로운 환경에서 받은 도움	15
회계 책임의 필요성	19
목회자는 누가 도와주나?	23
제자 훈련을 시작함	28
편지를 통한 인도	33
많은 사람의 절규 : 나를 인도하여 주시겠습니까?	39
뒤늦게 제자의 도에 눈뜨다	54
영적 점검	69
"나이 든 친구"	80
가정 문제를 도와줌	84
새로운 책임을 맡음	87
새로운 도전을 통한 코치	92
국가 지도자의 상담자	99
이웃 사람의 조언	102
지혜의 전수	105
기회에 민감함	106
알아야 할 필요가 있을 때	116
탁월한 교사	120

비공식적 관계를 통해 서로 가르치다	123
구체적 필요 중심의 인도	125
다른 사람의 경력을 우선에 두는 관리자	133
영향력 네트웍	136
자원 연결자	138
때에 맞는 후원자	139
본을 따라감	156
함께하며 본을 보임	159
가르치고 본을 보임	162
조용한 본	165
수세기에 걸친 인도	169
구름같이 둘러싼 허다한 증인들	172
한 경건한 노인의 조언	175
보호를 위한 관계망	183
다윗과 요나단 – 상호 인도	195
아는 사이에서 친구로 발전함	203
막역한 벗은 사랑으로 책망할 수 있다	207
동료간의 코치	214
편지로 기대치를 표시함	230
기대치를 수정함	234
원거리 인도	242

표와 그림

표

2-1	각 인도 형태의 핵심 내용	47
3-1	제자로서의 성장을 위한 기본적인 습관	63
6-1	상담으로 인하여 생기는 능력 부여	109
8-1	후원자의 역할과 능력 부여	143
9-1	동시대 모본을 통한 인도 효과의 증진	167
10-1	역사적 모본의 예	174
12-1	"서로"가 들어간 구절들	200
12-2	상호 인도 관계 확립을 위한 단계	221
13-1	인도의 십계명	228
14-1	끝맺음을 잘한 사람들의 특징	250

그림

2-1	연속선상에서 본 인도의 형태와 기능	46
11-1	인도 관계의 성상(星狀) 모형	185
12-1	동료 관계의 유형	198

저자 소개

폴 스탠리는 선교사로 유럽과 미국 등지에서 네비게이토 선교회의 개척 사역을 담당하였으며, 현재 국제 네비게이토 선교회의 부회장으로 섬기고 있습니다. 지난 수십 년간 지도자 개발 분야의 사역을 담당해 온 그는 전세계에서 이루어지고 있는 네비게이토 사역을 이끄는 책임을 수행하면서, 아울러 세계적인 여러 기독교 기관들의 지도자 개발에도 많은 조언을 하고 있습니다.

로버트 클린턴은 풀러 신학교에서 지도자 양성 분야를 가르치고 있으며, 리더십 이론, 지도자의 유형, 지도자의 선발과 훈련 등을 연구하고 있습니다. 지도자 개발에 대해 연구하면서, 그는 과거와 현재의 지도자 600여 명의 삶을 광범위하게 연구하였습니다.

서 론

"**저**를 인도하여 주시겠습니까?"라고 요청하는 사람들을 우리는 종종 만나곤 합니다. 지난 여러 해 동안 우리는 이 "인도(引導, mentoring)"라는 주제에 대하여 많은 연구를 해왔습니다. 우리는 이런 요청을 하거나 이 요청에 대답을 해야 하는 사람들에게 본서가 도움이 되기를 바랍니다.

과거의 영적 지도자들에 대해 연구한 결과 나[로버트]는 상당히 당황스런 결론을 얻었습니다. 끝까지 성공적으로 잘 마친 지도자가 별로 없다는 것입니다. 그런데 현재 지도자로서 역할을 감당하고 있는 사람들에 대한 연구 결과는 이와 달랐습니다. 그 이유를 살펴보니, 지도자인 그들을 때에 맞게 도와준 사람들이 많이 있다는 사실이 드러났습니다. 그들이 끝마무리를 잘할지에 대하여서는 모릅니다. 그러나 그들이 다른 사람들과 효과적인 관계를 맺었기 때문에 많이 개발되었다는 사실은 부인할 수 없습니다. 대부분의 사례에서 그들은 지도자로서의 영향력 있는 삶을 사는 데에 적어도 3명에서 10명 정도의 사람들로부터 주된 영향을 받았음을 볼 수 있습니다. 그리고 이들에게 드러난 현상은 우리에게도 예외는 아닙니다.

우리의 비교 연구를 통하여 현재의 지도자들이 마지막까지 잘 해낼 수 있도록 돕는 일에 유용하게 사용될 수 있는 정보들이 많이 쏟아져 나왔습니다. 무엇보다도 유용하다고 보이는 것이 바로 "인도"라는 개념입니다. 인도란 "한 사람이 다른 사람에게 하나님께서 주신 자원을 나누어 줌으로써 능력을 부여해 주는 관계적 경험"이라고 정의할 수 있습니다. 좀더 풀어 말한다면, 하나님께서 자기에게 주신 자원을 다른 사람에게 나누어 줌으로써 그 사람이 능력 있게 살아가도록 도와주는 과정입니다. 이는 관계를 잘 맺는 것에서 비롯됩니다. 자원은 다양합니다. 다른 말로 하면, 인도란 '어떤 사람에게 긍정적인 영향력을 미쳐 그로 하여금 자기의 잠재력을 개발하도록 이끌어 주는 것'이라고 할 수 있습니다.

1987년에 이상하게도 지도자들이 실패하는 일이 빈번히 나타나자 사람들은 지도자의 삶에서 "회계(會計) 책임 또는 의무"의 필요성을 더욱 절감하였습니다. 이들 지도자들을 적절히 인도해 주는 사람이 있었다면 미리 실패를 막을 수도 있었을 것입니다. 본서에 소개된 여러 가지 내용들을 그들이 알았더라면, 그들의 실패를 막는 데 큰 도움이 되었을 것이고, 지도자로서의 책임을 끝까지 잘 감당할 수 있도록 이끌어 주었을 것입니다. 오늘날 지도자라면 누구나 회계 책임이 필요합니다. 그들은 지도자로서의 직무를 끝까지 성공적으로 잘 마치기를 원합니다. 그래서 지도자로서의 역할을 감당하는 데에 유익하다면 다른 사람들의 인도를 기꺼이 받으려고 할 것입니다.

적절한 인도만 있으면 지도자가 실패하는 확률은 줄어들고, 지도자로 하여금 능력 있게 책임을 완수하며, 이에 필요한 회계 책임을 지도록 이끌어 줄 수 있습니다. 우리 둘은 서로 다른 길을 걷다가 이러한 동일한 결론에 도달하였습니다. 우리는 다른 사람들을 제자로 삼는 사역을 하면서 어떻게 이끌어 주는 것이 좋은가를 경험했습니다. 또한 이런 경험을 통해서 배운 원리를 다른 사람들에게 전달하였습니다. 폴은 1959년에, 그리고 로버트는 1964년에 제자 훈련을 받기 시작했습니다. 우리는 영적으로 성장하면서 차츰 사역의 책임을 맡기 시작하였고, 더욱 능력 있게 일할 수 있도록 이끌어 주는, 다른 형태의 관계들을 경험하게 되었습니다. 그리고는 우리도 다른 사람들을 격려하면서 함께 사역을 성취해 나가는 경험을 하였습니다.

1977년에 내[폴]는 새로운 전환점을 맞이하였습니다. 유럽 지역의 네비게이토 지도자들을 개발하는 일에 전념하게 된 것입니다. 이로부터 수년간 지도자를 개발하는 일을 하면서, 다른 사람을 인도해 주는 일에 대한 새로운 개념들을 많이 배우게 되었고, 다른 사람들이 이 개념들을 자기의 사역에 사용할 수 있도록 쉽게 정리할 수 있게 되었습니다. 제11장에서 보인 "성상(星狀) 모형"은 이 개념을 쉽게 전달하기 위해서 만든 것입니다.

1979년에 내[로버트]는 풀러 신학교로 옮겼고, 1982년부터 지도자 개발에 관하여 체계적으로 연구하기 시작했습니다. 600여 명의 지도자들을 비교 분석한 결과 인도의 개념에 대한 뼈대가 어느 정도 형성되었습니다. 1986년에 폴을 만난 이후로 이 개념에 대하여 더욱 연구하고자 하는 동기가 생겼습니다. 이 책에 나오는 여러 정의들은 우리가 함께 만나 배운 것을 서로 나누면서 내린 것입니다.

본서는 다음과 같은 네 가지 점에서 독특하다고 할 수 있을 것입니다.

1. 주위에 나를 인도해 줄 만한 사람이 없을 때 어떻게 하면 올바른 인도를 받을 수 있는가를 보여 줍니다. 이상적인 인도를 몇 가지 역할로 나누었는데, 이 역할 중에서 최소한 한 가지라도 해줄 수 있는 사람이 주위에 있을 것입니다. 본서의 처음 열 장은 이러한 각 역할들을 연구하여 소개하고 있습니다. 세부적인 것보다는 우선 전체적인 것을 보기 원하면 시작하기 전에 먼저 제11장에 나오는 "성상 모형"부터 보는 것이 좋습니다.
2. 인도 관계가 효과적으로 기능을 발휘하는 데에 꼭 필요한 세 가지 요소를 설명하고 있습니다.
3. 인도 관계의 균형 잡힌 모델을 제시함으로써 사역과 개인 생활에 대한 건전한 전망을 가질 수 있도록 하였습니다.
4. 인도가 우리에게 어떤 유익을 주는지에 대하여 예화와 설명을 통해 보여 주고 있습니다. 우리 자신들의 경험에 비추어서 서로 도움을 주고받은 많은 인도 관계들을 예를 들어 소개하였으며, 각 사람의 사생활 보호를 위하여 이름을 바꾸거나 구체적인 사항은 각색을 하기도 하였습니다.

더욱 효과적인 삶과 사역을 위하여 서로 도움을 주고받을 수 있는 그런 인도 관계들을 형성하고 그 유익을 누리는 데에 본서가 큰 도움이 되기를 바랍니다. 본서는 여러분을 인도해 줄 사람들을 찾고, 또한 여러분이 다른 사람들을 인도해 주는 일에 참여할 수 있도록 도와주리라 믿습니다.

제 1 장
인도의 필요성

새로운 환경에서 받은 도움

나[폴]는 예배당 뒷쪽에 앉아 있었습니다. 낯선 이국 땅이라서 말이 달라, 목사님의 설교를 하나도 알아들을 수 없었습니다. 우리는 이곳에 이사온 지 얼마 되지 않았습니다. 친척들이나 친구들도 멀리 떨어져 있었습니다. 마음속엔 여러 가지 질문으로 가득 찼습니다. 자신감도 없었고, 아무런 도움도 받지 못한다는 생각이 들었습니다. 개인의 삶에서도 사역에서도 마찬가지 느낌이 들었습니다. 새로운 직책을 수행해야 하고, 새로운 문화에 적응해야 하며, 사람들과도 다시 사귀어야 했습니다. 아무것도 익숙한 것이 없었습니다. 누가 나를 도와줄 수 있을까? 단지 내 심정을 토로할 수 있는 상대라도 있었으면! 가까이 지냈던 친구들에게 전화를 한다고 할지라도 그들은 이 새로운 직책에 대해서나 전혀 새로운 세상에 살고 있는 나를 이해할 수 없을 것이고, 게다가 그들은 전에 한 번도 나와 같은 상황에 처해 본 적이 없었습니다.

꼬리를 물던 이 생각은 무릎에 앉아 있던 네 살짜리 우리 아이가 움직이자 갑자기 멈추었습니다. "아빠, 함께 있으니까 참 좋아요." 이렇게 속삭이며 내 가슴팍으로 손을 뻗쳤습니다. 그 애를 껴안으면서 지난주에 일어났던 일을 생각했습니다. 매일 아침 유치원에 데려다 주었는데 떨어지지 않으려고 울며 떼를 썼습니다. 다른 줄에 앉아 있는 나머지 세 아이를 바라보았습니다. 둘은 그래도 3학년과 4학년이어서 괜찮은 편이었습니다. 그렇지만 그 애들도 나름대로 어려움을 느끼고 있으리라. 오스트리아의 빈이라는 도시에 처음 이사왔고, 사람들은 모두 독일 말을 쓰고 있었으며, 아는 사람이라곤 거의 없는 유럽 땅이었기 때문에 이 모든 일이 일어난 것입니다.

'누군가 나와 같은 길을 걸었던 사람이 있었으면 좋을 텐데. 하지만 어디에서 그런 사람을 만날 수 있을까?' 하고 생각을 하다가, 예배당 앞쪽으로 시선이 갔을 때, 목사님의 장성한 아들이 눈에 들어왔습니다. 방금 전에 그를 만났는데, 자기 가족이 15년 전에 캐나다에서 빈으로 이사왔던 이야기를 했었습니다. 마음속으로 '바로 그거야'라는 생각이 스쳐 지나갔습니다. 그 목사님이라면 나와 비슷한 경험을 했을 테니까 한번 물어보아야겠다는 결심을 했습니다.

다음주에 나는 에이브 목사님께 전화를 걸어 목사님

을 만났습니다. 우리 자녀들이 어떻게 적응해야 하는지에 대하여 물어 보았습니다. 목사님은 아이들 중의 한 명이 유치원에 데려다 주는 자기를 붙들고 떼를 쓰며 떨어지지 않으려던 이야기를 해주었습니다. 나는 놀라며 물었습니다. "별다른 영향은 없었나요?" 목사님의 대답은 간단하였습니다. "그 앤, 기억조차 못해요. 나중에는 유치원 가는 것을 좋아했으니까요." 그날 우리는 가족들의 적응에 관한 이야기를 계속했습니다. 그러나 대화는 거기서 끝나지 않았습니다.

    에이브 목사님과는 그 후로 약속을 하거나 혹은 자연스런 기회를 통해 계속 만났습니다. 그는 당황스런 이국 문화에 잘 적응하도록 여러 가지 조언을 해주었고, 어떻게 하면 아버지로서 역할을 잘할 수 있는지에 대하여서도 본을 보여 주었습니다. 유치원에 다니던 우리 아이는 새로운 힘을 얻게 되었고, 한 달 가량 지나자 아주 기쁜 마음으로 유치원에 가서는 교실로 뛰어들어갈 정도가 되었습니다. 에이브 목사님의 지속적인 격려와 기도, 그리고 조언 덕분에 우리는 힘이 빠지며 포기하고 싶을 때에도 계속 인내할 수 있었습니다.

    우리의 관계가 깊어지면서 목사님의 삶과 주님께 대한 헌신은 나에게 큰 영향을 주어 사역에 대한 나의 태도와 행동에 변화가 일어났습니다. 에이브 목사님은 사람들을 위하여 많은 시간을 내었고, 선한 목자로서 그의 "양떼"를 돌보아 주었습니다. 목자 없는 양과 같이 고생하며 유리하던 사람들이 우리의 목자 되신 예수님 안에서 힘을 얻고 새로운 생의 목표를 갖게 되었습니다. 에이브 목사님이 목회하는 교회는 점점 교인수가 많아졌고, 나는 특히 제자 훈련 과정을 새로이 만들고 이끄는 일에 목사님을 도와 그 동안 받은 은혜를 갚을 수 있었습니다. 에이브 목사님은 나의 친구, 코치, 상담자, 그리고 모본이 되어 주었고, 나는 그를 따르기 위해 애썼습니다. 그의 도움과 가르침으로 우리 가족은 어려운 시기를 잘 넘겼을 뿐만 아니라, 사역의 열매를 풍성하게 맺고 지도자로서의 책임을 감당하는 능력을 키울 수 있었습니다.

* * *

"저를 인도하여 주시겠습니까?"

한 사람이 다른 사람을 이끌어 주는 이 인도(引導)의 역사는 문명의 역사만큼이나 오래되었습니다. 자연스럽게 형성된 이 관계를 통하여 사람들의 경험이나 가치관이 다음 세대로 이어졌습니다. 엘리와 사무엘, 엘리야와 엘리사, 모세와 여호수아, 바나바와 바울, 바울과 디모데와 같은 성경의 지도자들 사이에서도 이러한 관계가 발견될 수 있습니다. 어느 영역에서나 지식이나 기술은 주로, '인격적 관계를 통한 가르침과 배움'이라는 이 인도를 통하여 전수되어 온 것을 인류사를 통하여 찾아볼 수 있습니다. 그리스의 철학자들이나 해군 병사들에 이르기까지 그 영역은 매우 다양하고, 또한 어느 문화에서나 발견할 수 있습니다. 그러나 현대에 이르러서 배우는 과정은 많이 바뀌었습니다. 컴퓨터, 교실 강의, 서적, 그리고 시청각 교재 등에 주로 의존하고 있습니다. 따라서 오늘날에는 지식과 경험을 전달해 주는 사람과 배우는 사람 사이의 관계가 아주 약화되어 있거나 아니면 존재하지 않는 상황에 이르렀습니다.

　오늘날 사람들은 배우고 성숙하려면 시간이 걸릴 뿐만 아니라 다양한 여러 관계가 필요하다는 사실을 다시금 인식하고 있습니다. 자수성가했다는 사람이 있기는 하지만, 이는 동화처럼 들릴 뿐이고, 이런 식으로 성공하기를 원하는 사람은 거의 없습니다. 만약 스스로의 노력만으로 어떤 일에서 성공했다면, 그는 여러 관계가 온전치 못한 상태에 처하게 되고, 또한 시야도 좁아지게 됩니다. 거의 모든 직장과 인생의 여러 영역에서 다른 사람을 통해 배우고자 하는 분위기가 형성되고 있는 것은 이러한 발견에 의한 것입니다. 너무나 많은 사람들이 "저를 인도하여 주시겠습니까?"라는 내용을 말로써, 그리고 다른 여러 형태로 표현하고 있습니다. 그들은 무엇을 원하는 것입니까? 어떻게 이런 관계가 이루어질 수 있습니까? …그리고 이것이 꼭 필요합니까?

　이에 대답하기에 앞서 예를 몇 가지 더 들어 봅시다.

*　*　*

회계 책임의 필요성

　"용서하여 주십시오. 지난 여러 해 동안 해결하려고 했지만, 여의치 않았습니다." 중년의 한 그리스도인 지도자가 고개를 숙인 채 회개의 빛을 보이며 슬피 말하였습니다. 우리는 바로 전에 그가 지난 20년간 범해 온 도덕적 잘못에 대하여 지적했었습니다. 그 동안 그의 잘못을 본 사람이 아무도 없었을까요? 만약 본 사람이 있었다면 한두 명이 아니었을 텐데, 그들은 왜 그에게 정직하게 이야기하며 관심을 보이지 않았을까요? 비탄에 잠겨 자기 죄의 결과를 마주 대하고 있는 그 형제를 바라보며, 나는 마음속으로 이런 생각을 했습니다.

존이 사역을 시작할 때, 어느 누구도 그리스도와 복음, 제자의 도, 그리고 하나님의 말씀에 헌신되어 있는 그를 의심하지 않았습니다. 하나님께서는 그에게 열매를 많이 주셨고, 그는 이를 잘 보존하였을 뿐만 아니라 계속 꽃피우고 열매 맺는 일에 헌신적으로 자기를 드렸습니다. 그와 함께 동역하는 것은 참으로 흥미진진하였습니다.

그러나 교묘한 자만심과 다른 사람을 조종하려는 태도가 존의 사역에 파고들기 시작했습니다. 자신도 모르는 사이에 그는 서서히 혼자가 되었습니다. 그의 삶을 평가해 주고, 이끌어 주며, 자극을 주고, 때로는 따끔한 충고도 해줄 수 있는 이들이 그의 주위에서 하나 둘 사라졌습니다. 그를 이끌어 주는 사람이 없게 되었고 마침내 표류하기 시작했습니다.

해가 지날수록 존은 사역에 더욱 열정적으로 임하였고, 다른 사람들에게 요구하는 수준도 높아졌습니다. 어떤 의미에서는 권장할 만한 것이기도 했지만, 그가 요구하는 것은 비현실적이었습니다. 그의 실제 모습은 자신이 생각하고 기대하던 모습과는 상당한 차이를 보였습니다. 이러한 차이를 아무에게도 알리기를 원하지 않은 그는 단지 "사역"이라는 것을 통해서만 다른 사람들과 관계가 형성되어 있음을 발견하게 되었습니다. 그의 동료나 선배 사역자들은 그의 삶에 무엇인가 잘못된 점이 있다는 것을 알아채기 시작했지만, 그의 삶에 개입하여 평가와 조언을 해줄 만한 관계가 아니었기 때문에 그냥 지나갔고, 그 결과 그는 자기만의 섬을 만들어 홀로 있게 되었습니다.

결국 개입이 필요한 시점에 이르게 되었습니다. 존과 함께 일하던 사람들에게서 문제가 되는 그의 습관에 대한 증언을 듣게 되었고, 다른 많은 사람들이 비록 의도적이지는 않지만 그의 행동으로 말미암아 상처를 받았음을 알게 되었습니다.

냉담한 반응을 보이는 형제를 지적하는 데에는 보통 이상의 용기가 필요하며, 특히 그가 교묘하게 자기를 방어할 경우에는 더욱 심합니다. 이 시점에 이르러 이제 그의 삶에는 누군가 적극적으로 개입하여 강하게 징계하여 주는 것이 필요했는데, 이런 일을 한다는 것은 참으로 어려운 일이었습니다.

그 모임에서 존은 처음에는 자기의 죄가 얼마나 심각한지를 깨닫지 못하였습니다. 다른 사람들이 그에 대하여 관찰된 바를 나누었을 때 "모든 사람이 죄를 범하지 않습니까?"라고 하며 항변하였습니다. 그러나 구체적인 예와 증언과 잘못을 나열하자 수많은 증거 앞에 그는 더 이상 대항할 수 없었고, 마침내 성령께서 그의 마음을 부수셨습니다. 그로 말미암아 상처를 입은 형제자매들이 수없이 많았고, 성장과 개발의 기회를 잃어버린 사람들도 있었습니다. 이윽고 별로 중요하지 않은 일을 성취하기 위하여 이기심에 가득 찬 열심으로 일했던 그의 실상이 그대로 드러났습니다.

만약 존이 다른 사람들과, 서로 책임을 지고 삶을 평가해 주기도 하며 여러 선택이나 도덕적인 문제에 대해 함께 나눌 수 있는 관계를 맺는 일에 관심을 가지고 있었더라면, 이러한 상황은 피할 수 있었을 것입니다. 그리고 하나님의 나라를 위하여 지속적으로 기여할 수 있었을 것입니다. 그러나 동료들뿐만 아니라, 사역이나 삶에서 그보다 경험이 많은 사람들이 그와 관계를 맺을 수 없는 상태가 지속되었습니다. 그 결과, 싹이 틀 시절에 쉽게 고칠 수 있었던 습관이 강도 높은 책망과 징계가 필요한 지경까지 이르게 되었습니다.

* * *

사람들은 대개 자기의 인도자나 동료들에게 투명하게 자기의 삶을 드러내기를 두려워하며, 자기의 약점이 드러나면 다른 사람들로부터 공격을 받거나 혹은 자기가 아무것도 아닌 사람으로 대접을 받을 것이라는 생각을 합니다. 그러나 존의 경우에서처럼, 영적 조언자나 상담자 혹은 동료의 인도를 받았다면 삶이나 사역에 획기적인 변화가 생길 수도 있었는데 이 시기를 놓치는 경우가 생깁니다. 만약 기회가 있었다면 그도 회계 책임을 지는 삶을 살고, 또한 젊은 지도자에겐 필수적인 인도와 조언을 받는 관계를 적극적으로 활용했을 것입니다. 존의 경우에 그는 다른 사람의 인도를 받는 그런 관계를 원했고, 또한 삶을 책임감 있게 살도록 만들어 주는 관계의 필요성을 초기부터 인정했지만, 계속 누군가와 그런 관계를 형성하는 것을 미루기만 했습니다. 바쁜 일이 지속되었기 때문에 이런 관계를 맺는 것이 불가능하게만 보였던 것입니다. 그는 다른 사람들에게 이러한 역할을 부탁하는 것이 쓸데없는 부담을 주는 것이라는 결론을 내렸습니다. 그는 자기 앞에 닥칠 위험들을 피할 만큼 충분히 알고 있다고 생각했습니다. 세월이 지날수록 존은 알게 모르게 자신을, 도움을 주거나 가르치는 자로만 여겼지, 다른 지도자들의 도움을 필요로 한다거나 서로의 삶을 평가해 줄 만한 동료 관계가 필요한 사람으로는 여기지 않게 되었습니다.

* * *

목회자는 누가 도와주나?

젊은 그는 남편, 아버지, 그리고 목사로서 그 또래의 사람들이 흔히 겪는 몇 가지 걱정거리가 있었습니다. 32세까지 봅은 성공적으로 살아왔습니다. 대학 시절, 선교기관을 통하여 복음을 듣고 그리스도를 믿은 후에 그들과 함께 동역했고, 또한 전임 간사로서 3년간이나 사역을 감당하기도 했습니다. 그 후 4년간은 신학을 공부하면서 한 교회에서 목사님을 보좌하였고, 이제는 교외의 한 조그마한 교회에서 목회를 시작한 지 2년이 흘렀습니다. 그는 은사가 많았으며, 열정을 가지고 목회를 시작하여 순조로이 진행하여 왔습니다.

봅은 그 교회에서 제자 훈련을 받고 싶어하는 사람들을 지혜로이 선발하여 훈련시켰는데, 이를 통하여 그는 자기 개인의 성장에도 도움을 얻게 되었고, 스스로의 삶을 자주 평가해 볼 수 있었습니다. 또한 교인들 중에서 자기보다 나이가 많은 경건한 사람들과 교제를 가짐으로써 아주 값진 영적 조언을 들을 수 있었습니다.

내가 밥과 사귀면서 느낀 것은 새로이 목회를 시작하고 있는 그가 열심히 일하며 많은 기대를 가지고 있다는 것이었습니다. 한편으로 또한 그가 속으로 원하는 것뿐만 아니라 다른 사람들로부터 오는 요구 때문에 큰 압력을 받고 있다는 것을 느낄 수 있었습니다. 그렇게 느껴지기만 한 것이 아니라 그게 사실이었습니다. 게다가 그에게는 어린아이가 둘이 있었으며, 아내는 가정 생활을 성공적으로 발전시키기를 간절히 원하고 있었기 때문에, 다양한 필요가 그를 누르고 있었습니다.

그의 처지를 이해하였기 때문에 나는 그와 아침 식사 약속을 하여 그가 느끼고 있는 압력들을 듣고자 했습니다. 식사 중에 그는 간증을 하였고, 하나님께서 지금의 사역을 하도록 인도하신 것을 자세히 말하였습니다. 대화를 하며 그를 만나기 전에 가졌던 우려가 사실임을 성령께서 확증하여 주시는 것을 느꼈습니다. 몇 가지 구체적인 질문을 한 후에, 사역을 하면서 맞이하는 여러 상황에서 결정을 할 때나 우선 순위를 설정할 때 기초가 되는 개념들을 설명해 주었습니다.

나는 밥을 좋아했습니다. 우리는 서로 편안하게 이야기를 주고받을 수 있었습니다. 두 시간 동안 이야기를 나눈 후에 자리에서 일어서면서 밥은 자기 기도제목 두 개를 말하며 기도를 부탁했고, 다음에 다시 만날 수 있겠느냐고 물었습니다. 그렇게 하겠다고 승낙한 후 나는 밥을 위하여 계속 기도하였습니다.

두 번째 만났을 때에는 그의 일정과 함께 그가 교회 내에 변화를 일으키기 원하고 있지만 이 변화를 싫어하는 사람들과의 관계에서 일어날 수 있는 갈등에 대하여 대화를 나누었습니다. 나는 단지 그의 말에 귀를 기울이고 필요에 맞는 질문을 해주면 족하였습니다. 말하는 도중에 그는 바쁜 일정 속에서 아버지로서의 책임을 다하지 못하여 좌절감을 느낀다고 하였습니다. 이 기회를 타서 그를 격려할 수 있었고, 그만 이러한 문제를 겪는 것이 아니라고 말해 준 후에 내가 겪은 동일한 이야기를 해주었습니다.

나는 젊은 시절에 아버지와 남편으로서 배운 것을 나누었습니다. 몇 가지 실제적인 제안도 했습니다. 내가 나눈 것에 대하여 그가 흥미를 보였기 때문에, 나는 그에게 우리가 나눈 대화를 한번 전체적으로 돌이켜 본 후에 아이들과 함께 보내는 시간 및 아내와 함께 서로의 삶을 나누며 기도하는 시간에 대하여 실제적인 계획을 세울 것을 제안하였습니다. 우리는 다음에 다시 만나 새로운 계획이 어떤 효과가 있었는지에 대하여 나누기로 하고 헤어졌습니다.

밥은 적극적으로 배우려고 했으며, 그 일에 헌신적으로 임하였습니다. 그러나 나는 그의 인도자가 되는 일에 나 자신을 헌신하기 전에, 그가 나의 인도를 받기를 진심으로 원하는지, 나에게 회계 책임을 지기를 자원하는지 시험해 보아야 했습니다.

그 다음에 만날 때부터는 더욱 개인적이고 목표 중심적인 내용의 대화가 이루어졌고, 이런 내용들은 그에게 아주 중요한 의미가 있는 것임을 느낄 수 있었습니다. 나는 그에게 우리의 관계를 어떻게 생각하며, 이 관계를 통해 어떤 유익을 누리고 있는지를 물었습니다. 그의 대답은 놀랄 만한 것은 아니었습니다. 그는 지도자로서, 아버지와 남편으로서, 그리고 성장한 사람들에게 변화를 가져다 주는 사람으로서 내가 경험이 풍부한 사람이라고 여기고 있었습니다. 또한 내가 한 질문이 유익했으며, 몇 가지 쓸데없는 갈등 거리를 없애 주었다고 하였습니다.

그리고 나는 우리의 관계를 어떻게 생각하느냐는 질문을 받았습니다. 나는 그에게 매우 능력이 많으며, 열정적이고, 하나님께 크게 쓰임을 받을 수 있는 앞길이 유망한 지도자라고 말하면서, 그의 앞길에는 결코 쉽지 않은 일이 기다리고 있으며 많은 것을 배워야 하기 때문에 그 길을 함께 걸어가고 싶다고 했습니다. 그리고 같은 형제로서 그의 생각에 자극과 도전을 주고, 믿음을 격려하며, 필요한 경우에는 경계(警戒)도 하고, 만약 도움이 된다면 내가 배운 교훈을 나누어 주며, 항상 그를 위하여 구체적으로 기도하는 일에 힘쓰고 싶다고 했습니다.

우리는 앞으로 우리 관계가 어떻게 발전될 수 있을 것인가에 대하여 아주 실제적으로 그려 보며 대화를 나누었습니다. 주로 그가 성장하고 싶은 영역, 만날 횟수, 투명한 대화, 그리고 성실하게 관계를 유지하는 것 등에 대하여 대화를 나누었습니다. 그는 자기와 가까이에 있으면서도 객관적인 시야를 가지고 자기를 도와주며, 어떤 것이라도 나눌 수 있는 친형과 같은 존재인 내가 있는 것이 얼마나 감사한지 모르겠다고 하였습니다. 그리고 어떤 영역에서는 강권해서라도 하게 하고, 또 어떤 영역에서는 발을 들여놓지 못하게 하는 등, 자기의 삶을 통제할 수 있게 해주어 감사한다고 하였습니다.

나 또한 이 관계로 인하여 감사하고 있었는데, 봅을 통하여 젊은 지도자들이 겪고 있는 문제들에 대하여 더욱 잘 알 수 있었기 때문입니다. 그로 인하여 나의 생각은 끊임없이 자극을 받았습니다. 젊은 지도자를 도와 그가 효과적이며 경건한 삶을 살도록 하는 일에 삶을 투자할 수 있다는 것은 참으로 큰 특권입니다. 이 모든 일에 있어서 성령과 보조를 맞추기 위하여 기도를 많이 해야만 했습니다. 게다가 나는 봅과 그의 가족들을 좋아했습니다. 그들과 깊은 우정이 형성되는 것으로 인하여 큰 기쁨을 누리게 되었습니다.

* * *

이 예화에서 볼 수 있듯이 이러한 인도의 관계가 자연스럽게 시작될 수도 있습니다. 어떤 사람이 남편으로서, 아버지로서, 그리고 지도자로서 젊은 시절에 당할 수 있는 여러 어려움들과 성장해야 할 영역이 있다는 것을 알면, 그 사람의 사정을 들어 주고, 적절한 질문을 던지며, 상담해 주고, 격려해 줌으로써 자연스럽게 그 사람을 돕는 위치에 있을 수 있습니다. "모든 해답"을 알고 있을 필요도 없고, 상대방에게 복의 근원이 되어야 한다는 압박을 느낄 필요도 없습니다. 들어 주고, 인정해 주고, 제안하고, 경험을 나누고, 그리고 함께 기도하는 것은 상대방에게 확신을 심어 주고, 전망을 제시하며, 실제적인 도움을 주어 참으로 귀한 기여를 할 수 있습니다.

* * *

제자 훈련을 시작함

교회 안 복도에서 일어난 일이었습니다. 헤롤드는 나[로버트]를 개인적으로 불러, 영적 성장을 원하는 그리스도인들에게 필요한 몇 가지 내용을 배우는 6주간의 소그룹 모임이 있는데 참석하도록 권하였습니다. 기대도 되었지만 두려움이 느껴지기도 했습니다. 그러나 바로 면전에서 일어난 일이었고, 또 거절할 만한 특별한 이유도 생각나지 않아서 참석하기로 했습니다.

그 동안 헤롤드는 나에게 매력적인 그리스도인의 삶을 보여 주었습니다. 진지하게 그리스도를 따르고 있고, 나를 도와줄 무엇인가를 가지고 있는 사람이라는 인상이 들었습니다. 나중에 안 것이지만, 그는 예수님을 믿은 지 3년밖에 되지 않았습니다. 그러나 그 기간 동안, 영적으로 성숙한 한 공군 하사관에게서 주의 깊게 도움을 받으며, 영적으로 견고하게 성장해 왔습니다. 군 복무 시절 헤롤드는 유럽에서 일본으로 근무지를 옮긴 적이 있는데, 이는 포커를 더 잘 즐길 수 있다는 소문을 들었기 때문이었습니다. 그러나 그는 일본에서 카드가 아니라 그리스도께 사로잡히게 되었습니다. 동료들 앞에서도 신앙을 확실히 드러내는 헌신적인 그리스도인들을 만났던 것입니다.

헤롤드가 인도하는 모임에서 우리는 기본적인 제자의 도를 배웠습니다. 경건의 시간을 통한 그리스도와의 교제, 하나님의 말씀에 순종하는 삶, 성경공부, 기도, 그리스도를 증거하는 삶 등에 대해 배웠습니다. 그리고 영적으로 성장하며 그리스도를 위하여 자기의 생을 드리고자 하는 헌신된 그리스도인들과의 교제에 대해서도 배웠습니다. 성령께서는 이 교제를 통하여 나의 삶을 바꾸어 놓으셨습니다.

헤롤드는 몇 가지 인상적인 일을 하였습니다. 모임에 참석하는 6명 각자를 개인적으로 초청하는 것이었고, 또한 개인적인 관심을 지속적으로 보이는 것이 인상적이었습니다. 각자에게는 날마다의 삶에 영향을 끼치는 아주 실제적인 과제들이 주어졌는데, 후에 우리가 다른 사람들에게 나아갈 때에 이와 동일한 방법으로 행할 수 있었습니다. 모이는 시간에 충실하였을 뿐만 아니라 약속한 시간 이외에도 개인적으로 우리 각자를 만나기 위하여 시간을 허비하는 것이 또한 인상적이었습니다.

우리에게 권한 과제는 모두 그가 이전에 배워서 지금도 지속하고 있었던 것들이었습니다. 그는 성경을 체계적으로 암송했는데, 우리도 이를 배웠습니다. 그는 일 년에 한 차례씩 성경을 읽었습니다. 한번은 일주일 동안 성경을 서로 바꾸어 사용한 적이 있었습니다. 성경 속의 여백에 다음 문구가 날짜와 함께 기록되어 있었습니다. "처음으로 성경을 읽기 시작하다." 그리고는 또 다른 문구가 쓰여 있었고, 그 날짜는 1년 뒤였습니다. "생전 처음으로 성경을 통독하다." 이러한 내용이 세 번 반복되었습니다. 그리스도인이 된 지 3년밖에 안 된 사람이 이렇게 했다는 것에 도전을 받았습니다. 나는 주님을 안 지 18년이 지났지만 영적 성장에는 별 진전이 없었고, 성경 전체를 통독한 적이 한 번도 없기 때문이었습니다. 그의 성경에는 표시가 매우 잘 되어 있었습니다. 밑줄이 그어진 곳도 있었고, 여백에는 중요한 내용을 기록도 해놓았습니다. 나도 물론 이런 습관을 본받기 시작했습니다.

그래서 과제 중 하나는 "표시하는 일"이라고 불릴 정도가 되었습니다. 우리는 각자 나름대로 그리스도인의 전기를 읽도록 권면을 받았습니다. 헤롤드는 우리를 위해 책을 한 상자 가져왔습니다. 모임을 갖는 6주 동안 그 책 중에서 하나를 읽기로 하였습니다. 처음에 나는 미국 남침례회의 유명한 설교자인 조지 트루엣의 전기를 골랐습니다. 그러나 헤롤드는 다른 책을 권하였습니다. 허드슨 테일러에 관한 책이었습니다. 이 조그만 일이 나의 일생 동안 얼마나 큰 영향을 끼치게 되었는지 처음에는 상상도 못하였습니다. 테일러의 삶을 통하여 철저한 순종의 의미를 알게 되었습니다. 매일의 삶에서 필요를 위하여 하나님을 의뢰하고, 구체적인 기도 응답을 경험하는 것을 볼 수 있었습니다. 하나님께서 어떻게 한 사람의 삶에 개입하셔서 비전을 제시하시고, 성숙시키신 후에 생의 목표를 주시고, 이를 이루도록 이끄셨는지를 볼 수 있었습니다. 간단히 말해서, 다른 사람의 경험으로부터 배우는 습관이 일생 동안 지속되도록 견고한 기초를 쌓은 셈이었습니다. 나는 테일러를 영웅으로 받들게 되었고, 뒤이어 다른 사람들의 전기도 읽었습니다. 모든 책에서 큰 도움을 얻었습니다. 생각의 범위가 넓어졌고, 지도자가 가져야 할 여러 가지 모습에 대하여 본을 볼 수 있었으며, 내 개인의 삶에서 적용할 수 있는 영적 원리들을 배울 수 있었습니다.

헤롤드는 자기가 만나고 있던 한 부부의 집에 전도하러 갈 때에 나를 함께 데려갔습니다. 전도하면서 성경을 사용하여 반대 질문에 답하는 모습을 지켜볼 수 있었습니다. 그 사람은 지난주에 두 친구가 방문하여 구원을 얻으려면 자기들 교회에서 세례를 받아야 한다고 말한 것을 언급하였습니다. 그리고는 자기는 이미 두 번이나 세례를 받았다고 하였습니다. 어린 시절에 받았으며, 또한 한국전 당시 죽음이 두려워서 세례를 받았다고 하였습니다. 그 사람은 구원을 얻기 위하여 어느 특정한 교회에서 세례를 받아야 합니까?

헤롤드가 성경을 이곳저곳 펴며 그 부부가 질문한 것에 대한 답을 주며 세례의 의미와 삶을 바꾸어 놓는 그리스도와의 관계의 중요성에 대하여 이야기하던 것이 기억납니다. 나는 또한 문을 나서며 나도 헤롤드처럼 그렇게 성경을 잘 다루었으면 좋겠다고 생각한 것이 기억납니다.

모임이 진행되는 동안 나는 헤롤드가 도와주면 그리스도인으로서 더 잘 살아갈 수 있을 것이라는 생각을 하였고, 그에게는 훨씬 더 많은 자원이 있을 것이라고 생각했습니다. 그때에 그는 내게 정기적으로 만나 개인 교제를 하자고 했고, 나는 이를 통하여 많은 것을 배울 수 있었습니다. 그러나 무엇보다도 서로의 관계가 친밀해진 것이 좋았습니다. 그 이후로 우리는 미국의 여러 지역과 다른 나라에 떨어져 살게 되었지만, 매우 중요한 결정을 내릴 때에는 서로 긴밀하게 연락하곤 했습니다. 어떤 때에는 서로 연락하는 것이 지연되어 이사를 간 후에 다시 옛집에 가서 우리에게 온 우편물을 가져와야 했습니다. 아주 잠깐 동안 만난 적도 있지만 매우 유익하였고, 그런 만남을 통해 하나님의 인도하심을 잘 알 수 있었던 적도 있었습니다. 우리는 서로 자극과 격려를 주는 사이가 되었습니다. 헤롤드를 생각할 때마다 빌립보서 1:3이 연상됩니다. 그가 하나님의 보내심을 받고 내게 와서 제자로서의 삶을 시작하도록 이끌었다는 사실로 인하여 하나님께 감사할 수밖에 없다는 것입니다.

* * *

인도에 대하여 소개를 받으면 사람들은 대개 아주 이상적인 인도자를 생각하기 마련입니다. 모든 것을 다 감당할 수 있는 완벽한 본이 되는 사람을 찾으려고 합니다. 그러나 그런 사람은 거의 없습니다. 헤롤드는 인도에 대하여 사람들이 생각하고 있는 것과 같은 전설적인 모습을 깨고, 인도가 신비의 세계에 속한 것이 아니라 생활 속에서 일어날 수 있는 것임을 보여 주었습니다. 하나님께서 보여 주신 교훈을 간직하고 자기가 배운 것을 다른 사람에게 적극적으로 나누어 주고자 하는 마음만 있다면 누구든지 인도자가 될 수 있습니다.

그리스도를 따르는 제자로서 당신은 다른 사람의 인도자가 될 수 있습니다. 하나님과의 관계를 성장시키고 더욱 깊게 하여 주는 선물을 하나님께로부터 받았다면 당신은 이를 다른 사람들에게 나누어 줄 수 있습니다. 새로이 그리스도를 따르기로 한 사람에게 영적 성장을 위한 기본적인 생활을 가르쳐 주는 것이 제자로 삼기 위한 과정의 일부가 되며, 사실 이것은 인도 중에서도 가장 기본적이고 초보적인 형태가 됩니다.

과거의 영웅들이나 역사적 인물들에 대하여 자료를 찾아보는 것은 언제든지 활용할 수 있는 또 다른 형태의 인도가 됩니다. 이전에 살았던 사람들이 어떻게 성장했고, 갈등했으며, 환경에 어떻게 반응하고, 어떻게 주요한 결정을 내렸는지를 살펴보면 통찰력을 얻고, 도전을 받으며, 때로는 당신 자신의 상황에 실제적인 도움을 줄 수 있는 교훈을 얻을 수 있습니다.

종종, 하나님께서는 때에 맞게 당신에게 사람을 보내 주셔서 필요한 도움을 주시기도 합니다. 한 마디 충고, 격려나 질문, 그리고 통찰력을 얻을 수 있는 조언을 듣기도 합니다. 이러한 "신성한 만남"이 당신의 삶에 어떻게 사용되고 있는지 잘 모를 때가 많습니다. 그러나 이를 하나님께서 가장 필요한 때에 당신에게 주신 자원으로 믿고 활용한다면 큰 유익을 누릴 수 있습니다.

* * *

편지를 통한 인도

제인은 내 강의를 듣고 있었습니다. 하나님께서 한 사람을 일생에 걸쳐서 개발하시는 방법에 대한 나의 강의에 깊은 관심을 보였습니다. 특히 제인은 인도의 여러 형태 중에서 제자 훈련에 관심을 보였습니다. 이전에 아무도 자기에게 개인적인 관심을 갖고 이끌어 주며 그리스도의 제자로 길러 준 사람이 없다고 하였습니다.

제인은 대학원 과정을 마치고 석사 학위를 받기로 되어 있었고, 졸업 후에는 지역교회에서 섬기겠다고 말했습니다. 제인은 개인적인 면담을 요청했고, 나는 내 상담 일정에 한 시간 정도를 할애해 놓았습니다. 면담을 하면서 제인은 자기의 옛날 이야기와 그리스도의 주재권에 헌신하게 된 경위, 그리고 영적인 성장에 대하여 아주 솔직하고도 개방적으로 나누었습니다.

경청하면서 몇 가지 질문을 하여 관심을 보여 주었고, 마지막에 제인에게 중요하다고 생각되는 몇 가지 내용에 대하여 내가 느끼기에 건전한 조언이라고 생각되는 것을 말해 주자 다음에도 계속 만나고 싶다는 말을 하였습니다. 후에 제인은 특별 장학금을 받아 해외에서 일 년간 공부할 기회를 얻게 되었습니다. 떠나기 전에 결혼을 할 예정이었습니다. 나는 제인에게 앞으로도 계속 연결이 되었으면 좋겠다고 말하였습니다.

여섯 달이 지난 후에 제인은 자기의 상황을 상세히 설명하는 긴 편지를 보내 왔습니다. 생전 처음으로 겪는 일들이 아주 많이 있다고 하였습니다. 제인은 자기와는 생각과 개념이 아주 다른 목사 및 여러 간사들과 함께하며 사역을 배우게 되었던 것입니다. 이러한 환경은 실망스러울 뿐만 아니라 제인 자신의 필요에도 그리 도움이 되지 않는 것이었습니다. 결혼 생활과 그 나라의 문화에 적응하는 면에서 몇 가지 변화를 겪어야 했습니다. 이제는 어느 정도 친숙하게 되었지만 아직도 낯선 것이 많았습니다. 새로운 문화에 적응하는 사람들이 흔히 겪는 소외감을 경험하였습니다. 게다가 제인은 대개 처음으로 사역을 책임 맡은 사람들이 겪게 되는 어려움, 즉 사람마다 제인에게 각기 다른 역할을 기대하는 것으로 인하여 갈등하고 있었습니다.

제인에게 아주 기다란 답장을 하였습니다. 주된 내용은 처음으로 사역의 책임을 맡은 사람들이 겪었던 경험을 설명해 주는 것으로서 이를 통하여 제인을 격려하고자 했습니다. 나는 제인이 아주 정상적인 경험을 하고 있는 것임을 확증하여 주려고 애썼으며, 이러한 환경에서 배우고 개발되기를 바랐습니다. 혼란스럽고 당황스러운 여러 환경 속에서 제인 자신의 내적인 면이나 영적인 면에서의 성장이 이루어져야 한다고 도전을 주었습니다. 나는 제인에게 도움이 될 것이라 생각되는 몇 가지 훈련 목표를 제시하여 주었습니다.

제인의 반응은 고무적이었습니다. 제인은 자기가 아주 정상적인 경험을 하고 있다는 사실에 안도감을 느꼈고, 영적 성장에 집중하라는 도전을 적극적으로 받아들였습니다. 자기가 처한 상황에 하나님께서 개입하고 계심을 깨닫는 것과, 또한 이를 배울 수 있는 좋은 기회로 받아들이는 것은 하나님의 종으로서, 그리고 탁월한 지도자로서 개발되기 위하여 젊은이가 반드시 겪어야 하는 과정입니다. 제인은 편지할 때마다 새로운 질문을 많이 적어 보냈습니다. 편지를 받고서 나는 이전과 비슷하게 새로운 전망을 제시하며 조언과 격려를 해주었고, 내 삶에서 발견한 영적 통찰력을 전달하며 새로운 도전을 해주었습니다.

얼마 안 되어 제인의 남편인 짐도 나와 편지를 주고

받기 시작하였습니다. 짐도 역시 전임사역을 준비하고 있었으며, 그 동안 나와 제인 사이에 오간 편지를 다 읽고 있었습니다. 짐은 새로운 환경에서 어려움을 겪을 때 하나님의 성품에 대하여 의구심이 들 때가 있다고 하면서, 하나님과 동행하는 면에서 느끼는 어려움을 말했습니다. 게다가 짐은 목사 고시를 치러야 했는데 아내와 자기가 모두 전임사역을 해야 하는지에 대해서도 의구심을 가지고 있었습니다.

다시금 나는 아주 긴 답장을 보냈습니다. 나는 짐이 목사가 되기 위한 과정을 밟는 동안 계속 격려를 해주고 싶었습니다. 그래서 목사가 되기를 바라던 어떤 사람이 지난 여섯 달 동안 겪었던 비슷한 이야기를 해주었습니다. 시험에서 떨어졌다고 해서 세상이 다 끝나는 것이 아님을 언급하면서 단지 이 기회를 타서 인내를 배우고, 다른 여러 교훈을 배워 인격이나 내적인 삶에서 성장하여 일생 동안 성숙한 삶을 사는 것이 필요하다고 말했습니다. 또한 결혼한 사람들이 사역에 드려지는 경우에 어떠한 상황이 일어날 수 있는지와 그들이 처한 상황에서 다른 대안에는 어떤 것이 있는지를 말해주었습니다. 간단히 말해서, 제인과 짐은 모든 과정 속에서 하나님께서 가르치기를 원하는 교훈에 대하여 분명한 전망과 확신이 필요했습니다. 나는 그들에게 하나님의 절대 주권을 인정하며 그 상황을 받아들이라고 했고, 또한 하나님께서 함께하시며 깊은 관심을 보이시고 그들을 능히 인도할 수 있는 분이심을 확증시켜 주려고 애썼습니다.

* * *

직접 만나서 돕는 것만이 인도가 일어날 수 있는 길은 아닙니다. 이 예에서 볼 수 있듯이 짐과 제인은 멀리 떨어져 있음에도 편지를 통해 그들에게 필요한 것을 공급받았습니다. 조언이나 상담, 가르침은 편지나 전화를 통해 이루어질 수도 있습니다.

그러면 인도란 무엇인가?

앞에서 열거한 여러 가지 인도의 예들은 몇 가지 공통점이 있습니다. 대개 무엇인가 필요를 느끼는 사람으로부터 시작이 됩니다. 그리고 이 사람은 자기보다 먼저 경험을 하여 자기의 그 필요를 채우는 데에 도움을 줄 수 있는 누군가를 만나게 됩니다. 그리고 새로운 관계가 형성됩니다. 경험이 좀더 많은 사람이 자기가 배운 것을 나누어서 필요를 채워 줍니다. 상대방이 이를 받아들이면 그 상황을 통해 성장할 수 있는 능력이 인도자에게서 피인도자에게로 전달됩니다. 이는 단지 지식을 주고받는 것만은 아닙니다. 실제로 삶이 전달되고 변화가 일어납니다. 이처럼 인도자에게서 피인도자에게로 능력이 전달되는 과정을 능력 부여라고 합니다. 이 과정이 인도의 핵심입니다.

> 인도란 한 사람이 다른 사람에게 하나님께서 주신 자원을 나누어 줌으로써 능력을 부여해 주는 관계적 경험이다.

자원을 나누어 주는 사람을 인도자라고 합니다. 그리고 그 결과 능력을 부여받는 사람을 피인도자라고 합니다. 하나님께서 우리에게 주신 자원에는 지혜, 경험, 방식, 순종의 습관, 삶의 원리, 그리고 그 외의 수많은 것이 포함됩니다. 인도자와 피인도자는 대화를 자주 나누어 어떤 한 상황에 대하여 여러 각도의 전망을 얻습니다. 이러한 대화는 오랜 시간에 걸쳐 이루어질 수도 있고, 단시간에 이루어질 수도 있습니다. 또한 얼굴을 대면하여 나눌 수도 있고, 멀리 떨어져서 만날 수 없는 상황에서 일어날 수도 있습니다. 매주, 격주, 혹은 매달과 같이 정기적으로 이루어질 수도 있으나, 경우에 따라서는 불규칙적으로 가끔 이루어질 수도 있습니다. 인도자가 그 관계를 주도할 수 있고, 아니면 피인도자가 먼저 도움을 청할 수도 있습니다.

요약

다양한 여러 관계가 배우고 성장하고자 하는 사람에게 능력을 부여할 수 있는 잠재력을 가지고 있습니다. 앞의 예들은 일곱 가지 인도 형태(즉, 제자삼는 자, 영적 조언자, 코치, 상담자, 교사, 모본, 후원자) 중에서 여섯 가지를 설명해 주었습니다. 앞으로 각각에 대해 좀더 자세히 살펴보도록 하겠습니다.

우리가 바라는 것은, 당신이 다른 사람들과의 특별한 관계를 통하여 삶에서 하나님의 능력을 넘치도록 공급받을 수 있다는 사실을 깨닫는 것입니다. 어쩌면 하나님께서는 당신이 지금 다른 사람들과 관계를 맺음으로써 이전과는 확연하게 다른 삶을 경험하기 원하실지도 모른다는 생각이 들 수도 있습니다. 자, 이 주제에 대해 더 탐구해 보기로 합시다.

제 2 장
인도의 형태

많은 사람의 절규 : 나를 인도하여 주시겠습니까?

수잔은 50대 중반입니다. 젊은 시절 치명적인 실패를 경험하였는데, 평생 동안 영향을 끼칠 만한 것이었습니다. 그러나 인생 문제와 치열한 싸움을 하고 있던 중 수잔은 하나님을 만나게 되었습니다. 하나님께서는 수잔의 필요를 놀랍게 채워 주셨고 실패를 성공과 승리로 바꾸어 놓으셨습니다. 이제 수잔은 자기의 경험을 발판으로 삼아 자기와 동일한 문제를 겪고 있는 다른 사람들을 도와주고 싶었습니다. '그 일을 어떻게 시작할 수 있을까?' 하는 생각을 하던 중 인도에 대하여 알게 되었고, 인도에 대한 세미나를 듣고 난 후 수잔은 다음과 같이 물었습니다. "저와 같은 사람을 도와줄 수 있는 사람이 어디에 있습니까? 제가 신뢰하고 저의 삶을 다 나눌 수 있는 사람이 어디에 있습니까? 저를 인도해 줄 수 있는 사람을 혹시 알고 계십니까?"

리처드는 40대 중반입니다. 하나님의 손이 자기와 함께하심을 깨닫고 있습니다. 성공적인 사업가로서 그는 이제 지도자를 개발하는 데 관심을 가지게 되었습니다. 그는 세계 각지의 젊은 그리스도인 지도자들을 한 곳에 모아 단기간에 집중적으로 훈련시키며, 그들의 지속적인 개발을 위해 필요한 자원이나 사람을 연결시켜 주고 싶었습니다. 그는 재정적인 역량과 경영 능력을 갖추고 있었지만, 다른 사람을 개발시켜 주기 위해서는 배워야 할 것이 더 많았습니다. 그러던 중 그는 인도에 대한 글을 읽게 되었고, 다른 사람을 올바로 인도해 주려면 먼저 자신에게 인도자가 필요함을 알았습니다. 그래서 그는 "저를 인도해 주시겠습니까?"라고 물었습니다.

배리는 예수님을 믿은 지 7년이 되었습니다. 직업과 가정 생활에서 성공적이었으며, 영적으로 꾸준히 성장해 왔습니다. 그러나, 배리는 다른 사람들과 마찬가지로 무엇인가 더 할 만한 것이 없을까 생각하면서 변화를 시도하고 싶었습니다. 그는 성공하기 위하여 애쓰는 것보다 무엇인가 더 중요한 일을 하고 싶었습니다. 그의 마음속에 직업을 바꾸거나 사역에 더 많은 시간을 투자하거나 혹은 기도와 성경 읽기에 더욱 집중해야 하지는 않을까 하는 질문이 계속 맴돌고 있었습니다. 이러한 질문들은 그리 특별한 것이 아니었지만, 그는 더욱 근원적인 해답을 찾기 원했고, 만약 성실하게 하나님을 찾고 구하면 하나님께서 자기에게 진정한 해답을 보여 주실 것이라고 생각했습니다. "제가 그렇게 할 수 있도록 도와주시겠습니까?"라고 배리는 물었습니다. 그는 인도자가 필요했습니다.

* * *

오늘날 인도는 자주 볼 수 있는 현상이 되었습니다. 이는 모든 영역의 지도자 개발에 인도가 효과적이라는 것을 드러낸다고도 볼 수 있습니다. 이는 또한 극도로 개인주의가 팽배한 현사회에서 사람들간의 관계가 무서울 정도로 단절되어 있으며, 더불어서 회계 책임(의무)을 지는 태도가 결여되어 있음을 말해 주고 있는 것입니다. 어떤 이들은 이러한 개인주의가 미국의 자산(資産)을 부채(負債)로 만들어 버렸다고 생각합니다. 미국 사람들은 상호 의존이 절박하게 필요할 때 오히려 개인적인 독립을 추구하는 일에 매달립니다. 그러나 하나님께서는 사람이 혼자서 만족하며 살도록 만들지 않으셨습니다. 또한 일생을 혼자 살아가도록 만들지도 않으셨습니다. 건전한 관계 속에 살아가려면 이러한 원리를 깨닫고 인정하며 변화하려는 용기를 가져야 합니다. 리더십을 개발하는 일만큼 이러한 태도의 변화가 급박하게 요구되는 영역은 없습니다. 이러한 필요를 알게 되면서 인도에 대한 관심도 고조되고 있습니다. "저를 인도하여 주시겠습니까?"라는 요청이 기업, 가정, 정부, 군대, 학교, 교회 등등 사회의 모든 영역에서 다양한 방법으로 표현되고 있습니다. 의미 있는 관계를 누리고자 하는 이 호소가 커갈수록 그것은 배우고 성장할 수 있는 기회를 만들어 주는 스프링보드의 역할을 하게 됩니다.

당신이 기업, 군대, 학교, 기독교 기관, 혹은 기타 어떠한 곳에 속해 있든지 간에, 그것이 인도에 대한 당신의 생각과 정의에 상당한 영향을 끼치게 됩니다. 예를 들어, 기업이나 군대에서의 인도는 주로 코치하고, 후원하고, 진로를 잘 이끌어 주는 것에 초점을 맞출 것입니다. 기업이나 군대 내에서의 인도 과정의 핵심은 인도자의 자질과 조직 내 위치입니다. 이러한 세계에서는 강력한 인도자가 필요합니다.

학교라면 어떤 과목을 잘 아는 학생이 다른 학생들에게서 가르쳐 달라는 부탁을 받습니다. 학생으로서 인도자 역할을 하는 사람은 모든 것을 다 알지는 못하지만 어느 정도의 지식은 가지고 있어서, 개인적으로 다른 사람에게 지식이나 경험을 나누어 주거나 혹은 시스템에 적응하도록 도움을 줄 수 있습니다. 이러한 종류의 일대일 혹은 소그룹 형태의 지도는 전체 프로그램이 얼마나 잘 운영되고 있느냐에 따라서 그 질이 결정됩니다.

우리는 인도에 대하여 이야기하면서 그 초점을 능력 부여에 두고 있습니다. 능력 부여란 '인도 관계를 통해 자원을 나누어 가짐으로써 피인도자가 능력을 부여받아 용량과 역량이 커지는 것'을 의미합니다.

> 인도란 한 사람이 다른 사람에게 하나님께서 주신 자원을 나누어 줌으로써 능력을 부여해 주는 관계적 경험이다.

여러 지도자들을 조사한 결과 그들이 성장하고 개발되는 데에는 3명에서 10명 정도의 사람이 중요한 영향을 끼친 것을 발견하였습니다. 성경에 나오는 주요 인물이나 유명한 기독교 지도자들의 전기를 자세히 살펴보면, 하나님께서 지도자를 개발하기 위해 하나든 여럿이든 주로 "사람"을 사용하셨다는 것을 발견할 수 있습니다. 그들은 지도자로서 필요한 것들을 나누어 줄 역량이 있는 사람들이었습니다. 다른 사람에게 영향을 준 사람들은 다음과 같은 공통점을 가지고 있음을 관찰할 수 있었습니다.

- ◆ 사람에게 있는 잠재력을 바로 알아볼 수 있는 능력
- ◆ 이러한 잠재력이 개발되도록 하기 위해 실수, 거친 성품, 모난 점 등과 같은 것을 참아 낼 수 있는 참을성
- ◆ 환경과 사람에 따라 능동적으로 반응할 수 있는 융통성
- ◆ 개발에는 시간과 경험이 필요하다는 것을 알고 끈기 있게 기다릴 줄 아는 인내심
- ◆ 비전을 가지고 앞길을 내다보면서 피인도자에게 필요한 그 다음 단계를 제시해 줄 줄 아는 전망 능력
- ◆ 다른 사람들을 세워 주고 격려해 줄 수 있는 능력과 은사

바나바는 사람들에게 영향을 많이 끼친 사람이었습니다. 그는 사울(훗날의 사도 바울)에게 있는 잠재력을 보았습니다. 다른 사람들은 사울과 거리를 유지하였지만, 바나바는 그렇지 않았습니다. 예수님을 만난 후 사울은 정통 유대교의 열렬한 신봉자에서 겁없이 그리스도를 전파하는 전도자와 변증가로 바뀌었습니다. 유대인들이나 제자들이나 똑같이 사울을 두려워하여 함께하기를 꺼렸습니다. 그런데 바나바는 그런 사울을 데리고 사도들에게 가서 소개하였습니다(사도행전 9:27). 바나바는 남들이 꺼리는 이 회심자를 두려워하지 아니하고 그에게 다가가 다른 사람들 앞에서 보증인이 되어 주었습니다. 틀림없이 바나바는 사울의 회심 이후 초창기에 사울에게 격려를 많이 했을 것이며, 인내심을 가지고 그와 함께하면서 여러 가지를 가르쳐 주었을 것입니다. 바나바는 시간이 흐르고 경험이 쌓이면 은사가 많은 이 젊

은 지도자가 연단되고 성숙하리라 믿었을 것입니다.

　나중에, 안디옥에도 복음이 퍼져 나갔을 때에 "수다한 사람이 믿고 주께 돌아오게"(사도행전 11:21) 되었으며, 사도들은 권위자(勸慰子)인 바나바를 안디옥에 보내어 이와 같은 소식이 진실인지를 밝히고자 했습니다. 복음이 참으로 그들 가운데서도 열매를 맺고 있었고, 또한 하나님의 은혜가 함께함을 본 후, 바나바는 그들이 성장하기 위해서는 가르침이 필요하다는 것을 알았습니다. 그래서 바나바는 다소로 가서 사울을 찾아 안디옥으로 데려 왔습니다. 왜냐하면 사울은 아주 훌륭한 교사였을 뿐만 아니라 헬라 사람들의 마음과 그들의 문화를 잘 이해하고 있었기 때문입니다. 여기서 인도자인 바나바는 개발을 위해 어떠한 환경이 필요한지를 잘 알고 있었고, 사울이 성장하기 위하여 필요한 도전이 어떠해야 하는지를 잘 알고 있었으며, 이 환경으로 사울을 끌어 들였습니다. 나아가 사울(바울)이 바나바 자신을 뛰어넘어 더 성장하도록 이끌어 주었습니다(사도행전 13장 참조). 이처럼 젊은 사울에게 관심을 갖고 도와줌으로 장차 교회에 크게 이바지할 지도자로 개발시킨 바나바를 인하여 하나님께 진정으로 감사를 드려야 마땅합니다. 오늘날에도 사울과 같은 사람이 교회 내에 수없이 많이 있으며, 이들도 바나바와 같은 사람을 기다리고 있습니다.

　바나바는 인도자가 피인도자를 도울 수 있는 수많은 방법을 구체적으로 보여 주고 있습니다. 우리가 연구한 결과 몇 가지 중요한 점을 발견할 수 있었습니다.

　1. 인도자가 피인도자에게 주어야 할 것 :
　　◆ 시기 적절한 조언

- ◆ 전망을 주는 편지, 기사, 서적, 혹은 다른 자료들
- ◆ 재정적 지원
- ◆ 인도자를 뛰어넘어 더 성장할 수 있는 기회와 자유

2. 인도자는 자기 명예가 손상되는 위험을 감수하면서도 피인도자를 후원해야 한다.
3. 인도자는 지도자의 여러 역할에 대한 본을 보여 줌으로써 피인도자가 이러한 자질을 계발할 수 있도록 도전을 주어야 한다.
4. 인도자는 피인도자에게 지속적인 개발을 위해 추가로 필요한 자원이 무엇인지를 알려 주어야 한다.
5. 인도자는 피인도자가 자신감을 키우고 지위가 높아지며 신뢰받는 사람이 될 수 있도록 함께 노력해야 한다.

우리의 정의를 좀더 확장시켜서 능력 부여에 강조점을 두고 인도 과정에서 일어나는 각자의 역할을 분명히 하면 다음과 같은 정의를 내릴 수 있습니다.

> 인도란, '어떤 것'(지혜, 정보, 경험, 확신, 통찰력, 관계, 지위 등의 자원)을 잘 알고 있거나 경험한 인도자가 피인도자의 개발과 능력 부여를 목적으로 적절한 때에 적절한 방법으로 이 '어떤 것'을 피인도자에게 전달해 주는 관계적 과정이다.

이러한 정의를 이해하고 자기의 것으로 삼으려면, 인도가 다양한 강도와 다양한 참여도를 보이는, 두 사람 사이의 관계적 상

호 교류라는 것을 이해해야 합니다. 연구 결과, 우리는 다양하게 참여가 일어난다는 것을 이해하는 것뿐만 아니라 인도의 형태나 기능에 따라 참여의 정도가 다름을 이해하는 것이 유익함을 알았습니다. 인도자를 크게 세 그룹으로 나누어 참여의 강도와 계획성의 정도에 따라 배열하면 그림 2-1과 같습니다.

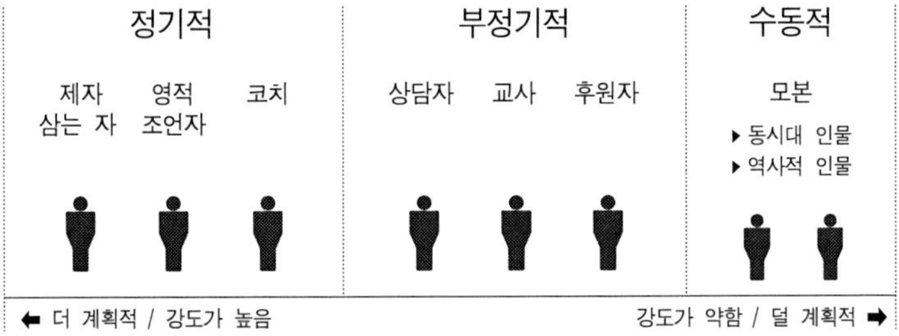

정기적	부정기적	수동적
제자 삼는 자 / 영적 조언자 / 코치	상담자 / 교사 / 후원자	모본 ▶ 동시대 인물 ▶ 역사적 인물

⬅ 더 계획적 / 강도가 높음　　　　　　강도가 약함 / 덜 계획적 ➡

그림 2-1. 연속선상에서 본 인도의 형태와 기능

이 같은 개념을 깨닫는 것 외에도 문제는 더 있습니다. 이 모든 것을 다 할 수 있는 이상적인 인도자는 없다는 사실입니다. 그러나 상당수의 사람들이 이 여러 가지 인도 기능 중에서 적어도 한 가지는 할 수 있습니다. 당신이 해야 할 것은 단지 자신에게 인도가 필요한 영역을 구체적으로 알아내는 것입니다. 이때 반드시 염두에 두어야 할 것은, "이 영역에서 누가 나를 인도해 줄 수 있는가?"라는 질문을 충족시킬 수 있는 적임자가 있는가 하는 것입니다. 나중에 위에 소개된 인도의 형태와 기능에 대하여 더욱 자세히 토의하도록 하겠습니다. 지금은 전체적인 윤곽과 개념 파악을 돕기 위하여 각 형태의 핵심적인 내용만 간단히 나열하겠습니다(표 2-1 참조).

당신은 어쩌면 모든 영역의 인도를 담당해 줄 이상적인 인도

표 2-1. 각 인도 형태의 핵심 내용

인도의 형태와 기능	능력 부여의 핵심 내용
정기적	
1. 제자삼는 자	그리스도의 제자로 따르는 데 필요한 기본 내용의 실천
2. 영적 조언자	영적 성장과 성숙에 영향을 끼치는 제반 질문, 행동, 결정에 대한 통찰력, 방향, 회계 책임
3. 코치	과업을 이루는 데 필요한 동기 부여, 기술, 적용 방법
부정기적	
4. 상담자	자기 자신, 다른 사람, 환경, 사역에 대한 시기적절한 조언과 올바른 전망
5. 교사	어떤 특정한 주제에 대한 지식과 이해
6. 후원자	조직 내에 변동이 있을 때 진로 지도와 보호
수동적	
7. 모본	
동시대 모본	개인의 삶이나 사역 혹은 직업에서 본이 될 뿐만 아니라 건전한 경쟁심을 유발시키는 현존 인물
역사적 모본	개인의 삶, 사역, 직업 등에 대한 원리를 생생하게 보여 주고 가치관을 가르쳐 줄 수 있는 과거의 인물

자를 찾고 있을지도 모르겠습니다. 그러나 그런 사람은 좀처럼 찾기 힘듭니다. 그러나 자기에게 인도가 필요한 영역을 구체적으로 정하고 이 필요를 채울 인도자를 찾는다면, 대개는 그 필요에 맞게 당신을 인도해 줄 사람을 찾을 수 있을 것입니다.

인도란 능력 부여가 일어나는 과정으로, 두 사람 즉 인도자와 피인도자 사이의 상호 관계가 요구됩니다. 어떤 관계든 시간, 거리, 필요, 가치관, 목표 등과 같은 요소의 영향을 받습니다. 그러나 인도 관계에서 효과적인 능력 부여가 일어나려면 세 가지 요소가 더 필요합니다. 이 세 가지 요소는 인도 과정에서 지속적으로 영향을 끼치며 피인도자가 성장하고, 변화하고, 능력을 부여받는 수준에 직접적인 영향을 줍니다.

다음 세 가지 요소가 인도 관계에서 매우 중요합니다.

1. 매력 – 이것이 있어야 인도 관계가 시작될 수 있습니다. 피인도자는 인도자에게 다양한 이유로 매력을 느끼기 시작합니다. 예를 들어, 어떤 방면의 뛰어난 기술, 경험, 전망과 시야, 가치관과 그에 따른 삶의 본, 지혜, 위치, 인품, 지식, 그리고 영향력 등이 있습니다. 또한 인도자는 피인도자의 태도와 잠재력에 끌리게 되고, 피인도자를 도울 수 있는 기회를 갖게 된 것을 기쁘게 생각합니다. 서로가 매력을 느끼게 되면서 상호 신뢰와 확신이 커지고 인도의 주제가 구체화됩니다. 이것은 인도 관계를 더 견고케 하고 확실한 능력 부여가 일어나게 하는 데 기여합니다.
2. 적극적 반응 – 피인도자는 인도자에게 언제나 기꺼이 배우려는 태도를 가져야 합니다. 피인도자에게 있어서 태도는 대단히 중요합니다. 피인도자가 적극적인 반응을 보이고 적극적으로 받아들이려고 하며 인도자는 차근차근 잘 가르쳐 주면, 능력 부여의 속도도 빠르고 그 효과도 커질 것입니다.
3. 회계(會計) 책임 – 인도 과정에서 서로 책임성 있게 행동하면 발전은 확실하게 보장됩니다. 서로 목표를 나누고 정기적으로 이를 점검하고 평가하면 적용이 실제적이 될 뿐만 아니라 능력 부여를 촉진시킵니다. 인도자와 피인도자가 각자의 책임을 성실히 이행하여야 하며, 인도자는 이를 주도하고 유지해 나가야 할 책임이 있습니다.

인도 관계가 더욱 계획적이고 강도가 높을수록 이러한 요소들은 중요하게 됩니다. 왜 그렇습니까? 변화와 성장이 일어나려면 상호 헌신하는 것이 필수적인데, 이 세 가지 요소는 이러한 헌신이 생기도록 하는 데 꼭 필요한 것이기 때문입니다.

경험이 많고 지식이 풍부한 사람들과 만났던 여러 경험을 한 번 되돌아보십시오. 아마도 대화는 당신의 개인 필요를 중심으로 진행되었을 것입니다. 그러나 상호 헌신의 관계가 형성되어 있지 않기 때문에 안심하고 당신의 모든 상황을 다 그대로 말할 수는 없었을 것입니다. 더 나아가서, 대화를 나누던 상대방도 당신의 삶에 구체적인 유익은 주지 못하며, 당신의 필요에 피상적인 대답밖에 해줄 수 없었을 것입니다. 그리고 함께 나눈 대화 내용에 대해서도 아무 후속 조치가 취해지지 않았을 것입니다. 이는 헌신이 없으면 대화가 똑똑 끊어지고 겉돌기 때문입니다. 인도 관계에 헌신이란 요소가 있게 되면 인도자와 피인도자는 안전을 느끼게 되고, 초점도 분명해지며, 성실한 태도로 임하게 되고, 후속 조치가 뒤따르게 되어, 변화와 성장이 일어나게 됩니다. 헌신은 변화와 성장을 목표로 하는 강도 높은 인도에는 필수적입니다.

부정기적 인도나 수동적 인도는 강도가 높지도 않고 덜 계획적인 것이어서, 이러한 인도에는 회계 책임이라는 요소가 반드시 필요한 것은 아닙니다. 그러나 강도가 높은 정기적 인도의 경우에는 반드시 이 요소가 있어야 효과적이 됩니다. 매력이나 적극적 반응은 모든 형태의 인도에 반드시 있어야 하며, 이것이 결여되면 아무런 능력 부여도 일어나지 않게 됩니다.

그림 2-1을 통하여 이 세 가지 요소인 매력과 적극적 반응과 회계 책임이 어떠한 흐름을 형성하고 있는지 그려 볼 수 있을 것

입니다. 왼쪽 끝으로 갈수록 만남이 빈번하고, 상호 교류는 좀더 계획된 경우가 많으며, 서로간에 헌신이 더욱 강해집니다. 그러나 오른쪽으로 갈수록 회계 책임은 줄어들고, 매력과 적극적 반응이 피인도자의 당면 필요를 채우는 데에 더 많은 역할을 합니다. 앞으로 이에 대하여 더욱 상세히 다루게 될 것입니다.

자신이 도움받을 영역이 무엇인지를 구체적으로 알고, 또한 인도에 필요한 세 가지 요소를 적극적으로 갖출 의사만 있으면, 인도는 언제나 받을 수 있습니다. 이 말에 대해 정말 그럴까 하고 의문을 던지는 사람도 있을 것입니다. 하지만 그것은 사실입니다. 우리의 경험으로 보건대 많은 역사적 모본들이 우리의 다양한 필요를 채우는 데 활용될 수 있습니다. 즉, 우리가 자원하여 그들의 전기를 구하여 읽고, 위에서 말한 세 가지 요소를 갖추기만 한다면, 능력 부여가 일어난다는 말입니다.

인도자를 구할 때에는 모든 역할을 다 해줄 수 있는 이상적인 사람을 찾으려고 하지는 마십시오. 그런 사람은 없으며, 있다고 해도 극소수일 뿐입니다. 그러나 인도를 받아야 할 필요가 있는 것이 구체적으로 드러나면 그러한 필요를 도와주고 지속적으로 인도를 해줄 수 있는 사람은 언제나 찾을 수 있습니다. 우리는 하나님께서 그리스도인들을 위해 인도자를 보내어 주심으로써 각자의 성숙을 위하여 그 사람들을 사용하신다고 믿습니다. 만약 "구하고 찾으면" 하나님께서 인도자를 보내어 주실 것입니다.

요약

인도는 최근에 개발된 신조어가 아닙니다. 오래 전부터 있어 온 개념입니다. 그리스도인들에게는 성서적 원리에 깊이 뿌리를 내린 개념입니다. 오늘날 이렇게 부각이 되고 일반적으로 퍼지게 된 것은 우리 사회에 극도의 개인주의가 팽배해 있고, 서로간에 책임을 지지 않으려고 하는 현상 때문에 생긴 것입니다.

다양한 형태의 인도가 있는데, 각각의 특성을 더욱 자세히 살펴봄으로써 각자의 삶에서 어느 때에 어떤 영역에서 인도를 해 줄 수 있는 사람이 있는지를 찾을 수 있습니다.

인도 관계를 세워 나가고 우리의 삶을 개방하여 적극적인 태도로 배우려 하고, 또한 성장하는 일에 책임성 있게 임하려고 하면 헌신이 꼭 필요합니다. 그러나 그 헌신의 결과로 생기는 우리 삶의 변화와 능력과 풍성함은 측량할 수 없는 것입니다.

추가 연구(1-2장)

1. 당신의 개인적 성장과 발전에 중요한 영향을 끼쳤던 사람들은 누구입니까? 표 2-1을 사용하여 그들이 당신을 도울 때 어떤 인도 형태를 취했는지 밝혀 보십시오. 당신의 삶에서 7가지 형태 모두를 발견할 수 있습니까?

2. 당신의 삶에서 인도자가 채워 줄 수 있는 필요는 무엇입니까? 가능한 한 구체적으로 기록해 보십시오.

3. 덜 계획적인 인도에서는 회계 책임이 점점 줄어들게 됩니다. 역사적 인물을 당신의 인도자로 삼아 필요를 채움받고자 할 때, 어떻게 하면 회계 책임이라는 요소를 빠뜨리지 않을 수 있겠습니까?

4. 사도행전 4:36과 11-15장을 참조하여 바나바의 삶을 좀더 연구해 보십시오. 그가 자기 주위 사람들에게 훌륭한 인도자가 될 수 있었던 이유를 살펴보십시오. 그에게는 어떤 특징이 있었습니까?

5. 모든 것을 통달한 "도사" 한 사람에게서 도움을 받는 것보다는, 삶의 필요에 따라 여러 사람의 도움을 받는 것이 더 좋은 이유는 무엇입니까?

제 3 장

정기적 인도 : 제자삼는 자

정기적인 인도에는 세 가지 형태가 있습니다. 제자삼는 자, 영적 조언자, 그리고 코치입니다. 모두 강도가 높고 계획적이고 구체적인 상호 교류가 필요하며, 앞서 말한 세 가지 필수 요소가 모두 잘 구비되어야만 가장 효과적으로 인도가 이루어지는 형태입니다.

이 세 형태에서는 세 요소가 얼마나 잘 구비되어 있으며 그 효과가 어떤지 비교적 쉽게 드러납니다. 앞으로 세 장에 걸쳐 정기적 인도의 세 가지 형태를 상세히 살펴보도록 하겠습니다. 그 첫 번째로 이 장에서는 제자삼는 자에 대해 다루도록 하겠습니다.

제자삼는 자

제자삼는 것은 아마도 우리에게 가장 친숙한 형태의 인도일 것입니다. 다른 사람을 제자로 삼는 것에 관하여 수많은 서적과 실제적인 자료들이 지난 20여 년 사이에 쏟아져 나왔습니다. 일단 마음에는 새로이 믿은 사람에게 제자의 삶의 초보를 가르쳐 주는 한 사람이 떠오릅니다. 즉, 기도는 어떻게 하고, 성경은 어떻게 읽으며, 다른 사람들에게 자기의 믿음을 어떻게 나누는지…를 가르칩니다.

> 제자삼기란 그리스도를 따르는 일에 경험이 앞선 사람이 새로이 믿은 사람에게 주님이신 예수 그리스도를 알고 순종하는 데에 필요한 헌신과 이해와 기본적인 방법을 나누어 주는 관계적 과정이다.

한 가지 놀라운 것은 오늘날 수많은 그리스도인들이 제자 훈련을 원하고 있다는 것입니다. 그들은 지난날 신앙 생활 초기에 자신들을 도와줄 사람을 만나지 못한 것을 아쉬워하였습니다.

* * *

뒤늦게 제자의 도에 눈뜨다

피터는 어린 시절부터 그리스도를 믿고 교회를 다니며 착실하게 성장했습니다. 예배와 여러 모임을 통하여 가르침을 받으며 기본적인 성서적 원리들을 배웠습니다. 대학교 때에는 매우 바빴지만, 꽤 규칙적으로 교회에 출석하였고, 가능하면 그룹 성경공부에도 참석하였습니다. 매사가 순조롭게 진행되는 것처럼 보였습니다.

그러나 대학을 졸업하고 직장에 들어가자 자기에게 영적인 영향력을 줄 사람들이 주위에 없었습니다. 직장 일에 많은 시간을 들여야 했고, 또한 결혼을 하게 되었을 때에는 더 시간이 없었습니다. 자기의 "영적 연료"가 다 떨어졌다는 사실도 깨닫지 못할 정도가 되었습니다. 피터는 성경공부에 참석하라는 권유를 여러 번 받았지만 주일 예배에 참석하는 것만이 자기가 할 수 있는 전부라고 여겼습니다. "지금은 바빠서 안 되겠습니다. 나중에 생활이 좀더 안정되면 생각해 보겠습니다. 호의는 고맙습니다."

　목사님의 설교를 들을 때나 혹은 근심에 찬 아내의 권면을 들을 때면 이따금 피터는 자기의 영적 상태에 대하여 평가를 해보아야만 한다는 압력을 느꼈습니다. 이때는 대개 죄책감을 느꼈고, "좀더 열심히" 하는 것으로 해결책을 삼곤 했습니다. 그러나 변화는 없었습니다. 이 즈음에 래리가 그가 다니는 회사에 들어왔습니다. 래리는 사람들과 관계를 잘 맺으며, 사업상 일어나는 실망스런 문제들을 잘 해결하였는데, 피터는 이러한 점에 매력을 느꼈습니다. 그러던 어느 날, 점심 시간에 피터는 래리가 헌신된 그리스도인이며, 그리스도와 아주 친밀한 관계 가운데 살고 있음을 알게 되었습니다. 래리의 영적인 삶은 방향이 있었고, 또한 생동감이 있어서 피터는 그 이유를 물었습니다. 래리는 날마다 주님과 교제하고 성경을 공부하며 기도에 깊이 드려짐으로써 그리스도를 따르는 삶을 살아가는 제자의 도가 그 비밀이라고 대답하였습니다. 래리는 최근에 어떤 사람에게 필요가 생기면 바로 그 사람을 위하여 기도하는 것을 집중적으로 훈련하고 있었기 때문에, 일과 후에 자기와 시간을 함께 보내자고 피터에게 권하였습니다.

래리와 기도하면서 피터는 제자의 도에 대하여 새로운 이해를 하였습니다. 이전에는 사람들과 여러 상황에 대하여 깊이 생각하며 그토록 구체적으로 낱낱이 기도해 본 적이 없었습니다. 이후에 피터는 래리와 경건의 시간을 함께 가지게 되었고, 성경공부도 같이 하게 되었습니다. 래리가 알고 있던 대부분의 지식은 그가 대학에 다닐 때 자기를 그리스도에게로 인도해 준 친구에게서 배운 것이었습니다. 피터는 래리에게 그리스도와 긴밀하게 동행하는 삶을 가르쳐 달라고 요청하였으며, 필요하다면 개인적인 시간을 언제든지 내겠다고 말했습니다.

* * *

피터는 그 당시 30대 초반이었고, 그리스도를 믿은 지 18년이나 되었습니다. 신앙 생활 초기에 주로 상담자나 동시대 모본을 통해 도움을 받았고, 성숙한 그리스도인과의 회계 책임이 있는 인도 관계를 통해 제자 훈련을 받아 본 적이 없었습니다. 그에게 제자의 삶의 기본적인 원리들을 가르치고 훈련시켜 주어 그가 그리스도를 알고 따르도록 도와준 사람이 하나도 없었습니다. 그는 래리와 관계를 맺은 지 6개월이 지나자 삶의 구체적인 필요들을 하나님께 의뢰할 수 있게 되었고, 그리스도를 따르는 것이 어떤 의미를 갖는 것인지에 대해서도 더욱 알게 되었습니다. 둘은 참다운 친구가 되었고, 직장 내에서 그리스도를 전하는 일을 함께하는 동역자가 되었습니다.

오랫동안 교회에 다녔던 30대 중반 혹은 40대에 있는 사람들이 제자 훈련을 받기를 원하고 있습니다. 심지어 이전에 개인적으로 일대일 양육을 받아 본 적이 없는 전임 사역자들도 제자 훈련을 받기를 원하고 있습니다.

오늘날 왜 제자 훈련이 그렇게 관심을 끌고 있습니까? 몇 가지 이유를 들 수 있습니다. 첫 번째로, 지난 30년 동안 사회 생활을 시작한 사람들 중 대다수가 훈련을 받지 못하여 어려움을 겪고 있다는 것입니다. 이 사람들은 지속적이고 안정된 영적 성장을 가져다 주는 구체적이고 실제적인 도움을 간절히 원하고 있습니다. 두 번째로, 최근에 그리스도를 믿은 사람들은 격동의 60년대와 "자기 중심 세대"인 70년대, 그리고 "풍요한 세대"인 80년대의 산물인 역기능적인 가정 환경에서 자란 사람들이라는 점입니다. 이들은 전인적 회복을 가져다 주는 것이라면 아무리 시간과 노력이 많이 드는 엄격한 제자 훈련 프로그램이라 하더라도 기꺼이 참여하려고 합니다. 세 번째로, 체계적인 제자 훈련을 받으면, 평생 동안 그리스도를 따라 사는 데 기초가 되는, 그리스도 중심의 삶의 기본을 견고히 할 수 있기 때문입니다. 훈련을 통해 제자의 삶을 배우고 익히게 되면, 믿음이 견고하여지고, 성령의 인도에 민감히 반응하게 되며, 하나님의 은혜와 자원들을 끌어다 쓸 줄 알게 되어, 삶에서 만나는 여러 기회들을 잘 활용하며 고난 가운데서 인내할 수 있게 됩니다. 마치 훈련이 잘 된 운동 선수와도 같습니다. 그는 능력은 같지만 훈련이 덜 된 사람보다 도전적인 상황에 처하여서 훨씬 큰 능력을 발휘할 수 있습니다. 사도 바울이나 히브리서의 기자는 우리도 이렇게 준비되어야 한다고 권면합니다(디모데후서 2장, 고린도전서 9장, 히브리서 5장과 12장). 따라서 나이와 상관 없이 이러한 종류의 인도는 당신에게, 또한 당신과 관계를 맺고 있는 사람들에게 효과적으로 활용될 수 있습니다.

> 제자삼는 자로서의 인도자는 피인도자에게 제자의 삶의 기본 원리를 가르치고 훈련시켜 주어 피인도자가 그리스도의 제자로 살 수 있도록 돕는다.

이것은 무슨 의미입니까?

　제자의 도의 핵심에는 믿는 자의 삶 속에서 그리스도가 주인이 되시며(그리스도의 주재권), 중심이 되신다는(중심 되신 그리스도) 개념이 들어 있습니다. 제자 훈련을 통해서 그는 대개 자신의 삶에서 그리스도가 어떤 분이신가를 알고 누리는 데에 빠르게 성장합니다 - 구세주로서의 그리스도, 주님으로서의 그리스도, 힘이 되시는 그리스도, 생명이 되시는 그리스도 등. 제자 훈련은 초기에는 그리스도가 어떠한 분인가를 알고 개인적으로 경험하는 것에 초점을 둡니다.

　그리스도를 중심에 모시는 것에서 시작하여 속사람의 재창조가 일어납니다. 이를 통해 가치관과 태도와 동기가 변하게 되고, 결국 행동도 변하게 됩니다. 속사람의 성장에는 기본적인 영적 훈련을 통해 경건한 삶의 습관을 형성하는 것이 필요합니다. 예를 들어, 스스로 성경을 읽고 공부하며, 기도를 배워 나가는 것입니다.

　올바른 습관을 형성하는 것은 제자의 삶에 매우 중요한 요소입니다. 올바른 습관은 예수 그리스도와의 관계를 지속적으로 발전시켜 나갈 수 있는 수단을 제공하게 됩니다. 스티븐 코비는 "성공하는 사람들의 7가지 습관"이란 저서에서, 습관은 우리의 생활에 강력한 영향을 미치는 요소라고 말합니다. 계속해서 그는 우리의 인격이란 습관이 모여서 되는 것이라고 말합니다. 한

격언과 동일한 내용이라고 생각됩니다. "생각을 심으면 행동을 거두고, 행동을 심으면 습관을 거두고, 습관을 심으면 인격을 거두고, 인격을 심으면 일생을 거둔다."

그리스도를 알고 따르기 위하여 제자는 자기의 인격과 일생에 영향을 끼칠 습관을 형성해야 합니다. 그러한 습관들은(이에 대해서는 나중에 더욱 구체적으로 밝힐 것입니다) 제자가 일생 동안 그리스도를 따르는 데에 필수불가결한 것입니다. 습관은 쉽게 계발되지 않습니다. 인간은 대개 변화를 거부하기 때문입니다. 코비는 어떤 습관을 형성하거나 깨기 위하여 드는 노력을 지구 중력을 벗어나기 위하여 로켓을 추진시키는 데 들어가는 초기 에너지에 비유하고 있습니다. 그러나 일단 지구 중력을 벗어나면 아주 적은 양의 에너지로도 로켓은 순항할 수 있습니다.

습관은 지식, 기술, 욕구가 서로 결합하여 계발됩니다. 지식은 무엇을 해야 할지를 보여 줍니다. 기술을 통하여 어떻게 그것을 해야 하는지를 알게 됩니다. 그리고 욕구는 그 행동에 필요한 동기력을 제공하여 주고 또한 왜 그것을 하는지에 대하여서도 보여 줍니다. 제자삼는 사람은 이 세 가지 영역에 대하여 적절한 답을 제공하여 주려고 애쓰며, 성장하는 제자로 하여금 좋은 습관을 형성하는 과정에 지속적으로 머물도록 하여 그리스도와 친밀하게 동행하며 동역하는 삶에서 나오는 유익과 축복을 거두도록 이끌어 줍니다.

대개 이러한 훈련이나 습관 형성은 내면 생활에 그 초점이 맞춰집니다. 그리고 나서 이것은 다른 사람과의 관계 및 외적 행동으로 나타납니다. 때때로 복잡한 생활 속에서 새신자는 성령의 음성을 듣기 시작합니다. 어떤 행동의 변화에 대해 가르쳐 주시는 것일 수도 있고, 어떤 경우엔 결정을 내리는 데 필요한 지침

일 수도 있습니다. 또한 그리스도를 따르기 시작한 다른 그리스도인들과의 만남을 통해 그는 성령의 인도하심에 대하여 확신을 더욱 갖게 되고, 격려를 받아 지속적으로 영적 성장에 드려지는 것이 필요함을 알게 됩니다.

개인의 삶에서 하나님의 독특한 역사가 나타날 때 즈음이면 그에게 어떤 은사가 있는지가 드러나기 시작합니다. 계속 성장을 하면 열매를 맺습니다. 개인의 삶에서뿐만 아니라 자기의 은사를 사용하여 다른 사람들을 섬기는 사역에서도 열매가 나타납니다.

제자삼기는 강도 높은 인도 과정입니다. 따라서 앞에서 말한 "세 가지 요소"가 모두 등장하며, 능력 부여에 직접적으로 영향을 미칩니다. 다음에서 이 요소들이 제자삼는 인도 과정에서 어떻게 드러나고 있는지를 설명하고 있습니다.

매력이라는 요소는 다른 인도 형태에서와 비슷하게 나타납니다. 그러나 새신자는 훈련의 필요성에 대하여 잘 이해하지를 못합니다. 과거에 훈련이라는 요소를 접한 경험이 있는 사람이어야만 어느 정도 이해를 합니다. 배가 고픈 어린아이는 먹을 것을 주는 사람이면 누구든지 어디까지든지 따라갑니다. 따라서 대개는 인도자가 새신자와의 관계를 주도권을 가지고 시작합니다. 훈련을 받은 경험이 전혀 없는 오래된 신자의 경우에는(앞에서 말한 피터의 경우처럼) 피인도자가 분별력을 발휘하여 그 관계를 먼저 시작하기도 합니다. 어떠한 경우이든, 비슷한 환경, 가까운 관계, 성숙(인도자의 입장에서), 그리고 적극적인 태도(피인도자의 입장에서)는 제자삼는 관계가 이루어지기 위하여 아주 중요한 것들입니다.

적극적인 반응은 제자삼는 관계가 성공적으로 이루어지기 위하여 빠져서는 안 되는 아주 중요한 요소입니다. 인도자는 다른 어떤 인도 형태에서보다도 더 주도권을 가지고 이끌기 때문에 피인도자에게는 새로운 것이 아주 풍성하게 전달됩니다. 이는 마치 벽돌쌓기, 전기 공사, 그리고 배관과 같이 숙련된 기술이 필요한 영역에서 도제(徒弟) 관계가 이루어지는 것과 흡사합니다. 피인도자(혹은 도제)는 적극적으로 인도에 따르려고 해야 하며, 주어진 과제에 대하여 열정적인 태도를 갖고 이루려고 해야 합니다.

회계 책임. 제자삼는 과정은 아주 계획적이기 때문에 언제나 회계 책임을 필요로 합니다. 제자의 삶을 훈련받으면서 새신자(혹은 피인도자)는 자기의 삶에 새로운 것들을 적용시켜 변화를 가하게 되는데, 이를 위해서는 개인적인 훈련과 결단이 요구됩니다. 그런데 이러한 행동은 대개 자연스럽게 일어나는 것이 아니라 자극과 격려를 받아야 일어납니다. 인도자는 이러한 필요가 있다는 것에 민감하게 반응하여 주도권을 가져야 합니다.

제자 훈련은 언제 끝나는가

이러한 제자삼는 관계는 얼마나 오래 지속되어야 합니까? 다른 말로 표현하면 "새신자가 제자가 되었다는 것을 무엇을 보고 알 수 있습니까?"라는 질문이 될 것입니다. 새신자가 주로 인도자로부터 외적인 동기 부여에 의하여 성장과 발전을 시도하는 의존적인 단계에서, 스스로의 내적 동기력에 의하여 그리스도를 알고 따르는 삶을 살아가는 성숙한 단계로 옮아 가고 있는 것을 어떻게 알 수 있습니까?

그리스도께서는 제자의 특징에 대하여 명확한 기준을 제시하여 그러한 기준을 갖춘 사람이 있으면, 마치 거울을 보는 것처럼, 쉽게 알아볼 수 있도록 하셨습니다.

제자의 특징

요한복음 8:31-32	그리스도의 말씀에 거함 - 매일의 생활과 결정 속에서 주님의 말씀에 순종함.
요한복음 13:34-35	다른 사람을 사랑함. 예수님께서 제자들을 사랑하신 것처럼.
요한복음 15:8,16	열매를 많이 맺어, 하나님을 영광스럽게 함 - 성령의 열매 및 사역의 열매.
누가복음 14:27	삶의 모든 영역에서 주님 뜻에 굴복하고 주님을 따름.

    물론 제자의 학교에서 졸업이란 없습니다. 우리는 평생 그리스도의 제자로서 성장해 갑니다. 제자 훈련은 평생 제자의 삶을 살아가는 첫 시작을 잘하도록 도와주는 것으로서, 제자에게 필요한 몇 가지 "좋은 습관"을 계발하는 과정입니다. 제자 훈련을 통해 "좋은 습관"을 형성해 두면 평생 그리스도의 제자로서 그리스도를 따르는 삶에 큰 도움이 됩니다. 사람에 따라서 어떤 것이 제자로서의 성장에 꼭 필요한 습관이냐에 대하여 생각이 다를 수도 있지만, 표 3-1에서는 꼭 필요하다고 생각되는 4가지 영역에 대하여 제안을 해놓았습니다. 이러한 습관을 계속 유지하면 위에서 언급한 제자의 특징을 드러낼 수 있을 것입니다. 이러한 습관이 피인도자의 삶에 일부가 되면 그는 인도자인 제자삼는 자의 직접적인 개입이 없이도 성장해 나갈 수 있는 제자의 도의 기초를 다진 셈입니다.

표 3-1. 제자로서의 성장을 위한 기본적인 습관

영역	제자로 성장하기 위한 중요한 습관
1. 경건의 시간	◆ 정기적으로 성경 말씀을 섭취하여 성경을 통하여 살아 계신 하나님의 음성을 들음. ◆ 정기적으로 하나님과 개인적이고도 친밀하게 기도로 교제하는 시간을 가져서 하나님과 더욱 가까이 동행함.
2. 말씀 섭취	◆ 다른 사람들의 가르침과 개인적인 공부를 통하여 하나님의 말씀을 배움으로써 개인의 삶과 사역에 대한 전망을 얻음. ◆ 영적으로 성장하기 위하여 하나님의 말씀을 개인의 삶에 적용함. 말씀에 순종하는 습관이 형성됨. 성령께서는 하나님의 자녀들에게 성경 말씀을 통하여 말씀하여 주시는데, 이에 대하여 마음과 뜻을 다하여 반응하는 법을 배움.
3. 교제	◆ 교제의 가치를 알며, 그리스도 안에서 성장하고 그리스도의 명령에 순종하고 있는 다른 그리스도인들을 만나 정기적인 교제를 가지는 습관을 형성함. 교제는 교훈과 책망과 바르게 함과 훈련과 격려와 인도와 예배에 필수적임.
4. 사역	◆ 다른 사람들이 그리스도를 알기 원하는 관심 가운데, 자기의 믿음을 다른 사람들에게 드러내 놓고 나눔. 이것은 생활 속에서 그리스도를 충성스럽게 따르고 주위 사람들을 사랑하며 그들을 위하여 기도하기를 힘쓸 때 제일 자연스럽게 일어남. ◆ 다른 사람들을 위하여 중보 기도를 하는 습관을 형성함. ◆ 자기가 예수 그리스도를 따르면서 배운 것을 다른 사람들과 나눔. ◆ 자기에게 알맞은 사역에 참여함. 이를 통해 자기의 은사를 계발하며 사용할 기회를 얻게 됨. 사역에 함께함으로써 그의 은사가 드러나고, 열매를 맺기 시작함.

제자삼는 인도에 대한 몇 가지 제안

당신은 자신을 제자로 훈련시켜 줄 사람을 찾고 있습니까? 아니면 다른 사람을 제자로 삼기 위해 인도자가 되어야 합니까? 만약 이러한 상황에 처해 있다면 다음의 몇 가지 제안을 참고하시기 바랍니다.

제자로 훈련받기 원하는 사람을 위하여

1. **주의 깊게 선택하라.** 제자삼는 관계는 시간과 전문적 경험을 동시에 필요로 합니다. 당신의 인도자가 될 사람은 제자삼는 일에 충분한 경험을 가지고 있어야 할 뿐만 아니라 동시에 시간을 언제든지 내어 줄 수 있어야 합니다. 당신을 제자로 훈련시켜 줄 사람을 위하여 하나님께 기도하십시오. 현재 그리스도를 잘 따르고 있는 사람에게 당신을 제자로 훈련시켜 줄 사람을 추천해 달라고 부탁하십시오. 당신 주위의 그리스도인들 중에서 앞에서 말한 "제자의 특징"이 분명하게 나타나고 있는 사람들을 찾아보십시오.

2. **충성된 사람이 되라.** 주어진 과제를 성실히 감당하십시오. 제자삼는 인도자에게 적극적인 반응을 보이려고 노력하십시오. 배우려는 자세가 되어 있을 때에 능력 부여는 바로 일어납니다. 훈련은 충성심이란 성품과 직접적인 관계가 있습니다. 그리고 이 충성심은 하나님의 나라에서 귀중한 자질입니다.

3. **인도자와 시간을 많이 보내라.** 되도록 다양한 상황에서 인도자와 시간을 보내려고 시도하십시오. 본을 통하여 상당히 많은 것을 배울 것입니다. 실제 삶에서 인도자가 그리스도

를 따르는 제반 원리들을 어떻게 적용하고 있는지를 살펴보시기 바랍니다.
4. **목표를 명심하라.** 당신의 목표는 그리스도를 알고 그리스도를 따라가는 것입니다. 또한 이러한 목표에 도움이 되는, 성장을 위한 기본적인 습관을 잘 형성하는 것이 필요함을 기억하십시오. 인도자가 이러한 목표를 향하여 당신을 이끌고 있다는 사실을 기억하고 적극적인 태도로 반응을 보이시기 바랍니다.

제자삼는 자를 위하여

1. **주의 깊게 선택하라.** 제자 훈련의 필요성을 느끼고 있는 사람들이 많이 있습니다. 그렇다고 그들을 전부 도울 수는 없습니다. 당신이 감당할 수 있는 한계가 있기 때문입니다. 제자삼는 인도는 깊은 관계를 요구하고, 또한 시간이 많이 드는 일이기 때문에 한번에 한두 명 정도와만 교제할 수 있을 것입니다. 제자 훈련을 시키기 전에 먼저, 제자 훈련을 받고 싶어하는 사람과 충분한 시간을 함께 보내십시오. 그러면서 그에게 배우고자 하는 태도가 있는지, 관심사는 일치하는지, 그리고 어떠한 배경을 가지고 있는지 등을 파악해야 합니다. 시작하기에 앞서서, 그리스도와 동행하는 삶을 강화시켜 주고 싶다는 당신의 의도를 명확히 하십시오.
2. **성장을 위한 좋은 습관을 형성시켜 주라.** 경건의 시간이나 말씀 섭취, 교제, 그리고 사역 등의 영역에 있어서 좋은 습관을 형성시켜 주도록 하십시오(표 3-1 참조).
3. **각 사람의 개인적 특성을 파악하라.** 피인도자가 이러한 습관을 형성하도록 도와줄 때, 사람마다 고유한 특성이 있음

을 잘 알고 있어야 합니다. 각 사람마다 능력에 차이가 있으므로, 피인도자의 영적인 은사, 선천적인 능력, 그리고 그 동안 배운 지식이나 기술을 알아보십시오. 시중에 나와 있는 평가 도구를 이용하는 것도 한 가지 방법입니다. 그리고 여러 상황에서 피인도자를 잘 관찰하여 그를 알아야 합니다.

4. **각 개인의 은사에 따라 훈련하라.** 성장을 위한 기본적인 습관들을 형성시키는 것 외에 각 개인에게 알맞은 과제를 주어서 그의 은사가 무엇인지를 발견하고 이를 계발하는 기회를 주는 것이 필요합니다. 피인도자마다 특성이 다르다는 것에 주의하시기 바랍니다. 그들을 단순히 제자 훈련 프로그램을 통과시키는 것이 목적이 아니라, 일생 동안 그리스도를 따르며 그리스도의 뜻을 행하도록 동기를 부여하고 기초를 놓아 주는 것을 목표로 해야 합니다.

5. **다른 자원을 활용하라.** 피인도자의 은사를 보았을 때 당신이 계발시켜 줄 수 있는 성질의 것이 아니면, 그럴 능력이 있는 다른 사람에게 그를 연결시켜 주어야 합니다.

6. **목표를 명심하라.** 당신의 목표는 피인도자가 스스로의 동기력에 의해 혼자서도 그리스도의 제자로서의 삶을 잘 살아가도록 돕는 것입니다. 피인도자가 당신을 의존하는 데서 벗어나 독립하도록 도와주어야 합니다. 당신의 동기 부여가 아니라 스스로의 동기력에 의하여 살아가도록 해주어야 합니다. 훈련받는 사람이 성장해 감에 따라 훈련의 고삐를 서서히 늦추어야 합니다. 제자 훈련을 끝마칠 시기를 정하고, 그 사이에 의도적으로 훈련의 주도권을 피인도자에게 서서히 넘겨주는 것이 필요합니다. 그때부터는 당신과 피인도자와의 관계는 제자삼는 자와 훈련받는 자의 관계가 아닙니

다. 만약 필요하다면 다른 형태의 인도가 필요할 수는 있습니다. 그러나 항상 서로 신뢰하는 친구로서의 기본적인 태도는 유지해야 합니다.

제자삼는 자의 지속적 사역

훌륭한 제자삼는 인도자로부터 강도 높은 제자 훈련을 받고 싶어하는 것은 대부분의 그리스도인들이 한 번 정도 가져 보는 소원입니다. 제자삼는 인도는 다른 어떤 인도에서도 볼 수 없을 정도로 가장 오래 지속되는 깊은 영향을 끼칩니다. 피터의 경우처럼 30대 후반의 사람이건 학생이건 기혼자이건 미혼자이건 간에 이전에 한 번도 이러한 인도를 받아 본 적이 없다면 한 번 이러한 기회를 갖기 위하여 적극적으로 찾아 나서기를 권면합니다.

만약 당신이 이미 성숙하고 오랜 동안 그리스도와 동행하여 왔다면, 이와 같은 종류의 인도가 얼마나 큰 영향을 다른 사람들에게 줄 수 있는지를 경험해 보기를 바랍니다. 주위에 영적으로 어린 그리스도인이 있는지 알아보고 제자삼는 자로서 강도 높은 인도를 하기 위해 당신의 시간을 투자해 보시기 바랍니다.

제 4 장

정기적 인도 : 영적 조언자

영적 점검

조던은 영적 정체기에 접어든 것처럼 보였습니다. 오랜 동안 신앙 생활을 해왔고, 또 지난 15년간 사역을 하며 많은 축복을 경험했습니다. 평신도로서 사역을 하기도 했고, 전임 사역자로서도 사역을 했는데 모두 성공적이었습니다. 세 자녀를 두고 있는데 모두 잘 성장하고 있고, 결혼 생활도 전혀 문제가 없었습니다. 모든 게 아무런 문제가 없는 것으로 보였습니다. "뭐가 빠졌는지는 모르겠지만, 무엇인가 빠져 있는 것 같은 느낌이 드네. 모든 것을 잘하고 있다고 생각하는데, 왠지 뭔가 잘 돌아가고 있지 못하다는 생각이 들어. 나의 자원의 75% 정도만 가동되고 있는 것 같다고나 할까. 여러 가지 상황이 괴롭게 느껴지네. 전에는 한 번도 이런 적이 없었네. 시간을 좀더 내어 쉬면서, 나의 삶을 돌아보아야 할 것 같네."

그러자, 그의 친구가 영적 점검이 필요하다고 말했습니다. 마치 건강 검진과 같은 것이라고 설명하자, 조던은 "바로 그거야. 내겐 그게 필요하네!"라고 하면서 어떻게 할 수 있겠느냐고 물었습니다.

"아마도 영적으로 성숙한 형제에게서 받을 수 있을 거야. 하나님을 잘 알고, 사람에 대해서도 잘 알고, …그리고 인생에 대해서도 잘 아는 사람이어야겠지. 그런 사람이 주위에 분명히 있을 거야"라고 그 친구는 말했습니다. 조던은 집에 돌아오는 길에 자기가 알고 있는 사람들 중에서 누가 그런 도움을 줄 수 있을까를 생각해 보았습니다. 헨리 존슨을 생각하다가 갑자기 그 사람이면 될 것 같다는 느낌이 들었습니다. 그는 다른 사람들의 말을 잘 들어 주고, 때에 맞는 말을 잘해 주는 경건한 형제였습니다.

헨리는 영적 점검을 받아 보겠다는 조던의 제안에 긍정적인 반응을 보이며, 한 주 정도 생각해서 어떻게 하는 것이 좋은지를 검토해 보자고 했습니다. 헨리는 이전에 이런 것을 한 번도 해본 적이 없었지만 일주일 동안 생각한 뒤에 조던을 자기 집으로 초청하였습니다. 이를 계기로 후에도 여러 차례 뜻깊은 교제를 가지게 되었습니다.

먼저 헨리가 말을 꺼냈습니다. "검진을 받으러 의사에게 가면 먼저 맥박, 혈압, 체온을 재고, 그리고 최근에 어떻게 지냈는지를 물어 보는 것부터 시작합니다. 그래서 우리도 이와 같이 해보기로 하겠습니다." 헨리는 그리스도인에게 있어서 "맥박"이라고 생각되는 그리스도와의 친밀한 교제에 대하여 물어 보았습니다. "언제 하나님과 교제 시간을 가지며, 하나님께 어떤 내용으로 기도합니까? 하나님께서는 어떤 응답을 주십니까? 주님께 배운 바는 무엇입니까?" 약 한 시간 정도 이상을 이 질문을 가지고 대화를 하며 몇 가지 말씀을 참조해 보았을 때, 헨리와 조던은 모두 조던의 "맥박"이 힘없이 뛰고 있음을 알게 되었습니다.

이어서 헨리는 한 가지를 더 점검해 보자고 했습니다. "다른 이야기로 넘어가기 전에 혈압, 즉 매일 매일의 상황 속에서 일어나는 도전, 어려움, 실망스러운 일들, 그리고 시간 계획이나 예정에 갑작스런 변화가 생기는 것 등에 대하여 어떻게 반응하는지에 대하여 살펴봅시다. 지난주에 있었던 일 중에서 기대치 않았던 상황이나 실망스러워 보였던 상황이 있으면 구체적으로 나누어 봅시다."

조던은 한 가지 일이 떠올랐습니다. 같이 일하는 동역자가 일을 추진해 나가는 데에 있어서 자기 책임을 다하지 못했는데, 이를 보충하려면 몇 가지 일은 다시 해야 하고, 추가적으로 해야 할 일도 많기 때문에 적어도 수주일은 걸릴 상황이었습니다. 헨리는 조던이 이 일에 대하여 어떻게 반응을 하였는지를 물었습니다. 일이 닥쳤을 때 감정적으로 침체된 것은 정상적인 반응이라고 할 수 있다손 치더라도, 자기가 그에 대하여 화를 내고 있는 것이나 가까이 지내고 있는 사람들을 비난하는 모습이 있다는 것을 발견하자 매우 놀랐습니다. 비록 자기가 가진 불만을 드러내지는 않았지만, 사실 그들을 대하는 분위기나 반응에는 영향이 나타나고 있었습니다. "언제 이 문제에 관하여 하나님께서 개입하도록 기도했습니까?"라고 헨리가 물었습니다. "그날 밤 잠자리에 들기 전이었습니다. 하나님께 자백 기도를 드렸는데, 단지 내가 불평한 것에 대하여 뉘우치는 것만이 아닌 그 이상의 기도였습니다." 헨리와 조던은 함께 토의하면서 이 상황에서 어떻게 하면 하나님을 좀더 빨리 찾았겠는가를 나누었습니다. 헨리는 삶 속에서 하나님과 동행하는 것이 무엇을 의미하며, 또한 그리스도를 따르는 사람으로서 "예기치 아니한 사람이나 환경"에 대하여 어떤 시야로 바라보고 어떻게 대처하는 것이 좋은지에 대하여 자기의 경험을 나누며 조던을 가르쳐 주었습니다. 다른 상황에 대해서도 조금 더 자세히 살펴보았을 때 조던은 큰 격려를 얻을 수 있었고, 새로운 사실을 더 많이 알게 되었습니다.

헨리는 조던의 영적 상태를 "정상이지만 주의 요망"이라고 말하면서 그 처방으로 몇 가지 변화를 제안하였습니다. 헨리는 조던에게 매일 경건의 시간을 가질 때에 시편을 읽으며 약 10분 정도 하나님을 경배하고 그때 떠오르는 여러 가지 생각을 하나님께 기도하는 형식으로 기록하여 볼 것을 권하였습니다. 그리고는 하루 일과 중에서 15분 정도를 내어서 아침에 자기가 기록한 기도를 다시 읽고 기도하며 그때까지 일어났던 일과 만났던 사람들에 대하여 하나님과 대화를 나누라고 하였습니다. 헨리는 또한 조던에게 허드슨 테일러의 전기를 읽어 볼 것을 권하였습니다. 조던에게 주어진 과제는 허드슨 테일러가 중국에 선교사로 가서 맞게 되는 어려운 상황과 예기치 아니한 변화에 직면하였을 때 어떻게 대처하였는가를 살펴보는 것이었습니다. 그리고는 테일러의 이러한 일에 대하여 조던 자신의 생각을 기록하는 것이었습니다. 헨리와 조던은 영적 점검을 하기 위하여 2주마다 만나곤 했습니다.

그 이후로 헨리와 조던은 제자의 삶에 나타나야 하는 중요한 여러 요소에 대하여 더욱 자세히 다루게 되었습니다. 조던은 헨리의 제안에 적극적으로 따랐고, 얼마 안 가서 영적 활기가 되돌아오는 것을 느끼며 새로운 전망과 깊이가 더해지는 것을 볼 수 있었습니다. 그들은 두 달마다 만나서 간단한 점검을 하고 교제하는 시간을 가지기로 약속하였습니다. 헨리가 조던을 더욱 알아 갈수록, 조던에게 나타나고 있는 몇 가지 잠재적 위험성을 가진 습관을 발견할 수 있었고, 조던이 이에서 빠져 나오도록 돕기 위해서 필요한 몇 가지 할 일을 주고 점검을 받게 했습니다. 조던은 또한 자기 아내와 함께 일 년마다 그들의 결혼 생활에 대하여 검사를 받기로 하고, 헨리 부부를 만나기로 하였습니다. 결혼 생활의 기초라고 할 수 있는 의사 소통, 갈등 해결, 돈의 사용, 의사 결정, 친밀감, 자녀 양육 등의 영역에서 발전하고 있는지를 살펴보고, 어떤 좋지 않은 습관이 생겼는데도 무관심이나 분주함 때문에 방치하고 있는 것은 없는가를 점검해 보았습니다.

* * *

헨리는 영적 조언자입니다. 조언과 그의 관계는 제자삼는 자로서 맺는 관계와는 다릅니다.

> 영적 조언자의 주된 역할은 피인도자의 영성(靈性-내적 태도와 동기)과 성숙(말씀과 삶의 일치)에 영향을 미치는 제반 질문, 행동, 결정에 대한 통찰력, 방향, 회계 책임을 제공하는 것이다.

간단히 말해서 영적 조언자는 제자가 겪는 어떤 중요한 상황에서 영적 성장과 성숙을 촉진시키는 사람입니다.

> 영적 조언자는 경건하고 성숙한 그리스도의 제자로서, 삶의 모든 영역에서 그리스도를 닮아 가는 것이 무엇을 뜻하는지, 이에 관하여 자신이 가진 지식과 기술과 기본 원리를 나누어 주는 사람이다.

영적 조언자는 영적인 삶을 평가할 줄 아는 전문가입니다. 영적 조언자는 제자삼는 자와는 다른데, 제자삼는 자는 주로 그리스도를 따르는 기본적인 생활을 잘 살도록 도와주는 사람이기 때문입니다.

그러나 이 두 가지에는 서로 공통되는 부분이 많이 있습니다. 두 가지 모두 영적 성장을 다루고 있기 때문입니다. 어떤 의미에서는 제자삼는 것은 영적인 조언의 특수한 형태라고 볼 수 있습니다. 제자 훈련은 그리스도를 따르는 제자로 살아가는 데 필요한 기본적인 내용들을 다룹니다. 이를테면 "첫 시동 걸기"를 도와주는 것입니다. 대개 새로이 믿음의 생활을 시작한 사람에게 제자로 살아갈 수 있도록 돕는 것으로서, 단기간에 걸쳐 강도 높은 훈련이 이루어집니다. 제자 훈련은, 피인도자로 하여금 처음에는 다른 사람의 도움을 받아 그리스도를 따르다가, 건전한 의미에서 점차 독립하여 스스로의 동기력으로 제자의 삶을 살아가도록 이끌어 주는 일입니다.

대개 그리스도를 따르기 시작한 초기 단계에 제자 훈련을 받게 되는데, 이는 일생을 걸쳐 한 번만 일어나는 일입니다. 그러나 그리스도 안에서 성장하면서 때때로 영적인 조언이 필요한 경우가 있습니다. 제자삼는 것을 강도 높은 훈련이라고 한다면, 영적 조언을 통한 인도는 삶을 깊이 돌이켜 보는 것이라 할 수 있습니다. 영적인 조언을 통해 건전한 의미에서 상호 의존하는 것을 배우게 됩니다. 즉, 그리스도의 몸의 일부로서 더 나은 성장과 사역을 위하여 서로 의지하면서도 건전하게 독립할 줄 아는 것입니다.

사업을 하는 사람들 세계에서도 영적 조언자에 견줄 만한 사람들에 대한 필요가 점점 커지고 있습니다. 바로 최고 경영자를 코치하는 사람입니다. 로버트 보인톤은 한 글에서 경영자를 지도하는 코치는, 사업이나 경영, 그리고 지도력의 모든 영역에서 필요에 따라 상담자의 역할도 하고, 선생의 역할도 하고, 정신적 지주의 역할도 하고, 때로는 열렬한 팬이 되기도 하고, 코치의 역할을 하기도 한다고 말합니다. 이러한 역할을 전문적으로 하는 사람들은 그들의 고객으로 하여금 한걸음 뒤로 물러서서 좀 더 원대한 시야로 사물을 바라볼 수 있도록 도와줍니다. 많은 수의 전문 경영인들도 역시 단순히 "자기 주위에 있으면서" 그들의 개인적인 삶을 살펴보고서 동기력이나 가치관을 새롭게 하여 주고, 올바로 생각하고 행동하도록 격려하여 줄 사람을 찾고 있습니다. 대다수의 경영자들에게 있어서 이러한 형태의 조언자는 그저 하찮은 필요를 채워 주는 존재가 아니라 꼭 필요한 존재입니다. 이처럼 그리스도를 따르면서 끝까지 승리하는 삶을 살고자 하는 사람들에게도 모두 영적 조언자가 필요한 것입니다.

영적 조언자의 역할

대부분의 사람들은 영적인 문제에 있어서 일생 동안 개인적인 조언을 필요로 합니다. 하지만 그 시기가 정해져 있다거나 정기적으로 그러한 필요가 생기는 것은 아닙니다. 영적 조언자가 하는 역할을 예로 들면 다음과 같습니다.

- ◆ 자신의 영적 성장을 평가해 보도록 돕는다.
- ◆ 영적 삶에서 강한 영역과 약한 영역이 무엇인지를 알도록 돕는다.
- ◆ 필요를 분별하여 줌으로써 주도권을 쥐고 변화와 성장을 위하여 힘쓰도록 돕는다.
- ◆ 깊이 있고 성숙한 삶을 계발하기 위하여 어떻게 하는 것이 좋은지 전망을 갖도록 돕는다.
- ◆ 영적 성숙에 대하여 회계 책임을 부여한다.

티모시 존스는 자기의 삶에 영적 조언자가 끼친 영향에 대하여 말하면서, 자기의 매일의 삶이 의미 있게 되도록 도움을 받았다고 말합니다. 매일과 같이 일어나는 여러 가지 일 속에서 중요한 일에 관심을 두고, 걱정거리를 기도로 하나님께 의뢰하는 가운데 하나님의 일에 관심을 집중하도록 이끌어 주었다고 했습니다. 조언자는 여러 가지 동기들이 뒤섞여 어찌할 줄 모르는 상태에 있는 사람에게 그리스도께 초점을 맞출 수 있도록 도와주고, 사람들의 인정을 구하는 마음과 시간에 쫓기며 살아가는 마음 때문에 흐트러져 있는 우선 순위의 삶을 새롭게 하여 줍니다.

성숙한 제자라 할지라도 어떤 영역에서 발전하려면 자기가 한 일에 대하여 회계 책임을 지는 것이 꼭 필요합니다. 새로 믿어 성장하고 있는 제자에게 영적 조언자가 필요하다는 것은 금방 눈에 띕니다. 그러나 성숙한 제자에게는 이러한 필요가 분명하지 않을 때가 있습니다. 그러나 개인의 삶과 사역이 높은 수준으로 성장하려면 더 많은 분별력과 더불어 하나님께 민감히 반응하는 것이 필요하다는 것은 명백합니다. 성장하면 할수록 제자에게는 조언이 꼭 필요한 새로운 환경이나 마음속에 생기는 문제들이 발생합니다. 불확실한 상황에 처하면 누구나 전망이나 방향에 대하여 조언해 주는 것을 반가워합니다. 바로 이 영역에서 영적 조언자가 도움을 줄 수 있습니다.

이러한 형태의 인도는 시간의 제약을 받지 않습니다. 이는 대개 필요에 따라 이루어집니다. 인도의 기간은 관심의 대상에 올라 있는 일의 성격에 따라 결정됩니다. 또한 피인도자가 필요에 대하여 얼마나 인식하고 있느냐와 언제 끝내는 것이 좋겠다고 영적 조언자가 판단하기에 달려 있습니다. 그 기간은 짧으면 단지 몇 달일 수도 있고, 아니면 수년이 걸릴 수도 있습니다. 얼마 만에 한 번씩 만나느냐도 경우에 따라 달라집니다. 어떤 영적 조언자는 매주 만나는 것을 택하기도 하지만 또 다른 사람들은 한 달에 한 번 정도가 적당하다고 생각합니다.

영적 조언자가 필요할 때

다음 사항은 당신에게 영적 조언자가 필요한지를 분별하는 데에 도움을 줄 것입니다.

1. 때때로 건강 검진을 받는 것이 필요한 것처럼 "영적 검진"을 받아 보는 것은 언제나 지혜로운 행동입니다.
2. 개인의 삶, 영적 성장, 사역에서 정체 상태에 있다고 느끼거나 혹은 성장을 가로막는 장애물을 맞이하고 있다면, 십중팔구 영적 조언자의 전망과 통찰력이 필요합니다.
3. 성장에 대하여 자꾸 질문을 하게 되거나, 혹은 다른 사람들로부터 성장의 필요성에 대하여 자주 도전을 받는다면, 분명 영적 조언자가 필요하다는 신호입니다. 당신에게 성장이 필요한 영역을 당신보다도 다른 사람들이 먼저 아는 경우가 많습니다.
4. 만약 태도나 동기의 변화가 필요하다는 것을 느끼거나, 혹은 영적인 삶에서 현재 자신의 전망과 통찰력으로는 제대로 설명할 수 없는 일을 경험을 하고 있다면, 분명 영적 조언자의 도움이 필요합니다.
5. 당신이 영적 영향력 혹은 권위를 가진 위치에 있으나, 아무 (영적으로 성숙한 개인일 수도 있고 그룹일 수도 있음)에게도 회계 책임을 지고 있지 않다면, 반드시 영적 조언자가 필요합니다. 교회나 기독교 기관에서 지도자의 위치에 있는 사람들일수록 아무에게도 회계 책임을 지고 있지 않는 경우가 많습니다. 이로 인하여 많은 이들이 점차 실패의 길로 접어들게 되었습니다.

영적 조언자가 되어 줄 수 있는 사람들이 많이 있지만 대부분 직접 나서기를 꺼립니다. 이와 같은 형태의 인도에 대하여 자기를 자랑하는 것이 아닌가 하는 생각을 할 수도 있는 것 같은데, 사실은 그럴 필요가 전혀 없습니다. 영적 조언자는 하나님과 말씀을 매우 잘 아는 동시에 인생을 통찰력을 가지고 볼 줄 알아야 합니다. 신학자이거나 심리학자이어야 할 필요가 없습니다. 하나님과 동행하며 인생의 여러 가지를 겪음으로 말미암아 우리 앞에 놓인 도전이 무엇이며, 고난 중에 인내하고, 형통할 때에 감사하며, 유혹을 받을 때에 하나님의 뜻을 추구하며 살아가는 것이 무엇인지를 잘 아는 사람이면 됩니다. 경건한 지혜는 삶의 열매로 인정을 받습니다.

> 너희 중에 지혜와 총명이 있는 자가 누구뇨? 그는 선행으로 말미암아 지혜의 온유함으로 그 행함을 보일지니라.… 오직 위로부터 난 지혜는 첫째 성결하고, 다음에 화평하고 관용하고 양순하며, 긍휼과 선한 열매가 가득하고, 편벽과 거짓이 없나니. (야고보서 3:13,17)

영적 조언자와의 관계는 대개 피인도자가 주도권을 가지고 시작함으로써 이루어집니다. 바로 이러한 필요를 알고 있는 사람이 피인도자이기 때문입니다. 그러나 일단 어떤 필요가 표현되었으면 양자의 기대치와 원하는 바가 서로 교환되고 분명하게 밝혀진 상태가 되었기 때문에, 이때에는 인도자가 이 관계의 전반적인 면에 대한 책임을 지고 그 기대치가 충족될 수 있도록 열심히 여러 가지를 생각하며 수고해야 합니다.

* * *

"나이 든 친구"

내게 영적 조언자가 필요하다는 것은 여러 가지 경험을 한 후에야 현실감 있게 다가왔습니다. 첫째로, 한 친구가 교회에서 지도자의 책임을 맡았는데, 그는 즉시로 심한 압력을 느꼈습니다. 그는 그 압력에 대하여 신경질적이고 방어적인 태도로 반응하였고, 다른 사람을 비방하기도 했습니다. 어느 날 예배가 끝난 후에 대화를 나눌 기회가 있었는데, 그가 가정과 직장에서 다른 압력도 받고 있음을 알게 되었습니다. 그는 목사님이나 다른 장로들을 찾아가 마음을 털어놓을까도 생각해 봤지만 그만두었습니다. 이유는 그가 직장과 가정에서 느끼는 긴장감과 압력을 해결하는 데 그들이 아무 도움도 줄 수 없다고 생각할 뿐만 아니라, 도리어 교회에서 그가 맡은 일에서 좋은 결과만 나오기를 바라고 있기 때문이라고 하였습니다. 나는 절망감이 들었습니다. 나 역시 그에게 그리 도움이 되지 못할 존재이기 때문이었습니다. 게다가 그는 무척 힘이 들어 녹초가 된 듯하였습니다. 속으로 나는 절대로 그러한 환경에 처하지 않았으면 좋겠다고 하면서, 아무런 도움을 받을 수 없는 상황이 얼마나 두려운 것인지를 생각해 보았습니다.

그러던 중, 직업에서 겪는 "정체기"에 대하여 쓴 책을 읽게 되었고, 나의 영적인 삶과 사역의 정체기에 대하여 생각하게 되었습니다. 다른 사람을 이끌고 사역을 하려면 내면 생활에서 나오는 힘이 있어야 합니다. 따라서 영적으로 견고하게 지내고 성장하기 위해서는 기술이나 지식이 아니라 나의 내면 생활의 성장을 지속적으로 점검하는 것이 필요함을 알게 되었습니다. 그러나 나는 내가 어떻게 살고 있는지를 측정하기가 쉽지 않다는 생각이 들었습니다.

그때 어느 수양회에서 젊고 유능한 목사 한 사람을 만나게 되었습니다. 그에게 내 친구의 고민에서 시작된 관심, 즉 내 자신의 영적 성장을 점검해 보아야 한다는 나의 관심을 나누었습니다. 그는 자신의 동기, 생각, 계획 등을 나누기 위하여 은퇴하신 목사님을 만난다고 하였습니다. 그 목사님은 그의 실제적인 필요를 채워 주는 영적 조언자가 되었으며, 신뢰할 만한 친구가 되어서 그가 하나님을 향하고 관심을 그리스도께 집중할 수 있도록 도와주었습니다. 그때에 그들은 맥스웰이 쓴 책을 함께 읽고 있었는데, 이는 "나이 든 친구"가 생각하기에, 그 젊은 목사는 "그리스도와 함께 십자가에 못박혔다"라는 말씀의 진정한 의미를 깨달을 필요가 있었기 때문입니다. 그 책은 그 의미를 잘 설명하고 있었습니다.

나는 더 이상 기다릴 필요가 없다고 생각했습니다. 즉시로 기도하며 "나이 든 친구"를 찾아 나섰습니다. 경험이 많고 영적으로 보이는 몇 사람과 만나 나의 이러한 마음을 나누었을 때 그중 한 사람이 승낙하였습니다. 우리는 이미 몇 차례 만난 적이 있었습니다. 우리는 맥스웰의 그 책을 함께 읽는 것부터 시작하였고, 서로의 삶을 나누는 데 좋은 기초가 되었습니다.

* * *

일생 동안의 영적 조언

영적 조언을 하는 데는 시간이 걸립니다. 적어도 이러한 관계에 집중하는 기간 동안의 시간이 필요합니다. 이상적인 것은 인도자와 피인도자가 정기적으로 만나서 시간을 함께 보내는 것입니다. 피인도자가 얼마나 이 관계에 헌신적인가와, 또한 인도자가 얼마나 자기 시간을 잘 내어 줄 수 있느냐에 따라서 그 기간은 변할 것입니다. 인도자는 피인도자의 삶에서 관찰된 영적인 필요나 개인적인 필요에 대하여 어떻게 채워 줄 수 있을까를 생각하며 성장을 돕는 일에 관심을 써야 합니다. 피인도자의 성숙도와 개인적 특성에 따라서 제기되는 주제는 다를 것이고, 무엇을 계발하려고 하느냐에 따라서 다루는 요소들이 달라질 수 있습니다. 또한 이 형태의 인도 관계에서는 회계 책임의 수준도 다양합니다. 인도자는 대개 피인도자의 반응이나 겉으로 드러난 필요에 대하여 회계 책임을 지게 됩니다.

이런 형태의 인도의 필요성은 평생 동안 생겼다가 사라지고 또 생겼다가 사라지곤 할 것입니다. 그러나 정기적으로 이러한 형태의 인도를 받으면 일생 동안 자신의 영적인 삶을 견고하고 건강하게 유지하는 데에 도움이 될 것입니다. 아마도 35세에서 45세 사이에 가장 필요를 많이 느낄 것인데, 이 시기는 압력이 증가하고, 여러 질문들이 생기며, 또한 정체기가 시작되는 때이므로 여러 가지로 혼란스럽기 때문입니다. 당신의 개인 삶과 사역을 성공적으로 마치기 위해서는 이러한 인도가 꼭 필요합니다.

제 5 장
정기적 인도 : 코치

코치는 특히 당신이 새로운 책임을 맡게 되거나 이전에 전혀 해 보지 않았던 일을 시작하려고 할 때 중요합니다. 코치는 또한 영적인 책임을 맡았지만 수렁에 빠져 있을 때 상당히 유익한 역할을 할 수 있습니다. 오늘날 운동 선수들을 지도하는 훌륭한 코치들을 한번 생각해 보십시오. 훌륭한 코치의 특징은 무엇입니까? 우선 그 운동의 기초를 잘 알고 있어야 합니다. 또한 사람들이 그 기초를 배우고 익히려면 어떤 연습이 필요한지를 알고 있습니다. 그는 사람들에게 어떻게 하면 이기고 어떻게 하면 지는지를 가르쳐 줍니다. 그리고 사람들에게 동기를 부여합니다.

코치는 당신이 생각하는 것보다 훨씬 더 많은 것을 할 수 있도록 도와줍니다. 코치가 어떤 사람인가 하는 것은 사람들에게 잘 알려져 있습니다. 그러면 영적인 인도자로서의 코치는 어떤 사람입니까?

코치의 개념에 대하여 토의하며, 코치가 어떻게 우리의 삶에 능력 부여를 할 수 있는지 알아봅시다.

> 코치의 핵심 역할은 당면한 어떤 과업을 성취할 수 있도록 동기를 부여하고, 이에 필요한 기술과 방법을 전수해 주는 것이다.

* * *

가정 문제를 도와줌

가족 경건의 시간은 그리 잘 이루어지지 않고 있었습니다. 열 살, 아홉 살, 다섯 살, 그리고 두 살인 우리 아이들은 이 시간을 참고 견디는 것처럼 보였습니다. 나[폴]는 아이들이 적극적으로 참여하기를 간절히 바라고 있었습니다. 그 당시에는 이에 대한 자료도 별로 없었고, 책도 전혀 없었습니다. 아내와 나는 가족 경건의 시간을 성공으로 이끌기 위해 헌신적인 노력을 했습니다. 우리 가족 모두가 하나님의 말씀과 기도로 함께 시간을 보내는 것이 필요하다고 생각했기 때문입니다.

다른 사람들에게 가족 경건의 시간을 어떻게 갖고 있느냐고 물어 보았습니다. 아무도 성공하고 있다고 말하는 사람이 없었고, 모두 실망에 빠져 있었습니다. 대부분 이미 포기한 지 오래였고, 아이들이 싫다고 하는 바람에 아무런 시도도 하지 못하고 있었습니다. 그러다가 앨런을 만났습니다. 그는 아이들이 모두 착했을 뿐만 아니라 가족 경건의 시간을 수년 동안 성공적으로 가져 오고 있었습니다. 참으로 희귀한 사람들이었습니다!

"앨런, 비결이 무엇입니까?"라고 기대감 가운데 물었습니다. "인내하고, 적극적으로 시도하고, 기도하는 것입니다." 나는 이 말을 듣고 무엇인가 더욱 구체적인 아이디어가 있을 것이라는 생각이 들어 좀더 자세히 설명해 줄 수 있겠느냐고 물었습니다. 그는 자기가 말한 것에 설명을 붙여서 말을 이어 갔습니다. 그는 내가 그렇게 적극적인 것에 대하여 격려하면서 내가 한 결심을 구체적으로 실행해 나갈 수 있도록 몇 가지 제안을 했습니다.

앨런은 수년 동안의 경험을 통하여 배운 것은, 일관성 있게 지속하고 미리 준비할 때 가족들의 적극적인 참여를 이끌어 낼 수 있다는 것이었습니다. 그는 가족들에게 저녁 식사 그 자체보다는 함께 모여서 교제를 나누는 것이 훨씬 더 중요하다고 가르쳤습니다. 가장으로서 그는 가족들이 성경을 이해하고, 삶에 적용하며, 기도 시간을 질적으로 가질 수 있도록 이끄는 것이 자기의 책임이라고 느꼈습니다. 나는 계속 노력해야겠다는 동기력을 잔뜩 받았지만 어떻게 해야 할지를 몰라서 또 물었습니다. "구체적으로 무엇을 했지요?"

앨런이 가족과 함께 어떻게 시간을 보냈는지를 들었을 때 많은 도움이 되었습니다. "큰 아이들에게 먼저 집중하면 작은 아이들은 자연히 따라오게 됩니다. 주로 구약의 이야기나 복음서 그리고 사도행전을 함께 읽고 질문을 한 가지씩 하게 해보십시오." 그의 제안에 따라 나는 여러 가지를 실행했고, 지속적으로 만나 그 결과를 나누었습니다. 그는 나의 노력을 격려하면서 몇 가지 변화와 고칠 내용을 제안하기도 했습니다. 몇 달 동안 지속한 결과 상당한 진보를 이루게 되었고, 우리 아이들은 점차 흥미를 느끼게 되었습니다.

지난 20년 동안, 우리 가족은 날마다 말씀과 기도로 함께 시간을 보냈습니다. 해를 거듭하면서 우리는 여러 가지 다양한 방법을 시도해 보았고, 그중 어떤 것은 좋았지만 도움이 되지 않은 것도 있었습니다. 나를 코치해 주었던 앨런에게 우리 식구는 모두 감사하고 있습니다. 그는 내가 계속 시도하도록 결심을 굳게 하여 주었을 뿐만 아니라 이에 필요한 지혜와 아이디어들을 주었습니다.

* * *

위의 예에서 볼 수 있듯이 대부분의 코치 관계는 피인도자가 자기의 필요를 깨달으면서 이러한 관계를 시작하려고 할 때 이루어집니다. 그러나 꼭 피인도자에 의해서만 시작되는 것은 아닙니다. 코치가 필요하다고 생각되는 사람을 보았으면 자유롭게 그에게 다가가서 "그 동안 당신을 위하여 기도해 왔었는데, 도와주고 싶은 마음이 들었습니다"라고 말할 필요가 있습니다. 여기서도 어떤 영역에서 어떤 필요가 있으며 어떤 방향으로 흘러가야 한다는 것에 대하여 양자가 명확하게 알 필요가 있습니다. 꼭 토의해야 할 한 가지는 언제 이러한 코치 관계를 끝내느냐 하는 점입니다. 대개 피인도자가 일정 수준에 도달했다고 생각하여 인도자에게 감사하다는 말을 하면 이 관계는 끝나게 마련입니다. 피인도자가 이를 말하기 전에 코치가 먼저 알 수도 있는데, 이 경우에는 피인도자에게 다 되었다고 말해 주고, 만약 추가적으로 어떤 도움이 필요하면 즉시 응해 주겠다는 약속을 하는 것이 필요합니다.

> 코치란 상호 관계를 통하여 어떤 과업을 성공적으로 이루도록 격려하고, 이에 필요한 기술을 전수하는 과정이다.

그 결과는 피인도자가 능력 부여를 받는 것입니다. 훌륭한 코치의 열쇠는 관찰과 피드백과 평가입니다. 가능한 한 관찰을 많이 한 후에 재차 새로운 아이디어를 주고, 그 결과를 평가해 주는 것이 필요합니다. 경험이 많은 코치는 선수(피인도자)를 주장하거나 지배하려고 하지 않습니다. 단지 그를 격려하고 필요한 동기 부여를 하며, 효과적으로 탁월하게 일을 성취할 수 있도록 전망과 기술을 제공합니다. 코치라면 경험을 통해 가르친다는 것을 알고 있지만, 지혜로운 코치는 같은 경험이라도 평가가 첨가되는 것이 얼마나 효과가 있는지를 알고 있습니다.

* * *

새로운 책임을 맡음

"다이안, 올해에 새로운 성경공부 그룹을 인도해 보시지 않겠어요? 기도해 보시기 바랍니다."

"저는 믿은 지 3년밖에 되지 않은 걸요. 다른 사람을 가르칠 준비가 되어 있지 않아요"라고 다이안은 패트에게 말했습니다. 패트는 고개를 끄덕이면서 말했습니다. "지난 3년간 견고하게 성장해 온 것을 저는 알고 있어요. 그리고 가르치는 면에 은사가 있는 것처럼 보이기도 하구요. 단지 그 그룹을 인도하기만 하면 돼요. 특별한 걸 가르칠 필요는 없어요. 저도 도와드릴 테니까요."

이 마지막 말에는 다이안이 새로운 책임을 맡았을 경우 도움을 주겠다는 패트의 마음이 표현되어 있었고, 다이안의 태도는 적극적인 태도로 바뀌었습니다. 패트는 먼저 자기가 그룹 리더 수양회에서 배운 "질문을 통한 성경공부 인도"라는 주제와 "모임의 분위기를 이끄는 법"이라는 주제에 대한 노트를 읽어 보도록 다이안에게 과제로 주었습니다. 다이안은 이에 대하여 토의 준비를 해야 했습니다. 이를 통하여 다이안이 얼마나 성실하며, 또한 이 일을 하고자 하는 마음이 있는지를 알 수 있었을 뿐만 아니라, 중요한 필요를 채울 수 있었습니다. 다이안은 과제를 다 한 뒤에 패트와 시간을 정하여 만나기로 하였습니다. 만나서는 여러 가지 사항들을 어떻게 적용하는지에 대하여 나누었습니다. 다이안은 이제 장차 성경공부를 인도하기로 마음을 정했기 때문에 이에 대하여 할 이야기가 많았습니다.

다이안은 2주 후 성경공부를 인도하도록 요청을 받았습니다. 이를 통해 다이안은 자기가 배운 것을 실제 삶에 옮길 수 있었습니다. 패트는 성경공부를 시작하기 며칠 전에 다이안을 만났습니다. 공부할 구절의 주된 요점이 무엇이며, 참석자들의 이해를 돕기 위하여 어떤 질문이나 접근 방법을 생각해 냈는지를 살펴보는 것이 목적이었습니다. 다이안은 잘 준비했으며 내용도 괜찮았으나 몇몇 질문은 수정되어야 했고, 도입 부문이 추가로 만들어졌습니다.

성경공부는 잘 진행되었고, 패트도 참석하였습니다. 며칠 후에 다이안과 패트는 함께 만나서 이 성경공부가 성공적이었는지에 대하여 의견을 나누었습니다. 패트가 몇 가지 제안을 하였고, 다이안이 이에 대하여 함께 이야기하면서 스스로 평가를 내릴 수 있도록 하였습니다. 다이안이 준비를 잘했기 때문에 패트는 구체적으로 관찰하고, 이에 상응하는 제안을 해주어 다이안을 격려할 수 있었습니다. 그들은 다이안이 어느 영역에서 더 계발해야 하는지에 대하여 구체적으로 파악할 수 있었고, 패트가 몇 가지 제안을 해줌으로써 다이안의 인도 능력을 강화시켜 줄 수 있었습니다. 또한 여러 가지 기술 뒤에 담겨 있는 이유에 대해서도 토의할 기회를 가졌는데, 이로 인하여 다이안은 서로 토의를 하면서 배우는 것에 대한 이해를 증진시킬 수 있었습니다.

다이안은 성공을 맛보았습니다. 자기도 성경공부 그룹을 인도할 수 있음을 깨달았습니다. 그러나 더 많은 수고와 훈련이 필요함을 알고 있었습니다. 다이안은 패트에게 요청하여 이 새로운 도전을 잘 감당할 수 있을 때까지 도와 달라고 하였습니다.

* * *

패트의 예에서 볼 수 있는 바와 같이, 코치는 사람들에게 기술을 전수하고 동기를 부여하여 이를 잘 사용하도록 도와줍니다. 코치는 그들이 다루는 주제에 대하여 속속들이 잘 알고 있습니다. 전체적인 시야를 가지고 있습니다. 탁월하게 수행하려면 어떤 기술이 필요한지를 구체적으로 알고 있습니다. 또한 피인도자의 동기력이 어떤 상태에 있으며, 기술 수준이 어떤지를 잘 파악하여 적절하게 대응합니다. 무엇보다도 중요한 것은, 탁월한 수준에 이를 수 있도록 이끌어 주는 기술과 올바른 태도를 계발하기 위해 필요한 것들을 행하도록 동기를 부여하고 이를 계발하도록 하여 피인도자의 능력을 향상시켜 주는 것입니다.

농구, 야구, 축구 등 대부분의 스포츠에서 코치의 역할은 각 선수가 잘 뛰도록 도와줄 뿐 아니라 팀의 모든 선수들이 연합하도록 이끄는 것입니다. 그러나 어떤 경우에는 개인만을 상대로 합니다. 많은 경기가 개인 코치의 특별한 지도가 필요합니다. 빙상, 골프, 체조, 그리고 대부분의 육상 경기는 개인 코치를 필요로 합니다. 대개의 경우 우리가 여기서 다루고 있는 코치 인도자는 개인 코치의 개념과 비슷합니다. 개인을 상대로 개인의 삶의 능력을 길러 주고 사역을 잘 감당하도록 이끌어 줍니다.

> 코치란, 어떤 일을 잘할 줄 아는 사람(인도자)이 그 기술을 배우고자 하는 사람(피인도자)에게 자기의 기술을 전수해 주는, 관계적 과정이다.

코치의 역할을 하는 인도자의 경우에는 "어떻게 하느냐"에 대한 것을 가르치는 데에 초점을 맞춥니다. 코치는 앞에서 소개한 제자삼는 자와 나중에 소개할 교사와 공통점이 많이 있지만 각각 그 강조하는 바가 많이 다릅니다. 제자삼는 자는 한 사람이 그리스도를 따르는 기본 생활을 견고히 확립하도록 훈련시켜 주는 데에 초점을 맞추는 반면에, 교사는 어떤 영역에 대한 지식과 이해를 돕는 데에 초점을 맞춥니다.

효과적인 코치에 필요한 요소

코치를 효과적으로 하려면 매력이라는 요소가 중요합니다. 훌륭한 코치는 자질 있는 사람을 볼 줄 아는 시야가 있습니다. 자질이 좋은 사람을 발견하면 그를 징모하려고 애씁니다. 코치 역할을 하는 인도자의 경우에도 마찬가지입니다. 자기가 도와주면 성장하고 발전할 가능성이 있는 사람을 잘 파악합니다. 그리고 인도를 하기 위해서 필요한 관계를 맺으려는 시도를 합니다. 도전에 직면한 사람은 좀더 잘하기를 원하고, 자기를 높은 수준으로 이끌어 줄 수 있는 코치를 찾게 마련입니다. 체조, 스케이팅, 테니스 등과 같은 스포츠에서 세계적인 수준에 있는 선수들은 유명한 코치를 통해 배우려고 많은 희생을 치르고 또한 노력합니다. 마찬가지로 새로운 사역의 책임을 맡거나 여러 기회를 맞이한 사람이 진정으로 성장하기 원하면 일류 운동 선수 이상의 노력을 해야 합니다. 그들은 해박한 지식과 경험을 가진 사람에게 매력을 느끼며, 이러한 것을 나눠 줄 사람을 찾습니다. 매력은 배우는 자나 가르치는 자나 둘다 느껴야 하는 요소입니다. 코치에는 특히 양자의 관계가 중요한데, 코치는 개인적인 관계 가운데 이루어지는 것이기 때문입니다.

 기술을 배우려면 대개 훈련을 해야 합니다. 이를 위해서 코치인 인도자는 피인도자와 약속하여 몇 가지 회계 책임에 대한 약속을 해야 합니다. 서로 기대하는 바를 나누는 만남의 초기에 이러한 약속이 이루어져야 합니다. 회계 책임을 질 때 피인도자는 기본적인 기술이 완전히 자기 것이 될 때까지 익히고 갈고 닦는 데 계속 부지런히 힘쓰게 됩니다.

***

새로운 도전을 통한 코치

제리는 여러 차례 덕을 유심히 살펴보았으며, 어떤 경우에는 그에게 상담을 요청하기도 했습니다. 제리는 덕을 존경하게 되었으며, 리더로서 인정하고 그리스도를 따르는 일에서 자기보다 성숙한 사람으로 대우하게 되었습니다. 제리는 자신이 속한 기관에서 더 큰 책임을 맡게 되었을 때, 덕을 만날 약속을 하여 새로이 직면하게 된 도전에 대하여 대화를 나누기로 하였습니다.

제리가 속한 기관은 빠르게 성장하고 있었으나, 모두들 일선 사역에만 집중하고 있었기 때문에 장기 계획, 간사 개발, 내부 조직 강화, 그리고 간사 상호간 유대 증진 등에 대해서는 관심을 거의 기울이지 않았습니다. 이런 면의 필요가 발견되기 시작하자 간사들은 제리에게 이 책임을 맡겼습니다. 제리는 지도자로서의 은사가 있었고, 필요에도 민감한 사람이었기 때문에 즉시 필요를 채우기 원했습니다. 가능한 대로 이 문제를 해결할 계획을 빨리 세우고 싶었기 때문에 열심히 일했습니다. 자기의 계획을 덕에게 나누었을 때 덕은 그 기관의 성숙하고 경험이 많은 사람들과 함께하는 것이 필요하다고 말했습니다. 계획 과정에 그들이 참여하면 계획을 효과적으로 세울 수 있을 뿐만 아니라 각자에게 주인 의식이 심어지기 때문에 계획 실행에 대한 동기 부여가 되리라는 것입니다. 제리도 다른 간사들을 계획 과정에 참여시키고 싶었지만 어떻게 할 줄을 몰랐기 때문에 덕에게 도움을 요청했습니다. 덕이 몇 가지 방법을 설명해 주자 제리는 자기에게 맞는 방법을 하나 선택하였습니다. 제리는 그 방법을 구체적으로 이해하고 사용할 수 있도록 덕과 함께 연구를 했습니다. 덕은 이 방법에서 꼭 고려해야 할 점을 몇 가지 말했습니다. 그리고 이전에 자기가 한 경험도 나누었습니다. 나아가서 이 방법을 사용했을 때 일어날 반응과 다른 간사들의 반대에 대해서도 토의했습니다.

   제리가 다른 간사들과 함께 계획을 세울 때 몇몇 문제가 생겼습니다. 예상된 것도 있었지만 예상 밖의 문제도 있었습니다. 그러나 결과는 고무적이었습니다. 이 과정에서 제리는 전화 및 방문을 통해서 덕과 긴밀한 대화를 나누었습니다. 제리가 확신을 가지고 잘 인도할 때까지 이러한 양상은 지속되었습니다. 제리가 자신감을 가지고 인도할 수 있게 되자 덕은 정기적으로 제리를 만나지는 않았지만 정기적으로 제리를 위해 기도하며 제리가 도움을 요청하면 언제든지 응할 태세를 갖추고 있었습니다.

*   *   *

코치의 역할

코치 인도자는 피인도자를 돕기 위해 무엇을 합니까? 다음과 같은 것이 있습니다.

1. 기술을 전수해 줌(대개 지식도 포함됨).
2. 전수할 기술을 이해하고 자신 있게 활용하도록 도움.
3. 사람들에게 동기를 부여하여 자기의 최고 능력을 발휘하게 하며, 대개 사람들이 생각하는 자기 능력 이상으로 행할 수 있도록 이끌어 줌.
4. 기본적 기술을 배우는 것이 중요하며, 이것이 평생에 걸쳐 중요한 것임을 본을 통해 가르침.
5. 사용 가능한 다른 자원을 소개해 주고, 사용할 수 있도록 연결시켜 줌.
6. 피인도자가 실천에 옮기는 것을 관찰함.
7. 피인도자가 행한 것을 평가해 주고, 스스로 배우고 계발할 수 있도록 제안해 줌.

코치를 위한 제안

효과적으로 다른 사람들을 도우려면 코치는 다음 사항들을 주의해야 합니다. 효과적인 코치가 되려면 :

1. 당신이 가지고 있는 주요 기술을 파악하십시오. 당신의 특기를 아십시오. 즉, 무엇을 잘하며, 이를 어떻게 전달하는 것이 좋은지에 대하여 알아 두십시오.
2. 유유상종의 원리를 기억하십시오. 성격이든 취향이든 재능이든 영적 은사이든 사람들은 같은 사람들끼리 서로 끌리게 마련입니다. 지금부터 당신에게 끌리는 사람들이 누구이며 당신의 어떤 기술을 필요로 하는지 눈여겨보십시오.
3. 개방적이 되십시오. 사람들과 함께 있을 기회를 만들고, 당

신의 기술을 사용하는 것을 보여 주십시오. 실제 경험을 통해 배울 때 사람들은 가장 잘 배웁니다.
4. 본이 되십시오. 이는 강력한 동기 부여 수단이 되는데, 사람들은 어떤 일을 훌륭히 해내는 사람을 보고 자신감을 얻으며 격려를 받기 때문입니다.

"선수"를 위한 제안

코치를 받기 원하는 사람들에게 다음 사항이 도움이 될 것입니다. 당신이 새로운 책임이나 일 혹은 사역을 맡을 때 특히 중요한 요소들입니다.

1. 당신이 직면한 도전이나 과업을 명확히 파악하고, 어떤 기술을 배우면 유익한지도 분명히 하십시오.
2. 당신이 필요로 하는 영역에서 경험이 풍부한 사람을 찾아보며 기도하십시오. 잘 아는 사람이 없으면 다른 사람에게 도움을 청하여 정보를 구하십시오.
3. 일단 코치가 될 사람을 찾았으면, 인도가 가능한 관계를 형성하기 시작하십시오. 대부분의 코치는 적극적인 사람을 원한다는 사실을 잊지 마십시오. 값을 지불하고 적극적으로 배우려는 태도를 가지십시오.
4. 가능하다면 일종의 계약을 맺으십시오. 당신의 기대치와 이를 이루기 위해 무엇을 얼마나 오랫동안 해야 할지에 대하여 분명히 정하십시오. 만약 코치가 격식 같은 것을 싫어하는 성격이어서 그런 계약을 좋아하지 않는다면, 당신 스스로 성장 목표를 정하십시오.

모든 사람은 코치를 필요로 합니다. 그리고 모든 사람은 적어도 한 가지 정도는 다른 사람을 코치할 수 있는 능력을 키워야 합니다. 이제 시도해 보십시오!

요약

제자삼는 자는 가장 강도 높은 인도 형태로서 한 사람이 그리스도를 따르는 데에 필요한 기본적인 요소들에 초점을 둡니다. 피인도자가 초기에 제자삼는 자에게 적극적으로 배울수록 평생 그리스도의 제자로서 살아가는 데 필요한 습관들을 견고히 형성하는 데 더 효과가 있습니다. 이 습관들을 통하여 그리스도께 의지하는 삶을 발전시킬 수 있으며, 스스로의 내적 동기력을 가지고 지속적으로 그리스도를 추구하는 삶을 살 수 있습니다. 제자 훈련은 대개 새로운 신자들에게 필요하다고 생각되지만, 그리스도를 따른 지 오래 된 사람이라도 기본적인 영적 습관을 인격화하기 위해서는 이 훈련 과정이 필요할 것입니다

영적으로 성숙한 모든 신자들은 평생토록 영적 조언자를 계속적으로 필요로 할 것입니다. 사실, 영향력 있는 위치에 있는 지도자들에게 이러한 영적 조언자의 도움은 꼭 필요합니다. 정직과 투명성이 요구되는 영역에서 필수불가결한 회계 책임을 증대시키거나, 그런 자리에 흔히 따르는 유혹을 대처할 능력을 키우기 위해서 필요합니다.

그리고, 지혜로운 사람은 코치를 찾습니다. 이를 통해 사역의 기술을 더욱 계발하고, 효과적으로 책임을 감당할 수 있습니다.

우리는 이 세 가지 형태를 강도 높은 인도라 칭했습니다. 왜냐하면, 인도자와 피인도자 사이에 높은 수준의 책임이 뒤따르기

때문입니다. 그 강도에 따라서 능력 부여의 양과 질이 결정됩니다. 그리고 능력 부여가 활발히 일어나기 위해서는 인도자와 피인도자 모두 시간을 투자해야 하며, 헌신과 수고가 필요합니다.

추가 연구(3-5장)

1. 표 3-1(63쪽)에 열거한 습관들을 살펴보십시오. 이 중 당신에게 필요한 것은 무엇입니까?

2. 당신의 경험과 기술을 평가해 보십시오. 어떤 영역에서 당신의 기술과 경험을 다른 사람에게 전달해 줄 수 있겠습니까? (기억할 것은, 어떤 영역에서 완벽한 전문가가 될 필요는 없다는 것입니다. 사실 당신이 현재의 기술을 더욱 연마하는 최선의 방법은 다른 사람에게 이를 가르치는 것일 수도 있습니다.)

3. 당신이 도움을 줄 수 있는 그리스도인들의 이름을 적어 보십시오. 그들의 삶에서 구체적으로 어떤 필요가 발견됩니까? 그들을 생각하면서 기도하십시오. 그들의 필요를 채우는 일에 주님께서 당신을 유용하게 사용하여 주시도록 간구하십시오.

4. 당신이 기도하고 있던 사람들과 더욱 친밀한 관계를 형성하기 위한 시도를 하십시오. 이렇게 당신이 첫걸음을 내딛기 시작할 때 하나님께서는 누구와 인도 관계를 맺어야 할지 이끌어 주실 것입니다.

5. 데살로니가전서 2장을 공부하십시오. 데살로니가인들을 향하여 바울은 어떤 태도를 가졌습니까? 데살로니가인들의 삶 속에서 바울이 어떻게 인도자로서의 역할을 감당했는지를 살펴보십시오. 바울은 그들에게 무엇을 전달했습니까?

6. 역대하 24장에 나오는 요아스 왕의 이야기에서, 제사장 여호야다가 요시야 왕을 위한 영적 조언자로서 어떤 역할을 했는지 살펴보십시오. 특히 2절과 17-18절을 주목하십시오. 이를 통하여 영적 조언자의 일에 대하여 무엇을 배울 수 있습니까?

제 6 장
부정기적 인도 : 상담자

하나님께서는 가끔 단기간 동안 특별한 방법으로 당신의 필요를 채워 줄 사람을 보내 주십니다. 이를 일컬어 부정기적 인도라고 합니다. 여기에는 세 종류의 인도자가 포함될 수 있습니다: 상담자, 교사, 후원자. 그들은 제자삼는 자나 영적 조언자, 혹은 코치와는 다릅니다. 대신에 그들은 당신이 도움을 필요로 하는 어느 일정한 기간 동안에 당신이 개발될 수 있도록 특별한 기여를 하는 것으로 만족합니다.

* * *

국가 지도자의 상담자

모세는 피로에 싸여 있었습니다. 그는 이스라엘 백성들을 지도해야 했고, 송사를 담당해야 했으며, 아버지와 남편의 역할을 감당해야 했습니다. 주위 사람들 모두가 관심을 쏟아 주기를 바라고 있었습니다. 장인 이드로가 모세를 방문했을 때 백성들은 재판을 받으려고 길게 줄을 지어 서 있었으며, 모세는 너무 바빠 가족들을 제대로 돌볼 겨를이 없었습니다. 이드로는 모세를 데리고 나가 산책을 하며 모세가 보지 못한 문제점을 명확하게 지적해 주었습니다. 모세뿐 아니라 우리 자신도 모세처럼 자신의 문제점을 잘 모를 때가 많습니다. 이드로는 모세에게 "그대의 하는 것이 선하지 못하도다!"라고 한 다음, 이어서 관찰된 바와 함께 우려가 되는 것을 말해 주었습니다. 이드로의 충고를 듣자마자 모세는 자기의 문제가 무엇이며, 얼마나 힘든 상황에 처했는가를 알게 되었습니다.

"그대는 백성을 위하여 하나님 앞에 있어서 소송을 하나님께 베풀며, 그들에게 율례와 법도를 가르쳐서 마땅히 갈 길과 할 일을 그들에게 보이고, 그대는 또 온 백성 가운데서 재덕이 겸전한 자, 곧 하나님을 두려워하며 진실 무망하며 불의한 이를 미워하는 자를 빼서 백성 위에 세워 천부장과 백부장과 오십부장과 십부장을 삼아 그들로 때를 따라 백성을 재판하게 하라. 무릇 큰 일이면 그대에게 베풀 것이고, 무릇 작은 일이면 그들이 스스로 재판할 것이니, 그리하면 그들이 그대와 함께 담당할 것인즉, 일이 그대에게 쉬우리라"(출애굽기 18:19-22).

* * *

모세는 이드로의 충고를 받아들여 즉시 실행에 옮김으로써 힘을 얻었습니다(18:24-26). 또한 지혜롭고도 시기적절한 상담을 받도록 인도하신 하나님께 감사하였습니다. 모세는 여유를 가지고 책임을 더욱 효과적으로 감당하게 되었을 뿐만 아니라, 이는 이스라엘 백성들과 모세의 가족들에게도 축복된 결과를 가져왔습니다. 아마 그 후에도 모세는 이따금 이드로에게 자기의 삶을 나누며 조언을 받았으리라고 생각합니다. 특히 어떤 새로운 일을 하기 전에는 의논을 했으리라고 생각합니다.

우리는 모두 결정을 내리기 전에 하나님의 뜻을 분별해야 하는 책임이 있습니다. 그러나 우리는 어리석게도, 그 과정에서 다른 사람들의 지혜나 경험을 이용하지 않고 있습니다. 지혜의 왕 솔로몬은 다음과 같이 말했습니다. "무릇 경영은 의논함으로 성취하나니, 모략을 베풀고 전쟁할지니라"(잠언 20:18).

만약 모세가 이 문제에 관하여 좀더 일찍 조언을 구하였더라면 진작 어려움을 피할 수 있었겠지만, 이드로가 먼저 필요를 알고 대화를 주도했을 때에야 조언을 구했습니다. "…지혜로운 자는 권고를 들느니라"(잠언 12:15). 모세는 이 말씀처럼 지혜로웠습니다.

당신은 어떻습니까? 당신 삶에 대해 이드로처럼 권고해 주는 사람이 있습니까? 지금 당장 큰 어려움에 처해 있지는 않겠지만, 날마다 여러 가지 계획을 세우고 또 여러 결정을 내릴 것입니다. 솔로몬은 다음과 같이 말합니다. "의논이 없으면 경영이 파하고, 모사가 많으면 경영이 성립하느니라"(잠언 15:22). 때로 우리는 우리 자신의 삶이나 당면 문제에 영향을 끼치는 요소들을 다 파악하지는 못하며, 어느 요소가 중요하고, 그것이 어떤 의미를 가지는지에 대해서도 모를 때가 많습니다. 신뢰할 만한 상담자는 정금보다 귀합니다. 위기 상황에 처했을 때뿐만 아니라 새로운 생각을 배우고 계발하는 면에서도 필요합니다.

> 상담자로서 인도자의 중심 역할은, 자신과 타인과 환경과 사역을 바라보는 피인도자의 시야에 대해 시기 적절한 조언과 균형 잡힌 전망을 제공하는 것이다.

* * *

이웃 사람의 조언

빌과 마릴린은 30대 부부로서 네 자녀를 두고 있습니다. 그들은 하나님의 인도하심을 따라 살아가려고 열심을 내고 있습니다. 하나님께서 그들을 전임 사역으로 인도하실지도 모른다는 생각을 하고 성경 대학에 등록했으며, 장래와 연관된 하나님의 뜻을 분별하려고 애썼습니다.

　그들은 작은 집으로 이사했는데, 그곳에서 존즈 부부를 만났습니다. 그들은 코스타리카에서 20년 동안 사역한 베테랑 선교사였습니다. 두 집은 곧 가까워졌고, 빌 부부는 선교사가 되어 하나님을 섬기려는 자기들의 열망을 나누었습니다. 존즈 부부는 여러 질문을 경청하였고, 코스타리카로 갈 때 하나님의 뜻을 어떻게 분별하였는지를 더 자세히 나누었습니다. 빌 부부는 자기들과 비슷한 경험을 한 이들의 간증에 격려를 얻었고, 자기들이 왜 선교사로 자원하고 있는지를 자세히 평가해 보게 되었습니다. 장래와 연관하여 지금까지 빌이 내린 대부분의 결정은 분명하고 해결이 간단한 것들이었지만, 이번 문제는 한 번도 경험해 보지 못한 복잡한 것이었습니다. 거의 매주 빌 부부는 존즈 부부에게 자기들의 생각을 알리고 함께 기도하였습니다. 오래지 않아 그들이 선교사로 나가는 것이 하나님의 뜻임이 분명해졌습니다.

이제 이러한 하나님의 뜻을 어떻게 따를 것인가에 대하여 깊은 대화가 이루어졌습니다. 빌 부부는 어느 선교 단체에 소속할 것인지를 결정해야 했고, 타문화권 선교를 효과적으로 감당하기 위하여 실제적인 준비를 어떻게 해야 할지를 알아야 했습니다. 그들은 존즈 부부의 조언을 하나님의 인도하심으로 받아들였는데, 결국에는 이 부부의 조언이 결정적인 도움이 되고, 분명한 전망 가운데 이루어진 것임이 드러났습니다.

*　*　*

존즈 부부는 인생의 기로에 선 빌 부부에게 중요한 영향을 끼친 상담자였습니다. 당신도 알 수 있듯이, 존즈 부부는 도전에 직면한 빌 부부에게 상담자로서의 역할뿐만 아니라 본을 보이고 정기적으로 코치하는 역할도 했습니다. 존즈 부부는 자신들을 "상담자"라고 생각하지는 않았지만, 그들은 빌 부부에게 필요한 통찰력과 값진 경험을 소유한 형제 자매 그 이상의 역할을 했습니다.

하나님의 인도하심을 진지하게 따르기 원하는 빌 부부와 같은 사람들에게 자신의 삶과 경험(좋든 나쁘든)을 잘 나누어 줄 수 있는 존즈 부부와 같은 사람들은 얼마나 귀한지 모릅니다. 우리는 이러한 두 그룹의 사람들 사이에 긴밀한 관계가 형성되도록 동기를 부여하는 것을 목표로 삼고 있습니다. 이러한 관계로 말미암아 생기는 능력 부여는 참으로 많은 사람의 삶과 사역에 큰 영향을 끼칠 수 있기 때문입니다!

경험자와 초보자 사이의 이런 관계를 막거나 방해하는 것은 무엇입니까? 이에 대하여 스스로 더 생각해 보시기 바랍니다. 많은 사람들이 동료 수준의 사람들과의 수평적 관계를 통해 여러 필요와 더불어 실망되는 것도 나누지만, 이것으로는 충분하지 않습니다. 피차 경험이 부족하고, 전망과 시야가 제한되어 있기 때문입니다. 우리가 방문하거나 강연을 하는 사람들에게 우리는 "제3자"이기 때문에 사람들은 우리에게 상담을 요청할 때가 많습니다. 어떤 때에는 이러한 상담이 유익할 때가 있지만, 더욱 좋은 것은 자기와 긴밀한 관계 가운데 있는 사람에게 조언을 구하는 것입니다. 그래야 서로 사정을 제대로 이해할 수 있고, 지속적인 도움을 얻을 수 있기 때문입니다. "당신 주위에 도움을 줄 수 있는 사람이 있습니까?"라는 우리의 질문에 대하여 대개는 "한 명도 없습니다"라는 대답을 들을 때가 많습니다. 서글픈 일입니다. 그러나 정말 주위에 자기를 도와줄 사람이 한 명도 없는지, 아니면 여러 평계를 대며 자기 생각을 드러내지 않고 감추기 때문인지에 대하여 진지하게 자문해 보아야 합니다.

우리는 미국 문화 밖에 속한 사람들을 많이 만나 보았는데, 그들은 여러 세대가 함께 자연스럽게 어울려 살기 때문에 관계도 잘 이루어집니다. 이것이 이들 문화의 장점이기도 합니다. 젊은 세대에 속한 사람들이 "모든 것을 알고 있다"고 하거나 "자기 힘으로 처리할 수 있다"라고 인정받는 문화가 아닙니다. 여러 세대 간의 관계로 이루어진 삶 속에서 능력과 경험과 지혜와 사랑과 헌신이 자연스럽게 전달됩니다. 그러나 서구 문화 특히 미국 문화에서는 개인주의가 팽배하여 불건전하고 위험한 독립적인 태도로 발전되었습니다.

심지어 교회 내의 여러 교제에서도 수직적 관계가 단절되도록 조직이 짜여져 있습니다. 오늘날 전형적인 교회에 가보면 성인들을 위한 여러 프로그램이 있는데, 이러한 프로그램도 미혼자, 젊은 부부, 십대 자녀를 둔 부모, 장년층, 노년층 등등 여러 층으로 나뉘어 조직되어 있습니다. 우리는 물론, 직업, 취미, 관심 등이 비슷한 동년배의 사람들끼리 모이는 모임에 대하여 그 나름대로 장점이 있음을 알고 있고 때로는 그것이 필요하다는 것도 인정합니다. 그러나 이러한 관계 속에서는 자기보다 더 나이가 많고 경험이 풍부한 상대와 마주 앉아 삶을 나누며 배울 수 있는 기회를 얻을 수 없습니다.

맞벌이 젊은 부부의 경우에 과거에 그들과 비슷한 경험을 한 사람들에게 자신의 삶과 여러 갈등 거리를 나눌 필요가 있습니다. 반면에, 50대 이상의 사람들은 그들이 젊었을 때는 경험하지 못한 새로운 종류의 긴장과 압력에 대하여 젊은 사람들에게서 듣고 이해할 필요가 있습니다.

* * *

지혜의 전수

나[폴]의 어머니는 85세이신데, 경건한 그리스도인으로서 매주 부인 성경공부에 참석하고 있습니다. 이 성경공부에는 30대 중반에서부터 시작하여 50대 초반까지의 부인들이 참석하는데, 어머니는 이 성경공부에 계속 참여해도 되는지 다른 참석자들에게 여러 차례 물어 보았습니다. 그러나 그룹 사람들은 일부러 이 말을 못 들은 체하였습니다. 대신에 어머니가 나눌 때면 그룹 사람들은 모두 어머니의 말을 조금이라도 놓치지 않으려고 바싹 다가섰습니다. 이 성경공부의 인도자는 내게 다음과 같이 말했습니다. "당신 어머니로부터 우리는 오랜 세월 동안 그리스도와 동행하고 인생의 역경을 뚫고 나오며 얻은 삶의 지혜와 더불어 어머니, 할머니, 그리고 증조 할머니로서 배운 것들을 들을 수 있습니다. 우리가 참으로 갈망하는 소리이지요. 어떤 부인들은 단순히 어머니와 함께 있기 원하기 때문에 이 성경공부에 참석하기도 해요."

* * *

만약 서로 조언을 주고받을 수 있는 이 같은 관계가 공식적이든 비공식적이든 더 많이 생긴다면, 그리스도의 몸된 교회는 오늘날보다 훨씬 더 건강해지고, 지혜로워지며, 더욱 힘차게 성장할 뿐만 아니라, 더욱 삶에 영향력을 미치게 될 것이라고 확신합니다. 당신이 속한 교회, 교제, 혹은 조직 내에서 관계를 통하여 지혜를 전수할 수 있는 위치에 있다면 그렇게 하십시오. 지혜를 나누는 과정에서 당신도 축복을 누릴 수 있을 것입니다.

* * *

기회에 민감함

젊은 지도자들을 위한 모임에서 스티브는 그가 속한 기관의 한 중견 지도자와의 관계에서 겪은 실망스런 사건을 이야기했습니다. 그는 그 일로 인해 마음에 깊은 상처를 입었고 분노의 감정이 생겼습니다. 그 기관의 전국적 모임에서 그 선배 지도자가 자기 체면을 유지하려고 어떤 중요한 계획의 실패에 대한 책임을 스티브에게 전가시켰던 것입니다.

사려 깊은 한 지도자가 스티브의 이 말을 듣고는 그에게 상담이 필요함을 알았습니다. 그래서 스티브에게 말을 걸어 그 상황을 어떻게 다룰 것인지에 대해 대화를 나누었습니다. 몇 달 후에 그는 스티브에게서 편지 한 통을 받았습니다.

편지의 내용은 다음과 같았습니다. "저는 그 책임자에게 화를 내며 항의하려 했습니다. 그러나 오히려 겸손하게, 배우려는 태도를 가지고 나아가서 제게 어떤 잘못이 있는지를 물어 보라는 당신의 조언을 따라 했을 때, 좋은 결과를 얻을 수 있었습니다. 우리는 두 시간 이상 정직성에 대하여 대화를 나누었습니다. 그는 비난이 자기 아니면 나에게 쏟아질 것을 알고 필사적으로 나를 비난했다고 고백했습니다. 많은 사람들이 뒷전에서 그의 정직성에 대하여 이러쿵저러쿵 말을 했지만, 정작 그를 도와준 사람은 하나도 없었다고 했습니다. 전혀 예상 밖의 말이었습니다. 우리는 하나님의 능력이 함께하여 어떤 일을 성취하기 위해서는 영적 정직성이 얼마나 필요한지에 대해 대화를 나누었고, 아울러 상황을 정치적으로 조종하는 가운데 육신의 생각과 갈등하는 것에 비하여 일을 성취하시는 성령의 능력을 의뢰하는 것이 얼마나 능력 있는 것인지에 대해서도 대화를 나누었습니다.

"놀랍고 능력이 넘치는 시간이었습니다. 이 대화로 그는 비탈길에서 길을 돌이킬 수 있었다고 생각합니다. 나는 이 결과로 그의 사역을 통하여 수많은 새로운 제자들이 생겨날 것을 확신합니다. 만약 내가 격노한 채 그에게 달려갔더라면 그러한 결과가 생길 수 있었을지 의심스럽습니다. 돈독한 관계를 유지하고, 지도자를 변화시키고, 또한 중요한 사역을 계속 정상 궤도에 머물도록 도와주신 것에 대하여 감사를 드립니다."

* * *

인도자는 항상 인도에 대하여 생각하고 있어야 하며, 젊은 지도자가 심각한 판단 착오를 범할 수 있는 경우를 만났을 때 그에게 조언을 하기 위해 민감하게 깨어 있어야 합니다. 비공식적인 한 번의 상담을 통해서도, 심각한 결과를 낳을 수 있는 행동을 하려는 젊은 지도자를 보호해 줄 수 있습니다.

상담은 때에 맞는 말 한 마디로 간단히 이루어질 수도 있습니다. 잠언 15:23에서는 다음과 같이 말합니다. "사람은 그 입의 대답으로 말미암아 기쁨을 얻나니 때에 맞은 말이 얼마나 아름다운고." 상담은 또한 장기간에 걸쳐 이루어질 수도 있습니다. 상담은 전문적 수준으로 발전되어 지속적인 관계 가운데 이루어질 수 있습니다. 상담자는 피인도자가 과거에 겪은 경험이나 이미 이루어진 결정에 대해서도 도움을 줍니다. 이러한 관계가 얼마나 오래 지속되느냐는 피인도자가 자신의 필요를 얼마나 인식하고 있느냐, 그리고 피인도자의 필요를 인도자가 얼마나 파악하고 있느냐에 달려 있습니다. 인도자가 피인도자의 필요를 발견하고 쉽게 접근할 수 있을 때에는 인도자는 신중하게 생각한 후에 주도권을 쥐고 피인도자의 삶에 개입해야 합니다. 이러한 개입이 없으면 피인도자의 주도에 의해서만 상담이 이루어지기 때문에 필요가 겉으로 드러날 때에만 이루어지며, 사전에 상담이 이루어지지는 않습니다. 물론 상담의 효과는 얼마나 많은 시간을 투자했느냐보다도 얼마나 시기적절하게 꼭 필요한 조언이 이루어졌느냐에 달려 있습니다. 상담시에 이루어진 조언이 실행에 옮겨질 때 능력 부여가 일어나게 됩니다. 피인도자의 회계 책임이 강도 높은 정기적 인도에서만큼 강조되지는 않지만, 삶의 변화가 요구되고 지속적인 도움이 필요한 경우에는 회계 책임이 중요한 요소가 됩니다.

표 6-1은 상담으로 인하여 생기는 능력 부여에 대하여 설명해 주고 있습니다.

표 6-1. 상담으로 인하여 생기는 능력 부여

형태	어떤 능력이 부여되는가?
1. 격려	새로운 희망과 더불어 더 나은 발전과 성장에 대한 기대감을 고취시켜 준다. 그 상황에서 하나님께서 어떻게 역사하고 계시는지를 보여주고, 그로 말미암아 우리의 성품 및 시야에 나타날 수 있는 긍정적인 면을 깨닫도록 도와준다.
2. 경청	상담자는 잘 들어야 한다. 피인도자의 말을 귀기울여 잘 듣고, 동기를 유발하는 쪽으로 반응을 보인다. 그리고 피인도자의 여러 생각에 대해 객관적인 시야를 제공해 줄 수 있다.
3. 평가	상담자는 피인도자의 생각이나 견해에서 일관성이 있는지 없는지를 쉽게 파악할 수 있으며, 새로운 생각이 건전한지에 대해서도 평가해 줄 수 있다.

4. 전망		피인도자의 생애에 필요한 전망을 제공해 줄 수 있다. 현재 일어나는 일을 전체적인 시야 가운데 볼 수 있기 때문에 부정적인 상황이라 할지라도 긍정적인 면을 발견하도록 도움을 줄 수 있다.
5. 구체적 조언		그 상황에 맞는 구체적 조언을 줄 수 있다. 그 상황에 대처할 수 있는 대안을 제시하여, 피인도자로 하여금 선택할 수 있도록 구체적인 방법과 그에 대한 결과를 보여 준다. 최종적인 선택은 피인도자가 할 수 있도록 한다.
6. 연계		피인도자에게 가능한 여러 자원을 연계시켜 준다. 자료, 사람, 재정적 지원, 아이디어 등 피인도자가 당면한 문제를 해결하거나 그에게 새로운 생각을 제공해 줄 수 있는 것이 무엇이든 제시해 준다.
7. 안내		많은 경우에 피인도자는 인생의 기로에 서 있는 경우가 많으며, 그들이 내릴 주요 결정에 대하여 안내가 필요하다. 상담자는 인생의 여러 단계를 고려하여 더 넓은 시야로 상황을 파악할 수 있으며, 꼭 필요한 조언과 더불어 삶의 전망을 제공해 줄 수 있다.
8. 내적 치유		이 방면에 뛰어난 재능이 있고 전문적인 훈련을 받은 상담자의 경우에는 성장을 방해하는 인생의 여러 기본적인 문제를 해결하는 데 도움을 줄 수 있다.

상담자를 찾음

그리스도의 몸 안에는 많은 지혜가 감추어 있습니다. 당신은 위에서 언급한 상담의 유익 중 한두 가지라도 필요할 때가 있을 것입니다. 이 같은 사실을 인정하면, 그리스도의 몸 안에는 다양한 은사가 있다는 사실을 알고, 상호 건전한 의존 관계를 이루게 될 것입니다. 위에 언급한 유익 중 필요하다고 느끼는 것이 있다면 다음 제안 사항들을 참조해 보십시오. 도움이 필요한 구체적 영역에서 상담 관계를 형성하는 방법을 알 수 있을 것입니다.

1. 위의 표 6-1을 사용하여, 상담을 통해 채움받고자 하는 당신의 필요가 무엇인지를 구체화하십시오.
2. 당신이 아는 사람들 가운데서 경건하고 지혜로운 분을 마음 속으로 먼저 택하십시오. 아래에 열거된 특성들 외에 그 상담자에게 필요한 것은 일대일 관계를 효과적으로 이끄는 기술입니다. 지혜를 가진 것만으로는 충분치 않습니다. 이 지혜를 때에 맞게 전달하여, 힘을 빼놓기보다는 힘을 고양시킬 줄 알아야 합니다. 이는 책망할 때도 마찬가지입니다. 상담자에게는 다음과 같은 특성이 필요합니다.
   가. 선천적 능력 – 분석력, 대인 관계 능력, 경청함, 긍휼.
   나. 후천적 기술이나 지식 – 상담 기술/전망을 가진 시야/방법론, 분석 및 종합 능력, 개념화할 수 있는 능력, 지도자 이론의 사용 능력, 개발시켜 주는 능력.
   다. 영적 은사 – 가르침, 권면, 돌봄, 분별, 지식과 지혜의 말.
   라. 경험 – 특히 당신의 필요와 연관된 영역에서의 경험.
3. 비공식적으로 관계를 맺기 시작하여 다음 사항을 관찰하여 보십시오. (1) 당신이 그 상담자를 신뢰하며 의뢰할 수 있는지, (2) 그 상담자가 당신과 지속적으로 관계를 유지할 수 있는지, (3) 그 상담자가 당신의 필요를 도울 능력이 있고, 또 돕고자 하는지를 분별하여 보십시오.
   가. 이 과정에서 당신에게 필요한 상담의 형태가 무엇인지 구체적으로 적어 보는 것이 필요할 것입니다.
   나. 그 관계가 얼마나 지속될 것인지에 대하여 당신의 기대치를 명확히 가지고 있어야 합니다. 예를 들어, 한 번의 조언이면 되는지, 아니면 전망과 통찰력을 갖기 위하여 지속적인 관계를 필요로 하는지, 혹은 보다 장기적으로

지속되는 관계를 통하여 역기능적인 상황을 효과적으로 다루려고 하는 것인지를 정해야 합니다.
4. 만약 이 과정에서 하나님의 뜻이라는 확신이 들면, 그 상담자를 신뢰하고 마음을 다하여 그의 조언을 따라야 합니다.
5. 잊지 말아야 할 것이 있습니다. 훌륭한 상담자는 당신이 의사 결정 과정에서 의존적 태도에서 벗어나 스스로 할 수 있는 방향으로 나아가도록 도와준다는 것입니다. 어떤 조언이나 의견이나 선택안 또는 과제가 주어진다고 하더라도 이를 받아들이거나 거절하는 것은 온전히 당신 책임이며, 결과에 대해서도 마찬가지입니다. 이 책임을 상담자에게 전가시켜서는 안 됩니다. 어느 누구도 당신을 향한 하나님의 뜻을 분별하고 그 뜻을 따르는 일에 당신을 대신하여 책임을 질 수는 없습니다.

상담자인 인도자를 위한 제안

1. 당신의 도움을 필요로 하는 사람이 있음을 알고 항상 깨어 있으십시오. 어디에 있든지 주위 사람들과 친밀한 관계를 형성하고 그들을 즐거워하십시오.
2. 다른 사람들이 처한 상황을 이해하고, 그들을 위해 기도하십시오. 그들의 문제에 도움이 될 지혜를 찾기 위해 생각하고, 연구하며, 기도하십시오. 당신이 이와 비슷한 문제나 상황을 겪은 적이 있는지 깊이 생각해 보십시오.
3. 지속적으로 도울 사람을 선별하십시오.
    가. 피인도자가 어떤 종류의 도움이 필요한지 명확하게 파악하십시오. 만약 이 필요를 도와줄 능력이 없다면, 그에

게 다른 사람을 소개시켜 주십시오. 상담자로서 역할을 할 수 있는 사람들을 파악하고 있어야 하며, 위에서 열거한 여덟 가지 역할을 중심으로 비추어 보았을 때 그들 각자의 장점과 단점은 무엇인지를 알아야 합니다.

나. 피인도자에게 진정으로 배우고자 하는 열의가 있는지, 그리고 적극적으로 반응을 보이는지 살펴보십시오. 또한, 당신이 그의 삶을 점검하고 세워 줄 수 있는지도 살펴보십시오.

4. 피인도자에게 있는 필요를 명확히 파악하고, 얼마나 걸려서 어떻게 채울지를 구체적으로 정하십시오.

5. 미리 해답을 정해 놓지 마십시오. 상담자들은 종종 자기만의 지론을 가지고 마치 컴퓨터 프로그램에 의해 문제를 풀듯이 상황을 해결하려는 경향이 있습니다. 피인도자의 말을 잘 듣고 이해하려고 하십시오. 그리고 각 사람의 상황에 대하여 하나님께서 어떤 계획을 가지고 계신지를 분별하십시오. 하나님께서 당신에게 과거에 전혀 경험해 보지 않은 새로운 아이디어를 보여 주실 때에 이를 놓치지 않도록 하십시오.

6. 피인도자와의 관계는 의존 관계에서 벗어나 건전한 의미에서 독립적인 관계 혹은 상호 의존 관계를 형성하는 방향으로 나아가야 합니다. 기도하는 가운데, 어느 시점에서 그와의 인도 관계를 종료하는 것이 좋을지 깊이 생각해 보십시오.

제 7 장
부정기적 인도 : 교사

훌륭한 교사가 없었다면 우리는 어떻게 되었을까요? 우리들은 지금까지 여러 수준의 교사를 경험해 보았습니다. 잘 가르치는 교사는 많지 않았고, 대부분 보통 수준이며, 때로는 수준 이하의 교사들도 있었습니다. 대개 잘 가르친 교사가 인상에 남습니다. 그러면 교사의 일반적 역할은 무엇입니까? 이러한 역할을 교실 밖에서 관계를 맺으면서 응용하려면 어떻게 하여야 합니까?

> 교사로서 인도자의 중심 역할은 어떤 주제에 대하여 지식을 전달하고 그에 대한 이해를 증진시켜 주는 것이다.

한 가지 덧붙인다면, 피인도자(배우는 자)에게 그 지식을 사용하도록 동기를 부여하는 것입니다.

오늘날 우리는 정보의 홍수 속에 살고 있습니다. 물정을 알아야 한다는 도전과 압력이 항상 존재합니다. 새로운 발견과 새로이 개발되는 모든 것들을 파악하며 따라가기란 무척 힘이 듭니다. 더 많은 것을 배우라는 목소리에 굴복하면 우리는 겁에 질리기 십상입니다. 한편 그리스도의 제자인 우리는 "배우는 자"로 살아야 합니다. 그리스도와 말씀을 배우는 일에 우선적으로 드려져야 하지만 더 나아가 우리 주위에서 일어나는 일들도 배워야 합니다. 우리의 생활과 직업과 가정 생활에 영향을 미치는 요소들에 대하여 잘 알아야 합니다. 우리는 모두 은사가 다르고, 주님 앞에서 받은 부르심도 다르며, 직업이나 개인 능력에 있어서도 차이가 나기 때문에, 우리가 무엇을 배울 필요가 있는지에 대하여 하나님 앞에서 결정해야 합니다. 훌륭한 인도자의 도움을 받아 이를 결정할 수도 있습니다. 우리가 배울 수 있는 좋은 자원으로는 교사로서의 인도자가 있습니다.

* * *

알아야 할 필요가 있을 때

전통적인 보수 경향의 교회 분위기 속에서 성장한 데이비드는 이른바 성령 운동에 대하여 즉각적으로 반발하는 태도를 보였고, 나아가 거부하는 태도로 변했습니다. 그들은 성령의 역사나 은사와 연관하여 어떤 한 면만을 지나치게 강조하는 것 같은 생각이 들었기 때문입니다. 그러다가 그는 직장에서 하는 성경공부 모임에서 그런 교회에 나가는 몇 사람을 만났습니다. 데이비드는 그들과 관계를 맺어 나가면서 혼란에 빠지게 되었습니다. 그들은 그리스도와 그리스도의 말씀에 철저히 헌신되어 있었고, 데이비드는 이에 큰 감동을 받았기 때문입니다. 데이비드는 성령 운동에 대한 책을 한 권 사서 읽어 보았지만 너무 일방적인 견해만 기록되어 있었습니다. 문득 데이비드는 교회 성인반에서 사도행전을 가르치다가 겪은 일이 생각났습니다.

"사도행전에는 성령의 은사 및 성령의 여러 역사들이 드러나 있는 것을 볼 수 있는데, 오늘날에도 이와 같은 일이 일어나야 하지 않을까요?"라고 한 부인이 물었던 것입니다. 데이비드는 사도행전 공부가 끝난 다음에 이 것을 특별한 주제로 삼아 토의하는 시간을 갖자고 했습니다. 그 당시에는 지혜로운 대답이었는데, 이제는 이에 대하여 알아야 할 형편이 되었습니다. 그는 기도하고, 목사님을 찾아가서 이에 대하여 상의를 드렸습니다. 데이비드는 목사님께 성령에 대하여 분명한 이해를 할 수 있게 해달라고 도움을 요청했습니다. 아울러 성령의 은사나 성령의 임재에 따른 여러 증거들에 대해서도 알기 원한다고 말했습니다. 그는 그리스도의 몸 된 교회 안에 존재하는, 성령에 대한 다양한 견해와 해석에 대하여 알기 원했습니다. 그러나 시간은 두 달밖에 없었습니다.

목사님은 데이비드를 적극적으로 도와주려고 했습니다. 데이비드가 문제 해결에 열심이 있다는 것을 목사님은 알았습니다. 최소한 그가 맡은 성경공부 그룹에 필요한 정보를 제공하고, 나아가 모든 사람이 배울 수 있도록 이끄는 면에 준비가 되어 있었던 것입니다. 그 들은 그 다음 토요일에 만나기로 약속했습니다. 목사님 은 데이비드에게 숙제가 있을 거라고 했습니다.

약 두 달 동안, 목사님은 데이비드에게 공부할 성경 구절을 보여 주었고, 이 구절을 어떻게 가르칠 것인지에 대한 계획을 요약해 오는 숙제를 주었습니다. 성경 구절을 연구하면서 여러 질문이 생겼고, 이에 대하여 밀도 있는 토의가 이루어졌습니다. 기존에 가져 왔던 모든 생각들을 다시금 검토하였고, 오직 성경에서 말하고 있는 바만을 채택하였습니다. 그리고는 목사님과 함께 성경 구절 연구를 통해 그들이 성경적이라고 결론 지은 내용을 기준으로 하여 각각의 견해와 해석을 분석했습니다. 이 과정에서 어떤 결론들은 더욱 강화되었고, 어떤 것은 수정되었습니다.

결국, 데이비드는 사도행전 공부 끝에 간단하게 성령과 그 역사에 대하여 다루려던 애초의 계획을 수정하여 이 주제를 약 석 달에 걸쳐 자세히 다루기로 방향을 바꾸었습니다. 예상대로 그 성경공부 반에는 많은 사람들이 모여들었고, 목사님도 가끔 방문하여 관찰했습니다. 그러나 목사님은 전혀 개입하지 않았습니다. 단지 자기가 도왔던 데이비드가 성령의 사역에 대한 명확한 이해를 사람들에게 전달하고, 삶에서 성령의 역사를 경험하도록 이끄는 것을 보고는 흐뭇해할 뿐이었습니다.

* * *

주제가 무엇이든지 간에 그 주제에 대하여 당신보다 더 많이 알 뿐만 아니라 당신에게 적극적으로 전달해 주기를 원하는 사람이 있을 것입니다. 우리는 지금까지 살아 오면서 여러 분야의 교사들을 통하여 여러 영역에서 배웠습니다. 예를 들면, 지도력,

언어 습득, 교양과 상식, 자녀 교육, 조직 내의 문제 해결, 목공예, 변화를 다루는 법… 등등 수없이 많습니다. 그러나 교사와의 인도 관계를 통하여 배우는 것은 더욱 개인적이며, 심도가 깊습니다. 따라서 훨씬 빨리 배우게 되고, 또한 더 깊이 배우게 됩니다. 당신도 시도하여 보십시오. 즐거움이 넘치게 될 것입니다.

교사와의 인도 관계는 공식적인 것에서부터 시작하여 매우 비공식적인 것까지 아주 다양합니다. 목사님과 데이비드와의 관계는 상당히 공식적이라고 할 수 있는데, 구체적 목표가 있었고, 분명한 책임 가운데 기간이 명시되었기 때문입니다. 피인도자인 데이비드는 적극적으로 알고자 했고, 목사님의 말을 잘 따랐습니다. 데이비드는 자기에게 필요한 지식을 목사님이 가지고 있음을 보았고, 이를 자기에게 잘 전달할 수 있는 기술과 경험이 풍부한 것도 발견했습니다. 한편, 인도자인 목사님은 데이비드가 무엇을 필요로 하는지를 알았고, 데이비드가 열심이 있다는 것도 느낄 수 있었습니다. 그래서 데이비드가 필요로 하고 원했던 정보를 전달하기로 마음먹었으며, 잘할 수 있을 것이라고 생각했습니다. 공식적으로 서로 회계 책임을 지기로 약속한 것은 아니었지만, 첫 번째 만나 헤어질 때 목사님이 말한 내용 속에 이 내용이 들어 있었습니다. 바로 숙제를 해야 한다는 것입니다. 데이비드는 이에 동의하였고, 열심히 이 숙제를 함으로써 헌신적인 태도를 보여 주었습니다. 우리는 배우는 과정을 통하여 무엇을 기대하며, 어떤 책임이 있는지에 대하여 처음부터 명확하게 정하는 것이 좋다고 생각합니다. 이를 통하여 밀도 있게 배울 수 있을 뿐만 아니라 분명한 결과를 기대할 수 있기 때문입니다. 피인도자가 적극적으로 배우고 반응할수록 인도자는 더욱 동기력을 가지고 가르치게 됩니다. 배우는 과정에서 서로 자극을 주면 훨씬 더 좋은 결과를 낳을 수 있습니다.

  비공식적이고 자연스런 관계 가운데 배울 때에는, 인도 과정이 끝난 후에 기대에 못 미쳐 실망하지 않도록 하기 위하여, 이루기 원하는 구체적 목표가 무엇인지 분명한 의견 교환이 필요합니다. 어떤 관계이든 사람들은 각자의 기대치가 있으며, 특히 인도 관계에서는 이를 표현하고, 구체적으로 의견을 교환하는 것이 처음부터 필요합니다. 그럴 때 좀더 자유로운 마음을 가지고 관계를 지속할 수 있게 되고, 목표에 따른 진보를 잘 알 수 있을 뿐 아니라, 나중에 실망하는 것도 피할 수 있습니다.

*　*　*

탁월한 교사

  나[로버트]는 자랑스럽게 생각하는 티셔츠가 하나 있습니다. 셔츠에는 푸른색으로 백 달러짜리 지폐가 그려져 있고, 지폐 상단에는 큰 글씨로 "벅, 이곳에 머무르다"는 내용이 있으며, 지폐에는 짙은 녹색 글씨로 "제임스 해치, 39년간 재임하다"라고 커다랗게 써 있습니다. 그리고 지폐 하단에는 "콜롬비아 성경·선교 대학원"이라는 로고가 있습니다. "벅"이란 별명을 가진 해치 교수님은 39년 동안 그곳에서 재직하였습니다. 내가 콜롬비아 성서 대학에 진학한 이유도 그 교수님 때문이라고 할 수 있었습니다.

  그분의 강의 내용과 여러 개념들은 내게 큰 영향을 미쳤습니다. 인도의 관점에서 본다면 그분은 교사로서 세 가지 중요한 것을 가르쳐 주셨고, 이를 내 것으로 만들도록 큰 동기를 부여하여 주셨습니다. 첫 번째 중요한 교훈은, 어떤 것이든 전체적 시야를 가지는 것이 중요하다는 것이었습니다. 그분은 항상 전체적인 구조를 먼저 가르치셨습니다. 그리고는 그 구조에 세부 내용물을 채워 넣기 시작했습니다. 그래서 우리는 그 내용이 전체적인 시야에서 볼 때 어디에 속해야 적당하며, 왜 그러하며, 전체와 연관된 의미는 무엇인지에 대하여 잘 알 수 있었습니다. 강의를 시작할 때마다 첫 5분간은 전체적인 시야를 넓히는 데 할애하였고, 새로운 내용이 이를 기초로 추가되었습니다. 이전 것을 다시 보고, 새로운 내용을 전체적인 맥락 가운데 삽입시키는 이 개념은 탁월한 교사이신 해치 교수님에게서 배운 것이었습니다.

교수님에게서 배운 두 번째 교훈은 가르치려는 내용에 대하여 항상 신선함을 유지해야 한다는 것입니다. 나는 교수님께서 자주 다음과 같이 말씀하시는 것을 들었습니다. "지난 밤 이 내용을 공부하면서 나는 생전 처음으로 다음과 같은 내용을 발견하였습니다." 그리고 그의 보물 상자에서는 새롭고 신선한 진리가 쏟아져 나왔습니다. 나도 이런 수준으로 살아야겠다고 목표를 정하게 되었습니다. 새로이 강의할 때마다 나는 그 주제에 대하여 스스로 더 배운 것이 있도록 힘썼습니다. 항상 강의와 연관하여 개인적으로 계발 계획을 세우고, 책임감 있게 하려고 노력했습니다. 같은 주제를 얼마나 많이 가르치든 이렇게 하는 것을 나의 목표로 삼았습니다. 이 습관은 해치 교수님에게서 배운 것입니다.

해치 교수님에게서 배운 세 번째 교훈은 자기가 부름 받은 일에 성실해야 한다는 개념이었습니다. 해치 교수님은 절대로 분에 넘치는 일을 하지 않으셨습니다. 명성이나 사람들에게 널리 알려지는 것을 원치 않았고, 대중 매체를 통해 드러나는 것도 삼가셨습니다. 강의실이 그의 성채였습니다. 39년 동안 가르친 학생들이 전 세계에 퍼져 있음을 통해 능력을 입증하고 있습니다.

해치 교수님은 학생인 우리와 어떤 회계 책임을 설정하지 않았을 뿐만 아니라 개인적인 관계도 맺지 않은 상태에서 나를 인도하여 주었습니다. 교수님은 오늘날도 나의 사역에 참여하고 있습니다. 나는 3년간 교수님에게 배우며 적어도 여섯 과목 이상을 들었습니다. 이 기간 동안 나는 밀도 있게 배웠는데, 이를 통해 지식과 동기 부여와 여러 기술 면에서 삶에 큰 영향을 주는 교훈을 배웠습니다. 교수님은 어떻게 가르치는지를 보여 줌으로써 또 다른 교사를 훌륭하게 인도하여 준 교사이었습니다.

* * *

이 예화를 통하여 공식적인 훈련이나 교실을 통해서도 인도가 일어날 수 있다는 것을 볼 수 있습니다. 즉, 피인도자가 적극적으로 반응하면서 스스로 기준과 책임을 정하여 배우는 과정을 역동적으로 이끌어 나가려고 할 때 인도가 일어날 수 있습니다. 성숙한 인격, 탁월한 교수 방법, 그리고 무슨 과목을 가르치든 그 과목의 기초를 가르치는 데에 대한 성실성이 해치 교수님의 주된 공헌이었습니다. 교사 인도자들은 사람마다 서로 다를 수 있습니다. 어떤 사람들은 지식을, 어떤 사람들은 체계화하는 법을, 어떤 사람들은 동기력을 전달합니다. 그러나, 모두에게 기본이 되는 것은 사역에서의 경험을 통해 축적된 중요한 지식들입니다.

* * *

비공식적 관계를 통해 서로 가르치다

우리[로버트와 폴] 사이에 이루어진, 서로 가르치고 배우는 시간은 둘 모두에게 유익했습니다. 서로에게 큰 자극이 되었고, 개인적으로 많은 것을 털어놓으며 배울 수 있는 시간이었습니다. 어떤 질문도 주고받을 수 있고, 생각을 깊게 할 수 있는 시간이었습니다. 그리고 이 시간은 거의 예기치 않게 마련되었습니다. 폴은 지도자 개발 이론에 관하여 배우기 원했는데, 바로 이는 로버트의 전문 분야였습니다. 폴은 여러 지도자들의 경력에 지대한 영향을 주는 많은 결정들을 해야 했기 때문에 가능한 대로 자기의 결정이 당사자들에게 어떤 영향을 미칠지 대하여 전체적인 전망을 갖고 싶었습니다. 그의 바쁜 일정으로 말미암아 로버트의 공식적 강좌에는 전혀 참석할 수 없었습니다. 결국 로버트가 4일간의 시간을 내어 콜로라도에 있는 폴과 그의 아내 필리스를 개인적으로 만나기로 약속하였습니다.

이 4일간의 시간은 밀도 있게 진행하기로 미리 약속했습니다. 다른 일이 전혀 끼여들지 못하게 하기로 한 것입니다. 로버트는 폴 부부에게 자기가 만든 자습 교재를 가르칠 예정이었습니다. 폴 부부는 로버트가 도착하기 전에 미리 예습을 하고, 배운 뒤에는 몇 가지 숙제를 하기로 했습니다. 반대로 로버트는 폴의 전문 분야인 인도에 관하여 그의 통찰력 있는 생각을 배우기 원했습니다.

하나님께서 이 4일간을 준비해 주셨다는 것이 느껴졌습니다. 폴의 거실에서 서로의 지식과 경험이 교환되었습니다. 탁자 위에는 자료들과 여러 책자들이 잔뜩 널려 있었습니다. 우리는 서로 의견을 교환하고, 하나님의 말씀을 찾아보며 함께 기도하였습니다. 간혹 요구르트를 마시거나, 미식 축구 경기를 한 번 본 것 외에는 모든 시간이 밀도 있게 진행되었습니다.

교사 인도자의 역할은 번갈아 바뀌었습니다. 한 사람이 제기한 개념은 상대방에 의해 확장되었고, 이를 통해 서로 배우는 시간이 되었습니다. 로버트는 개념화하는 능력이 뛰어났고, 폴은 여러 경험으로부터 나온 예화와 통찰력을 제공하는 데에 뛰어났습니다. 이 시간을 통하여 함께 인도에 관한 책을 쓰는 것이 하나님의 뜻일지도 모른다는 생각이 들었습니다.

* * *

우리의 경험을 통하여, 가르침은 개인적인 차원에서 일어날 수도 있음을 볼 수 있습니다. 꼭 교실에서 공식적으로 일어날 필요는 없는 것입니다. 그러면 어떤 것이 필수 요소입니까? 대략 세 가지가 있습니다.

◆ 어떤 일에 대하여 가르칠 만한 지식을 가지고 있으며, 이를 적극적으로 가르치고자 하는 사람.
◆ 이 지식을 배우기 원하며, 또한 이를 위해 적극적으로 시간 투자를 하기 원하는 사람.
◆ 함께 만나 밀도 있는 배움의 시간을 가지기 위한 결단.

이 시간은 짧을 수도 있고 길 수도 있습니다. 그리고 나누는 주제도 큰 것에서부터 작은 것까지 다양하게 할 수 있습니다. 아래의 예에서 상호 인도의 예를 보여 줍니다. 우리는 서로 인도자와 피인도자가 되었습니다.

* * *

구체적 필요 중심의 인도

나[폴]는 몇 년 전에 특별한 책임을 맡게 되었습니다. 우리 선교회의 지도자들에 대하여 조사하는 것이었는데, 전세계에 걸쳐 있는 모든 지도자들에 대한 자료를 모으는 것이었습니다. 지도자 개발에 대한 우리 선교회의 현상황에 대하여 검토해 보도록 구체적인 책임도 받았습니다. 특히 중견 지도자 이상의 사람들을 대상으로 하는 것이었습니다. 나는 군 생활을 통해 지도자로 훈련을 받았고, 사역에서도 지도자로서 섬겨 왔었습니다. 그러나 사람들을 직접 이끄는 것과 이번 일은 판이하게 달랐습니다. 사람들이 하고 있는 일들을 개념적으로 이해하고, 나아가서 전체적인 체계 속에서 각각의 역할과 기능을 평가할 수 있어야 했기 때문입니다.

나는 그 전 11년 동안 해외에 있었기 때문에 미국 내에서 지도자 상황이 어떻게 진행되고 있는지 잘 몰랐습니다. 또한, 이 영역에 대한 연구 자료도 어디서 찾아야 할지 몰랐습니다. 그래서 나는 다음과 같이 생각했습니다. 지도자 상황에 대하여 잘 알기 위해서는 어디로 가야 하는가? 수년간 알고 지내던 한 사람이 떠올랐습니다. 나는 그가 지도자 이론에 관하여 잘 알고 있다는 사실을 알고 있었습니다. 그는 이 분야에 대해 연구하며 강의하고 있었으며, 이 분야에서 상당한 영향력을 끼치는 사람이었습니다. 나는 그에게 6개월 정도 시간을 내어서 나를 가르쳐 줄 수 있겠냐고 물었습니다. 주된 목표는 지도자 이론에 대한 최근의 내용들을 빨리 파악하는 것이라고 했습니다. 그리고는 여러 가지 질문을 던졌습니다. 내가 숙지해야만 하는 주제에는 무엇이 있는가? 어떤 책을 읽어야 하는가? 6개월 기간 동안 어떻게 하면 이 주제에 대하여 잘 알 수 있는가? 도움이 될 만한 세미나나 교육 과정은 없는가?

그는 경청했습니다. 그리고는 쾌히 승낙했습니다. 나는 읽어야 할 책과 생각할 주제, 그리고 만나야 할 사람들이 적힌 목록을 받았습니다. 우리는 내가 읽거나 관찰한 내용을 기초로 의견을 교환하곤 했습니다. 6개월 후에 나는 그의 도움으로 리더십이라는 주제 전반에 걸쳐 그 경향과 주된 현안과 영향에 대하여 분명하게 파악하기 시작했습니다. 마지막으로 만났을 때 우리는 주제 전체에 대하여 의견을 나누었고, 내가 배워야 할 것이 아직도 많다는 것을 알게 되었습니다. 그러나 나는

전체적인 구조를 파악하게 되었고, 방향 감각을 가지게
되었습니다.

*　*　*

이 예화에서 피인도자인 내가 주도권을 쥐고 적극적으로 나아
간 것을 주목하십시오. 나는 무엇이 필요하며, 구체적으로 어떻
게 필요한지를 알았습니다. 누군가 나를 도와주기를 기다리지
않았습니다. 나는 나의 구체적인 필요를 도와줄 수 있다고 생각
되는 사람을 찾았습니다. 이미 관계가 있었기 때문에 가르쳐 달
라는 요청을 할 수 있었습니다.

"빨리" 파악하려고 한다는 말에는 교사 인도자의 중요한 역할
에 대해 암시하는 바가 있습니다. 가르치는 사람은 여러 정보를
체계화시키고 이를 잘 전달하여, 배우는 사람이 해당 정보와 지
식을 빨리 습득하도록 해야 합니다. 오랜 기간에 걸쳐 자연스럽
게 일어나게 하는 것보다 훨씬 낫습니다. 우리의 경우 6개월이
소요되었습니다. 나를 가르친 교사는 최소한의 역할을 했습니다.
과정을 체계화하고, 배울 수 있는 자원을 소개시켜 주고, 가끔
이에 대하여 설명했습니다.

이런 종류의 인도는 중진급 지도자 이상의 사람들에게는 평생
동안에 걸쳐 필요합니다. 일정한 패턴이 형성되는 것에 주목하
십시오. 과제가 주어지고 이에 대한 지식과 이해가 필요함을 알
게 되며, 어떤 종류의 인도가 필요한지 구체적으로 파악하고(이
경우에는 교사 인도자가 필요했음), 이 필요를 채워 줄 수 있는
인도자를 찾은 다음, 인도 과정을 통해 능력 부여를 받습니다.

교사는 인도자 중에서 특별한 사람입니다. 그들은 대개 어떤
영역에서 전반적인 지식을 갖고 있으며, 이 지식을 체계화하는

능력과 더불어 이를 다른 사람들에게 나누어 주어 피인도자로 하여금 분명히 이해하고 올바로 적용할 수 있도록 돕고자 하는 열망을 가지고 있습니다. 노트를 이리 저리 뒤적이며 이론만을 빈약하게 전달하는 것이 아니라, 피인도자의 필요와 연관된 내용을 분별하여 가르침으로써 실제 생활에 잘 적용할 수 있도록 도와줍니다.

이 예화에서 가르쳐 주는 또 한 가지는 교사 인도자는 언제나 필요를 채울 준비가 되어 있어야 한다는 것입니다. 배우는 당신은 그들을 찾기만 하면 됩니다. 그러나 그들을 찾기 이전에 꼭 필요한 것은 자기가 가지고 있는 구체적 필요를 분명히 알아야 한다는 점입니다.

교사 인도자의 역할

교사는 다음과 같은 방법으로 피인도자에게 능력을 부여합니다.

1. 어떤 자원이 필요하며 어떻게 얻을 수 있는지를 알아야 하고, 또한 이를 얻기 위해서는 누구를 만나야 하는지도 알아야 합니다.
2. 피인도자와 자원을 연계시켜 줍니다.
3. 피인도자에게 지식을 체계적으로 전달합니다.
4. 그 지식이 피인도자의 상황과 어떤 연관이 있는지를 보여 줍니다.
5. 무엇을 어떻게 평가하며, 어떻게 전망을 가지고 나아가는지를 보여 줍니다.
6. 피인도자로 하여금 계속 배우도록 동기를 부여합니다.

대개 우리는 교사를 지식을 전달하는 사람으로 생각합니다. 그러나 인도자로서의 교사는 다릅니다. 그들은 교사보다 훨씬 더 많은 영향을 끼칩니다.

교사가 필요합니까?

대부분의 사람들에게는 교사 인도자가 필요합니다. 그러나 많은 사람들이 이를 잘 깨닫지 못하고 있습니다. 당신은 어떻습니까? 다음의 제안 사항은 당신이 이 필요를 알고 있다는 가정 아래에서 시작합니다. 그렇다면 당신은 무엇을 해야 합니까?

1. 당신의 필요 영역을 구체적으로 파악하십시오. 예를 들면, 자녀 양육, 대인 관계, 리더십이나 사역에 대한 성경 지식, 가정에서의 훈계, 교회 내에서의 훈계(권징), 성경 지식과 삶과의 연결 등 아주 다양합니다.
2. 이 필요를 채워 줄 사람을 찾으십시오. 이 일에는 도움이 필요할 수도 있습니다. 다른 그리스도인들로부터 여러 가능한 자원에 대한 정보를 얻을 수 있습니다.
3. 스스로 질문해 보십시오. 나의 필요는 교육 강좌, 교회 주최 프로그램, 소그룹 모임, 또는 주일학교 등의 공식적인 모임을 통하여 채워질 수 있는가? 아니면 이보다는 개인적인 관계 속에서 이루어져야 하는가? 이 필요를 채워 줄 한 사람을 찾아야만 하는가?
4. 모임을 통해서 가능하다면 이를 찾아 가도록 하십시오. 개인적으로만 가능하다면, 이 필요를 도울 수 있는 사람과 관계를 형성하기 시작하십시오. 그리고 관계가 진전된 후에

당신의 필요를 말하십시오.
5. 당신의 필요를 구체적으로 파악할수록 인도자는 이에 필요한 여러 자원들을 더욱 쉽게 연결시켜 줄 수 있다는 사실을 차츰 알게 될 것입니다.

가르침을 인도로 바꾸라

만약 당신이 현재 가르치는 일을 하고 있는 사람이라면 다른 사람들을 인도하는 것에 대해 생각해 보는 것이 필요합니다. 다른 사람들을 인도해 줄 수 있는 효과적인 교사가 되는 데 도움이 되는 몇 가지 제안을 합니다.

1. 당신이 무엇을 가르칠 수 있는지를 파악해 둠으로써 다른 사람에게 언제든지 가르칠 수 있도록 하십시오.
2. 당신이 준비한 것을 각 개인에게 맞게 전달하려면 어떻게 해야 할지를 파악해 놓으십시오.
3. 당신이 알고 있는 지식을 전달해 줄 준비가 되어 있다는 사실을 주위에 알리십시오.
4. 훌륭한 교사가 되기 위하여 효과적인 교수법을 익혀 사용하십시오.
5. 지식을 전달하기 위하여 가르칠 때, 지식을 배우는 동시에 이를 가르치는 시도를 하면 배우는 과정이 얼마나 역동적으로 진행될 수 있는가를 설명해 주십시오. 이를 통해 배우는 일에 동기를 부여할 수 있으며, 그가 다른 사람에게 지식을 어떻게 전달하고 또한 왜 전달해야 하는지에 대하여 배울 기회를 제공하게 됩니다.

6. 피인도자의 상황에 맞게 전달할 지식의 수준을 정하십시오. 지나치게 많은 정보를 주지 마십시오. 꼭 필요한 내용을 선별하여 가르치십시오.
7. 피인도자에게 배운 것을 사용하도록 도전하십시오. 먼저 당신의 삶에서 이를 적용하는 것을 보여 주고, 이어서 피인도자의 상황에 어떻게 적용이 되는지를 보여 줌으로써 가능합니다.
8. 그룹으로 가르치는 상황에서는 개인적인 인도가 필요한 사람이 있는지를 잘 살펴보십시오. 그중에서 좋은 반응을 보이는 사람들과 개인적인 관계를 맺으십시오. 그러면 그들은 훨씬 빨리 배울 수 있을 것입니다.
9. 필요하다면 특강 시간도 가져 보십시오. 기존에 당신이 가르치는 방식과는 다른 요청이 들어왔을 경우에 개인별로 도와주는 것도 생각해 보십시오. 가르치는 과정을 통하여 인도를 할 기회가 생기는 경우에 그냥 흘려 보내지 마십시오.

필요한 내용을 전달하며 개인적인 관계를 통하여 사람들을 세워 줄 줄 아는 교사가 많이 필요합니다. 하나님께서 당신에게 이런 역할을 하도록 도전하고 계실지도 모릅니다. 다음 장에서는 우리가 마지막으로 분류한 후원자로서의 인도자에 대하여 알아보겠습니다.

제 8 장
부정기적 인도 : 후원자

다른 사람의 경력을 우선에 두는 관리자

로버트 그린리프의 소책자 "경건한 지도자로서의 종"에는 후원자에 대한 좋은 예가 나옵니다. 이 책은 인도자로서의 잠재력을 가진 이들을 자극하는 좋은 자료입니다. 그는 미국 AT&T사에서 직업 훈련과 지도자 개발을 책임 맡고 있었습니다. 업무상 고위층 임원들에 대한 조사를 종종 했습니다. 한번은 그 회사의 주요 책임을 맡은 열두 명의 임원진을 연구한 적이 있었습니다. 조사 결과 그들은 모두 유능했지만, 특별히 뛰어난 사람들은 아님을 알았습니다. 그래서 어떻게 그들이 승진할 수 있었는지 그 요소를 알아보기로 했습니다. 연구 결과 회사 생활 초기에 그들이 관리자로 성장할 수 있도록 도와준 상사가 있었다는 것을 알게 되었습니다.

그러나 가장 놀라운 것은 12명 중 4명은 초기에 한

중간 관리자 아래서 기본 자질이 형성되었다는 것이었습니다. 중간 관리자는 약 900명 정도였는데, 그 중간 관리자는 다른 사람들보다 승진 가능성이 결코 높지 않은 사람이었습니다. 그러나 그는 최고 경영진에 있는 사람의 1/3이나 되는 사람들의 책임자였었으며, 중간과 상층부에 있는 상당수의 사람들이 그를 거쳐갔습니다. 그린리프는 그가 가장 영향력 있는 사람이라고 말했습니다. 그는 사람들을 개발함으로써 AT&T사의 나아갈 길에 큰 영향을 준 사람이었습니다.

　그린리프는 무명의 이 관리자가 훌륭한 인도자가 될 수 있었던 몇 가지 자질을 언급했습니다. 그는 젊은 사람들이 성장하는 것에 대단히 흥미가 많았으며, 이러한 열정을 재직 기간 동안 줄곧 유지했습니다. 그는 잠재력이 있는 사람을 분별하는 능력이 뛰어났습니다. 자기가 인도할 사람을 주의 깊게 선택하였으며, 반응이 좋은 사람들에게만 시간을 투자했습니다. 그는 자기가 인도하고 있는 사람이 도전할 수 있도록 했습니다. 부정적 상황에서 많은 것을 배울 수 있다는 신념을 가지고 부정적인 상황을 성장의 기회로 활용하였으며, 일부러 그런 상황을 만들기까지 했습니다. 그는 젊은 사람들에게는 자질을 개발하는 데 도움이 되는 경험이 중요함을 알았습니다. 이를 통해 평생의 자원이 될 수 있는 중요한 원리가 전달될 수 있었습니다. 그는 늘 자신을 개방하여 이야기를 듣고, 전망을 제공하고, 도움을 주었습니다. 그는 자기가 인도하고 있는 사람들의 성장에 큰 관심을 가졌고, 이 관심을 그들에게 표명했습니다.

* * *

　이 사람이 바로 우리가 후원자라고 부르는 인도자였습니다. 후원자는 직장에서 지도자가 될 사람을 이끌어 주고 보호해 주는 역할을 합니다. 이는 특별한 종류의 인도입니다. 기본적으로 우리는 이러한 일이 세상의 조직이건 혹은 영적인 조직이건 간에 공식적인 조직에서 일어나고 있는 것을 봅니다. 그러나 연구 결과, 비공식적인 자생 조직에서든 지역 사회에서든 사람 사는 곳이면 어디서나 동일하게 일어나는 것을 볼 수 있습니다.
　한 가지 중요한 사실은, 앞서 말한 그 관리자는 조직 내에서의 지위로는 비교적 영향력이 적은 위치였다는 점입니다. 대부분의 후원자들은 윗사람의 위치에 있거나 신망이 두텁고 널리 이름이 알려진 이들이며, 대개는 고위 의사 결정층의 인물로서 조직 내에서 상당한 영향력을 행사하는 사람들이었습니다. 그러나 이 후원자는 그런 사람이 아니었습니다. 하지만 그는 잠재력이 보이는 사람들을 창의적으로 개발시켜 조직 내에서 승진할 수 있도록 함으로써 마치 그가 더욱 영향력 있는 위치에 있었던 것과 같은 결과를 낳았습니다.
　그는 또한 후원자로서의 인도에서 공통적으로 일어나는 역학 관계를 잘 예시하고 있습니다. 다른 형태의 인도에서는 피인도자가 인도자에게 매력을 느낌으로써 인도가 시작됩니다. 그러나 후원자 인도에서는 대개 피인도자가 인도자에게 매력을 줌으로써 시작됩니다. 그리고 인도자는 장차 지도자가 될 사람의 잠재력을 개발시켜 주고자 하는 강한 내적 열망을 느끼게 됩니다.
　앞서 말한 그 사람은 자기가 개발할 수 있으며, 좋은 반응을 보일 만하다고 생각되는 사람을 선택했습니다. 그는 그들을 격려했습니다. 그들과 함께 긴밀하게 일하기로 선택함으로써 그들이 자부심을 갖도록 도왔습니다. 기술도 나누어 주었습니다. 그는 유능한 관리자로서 감독 기술을 알고 있었고, 성장하는 젊은 사원들에게 가르쳤습니다. 비록 그가 가진 자원은 제한되어 있었지만, 자기가 가진 모든 것을 다 동원하여 피인도자들을 개발시켜 주려고 했습니다. 그는 조직 생활에서 전망을 제시하였습니다. 그는 조직의 생리를 잘 알고 있었고, 다른 사람들과의 관계도 잘 맺었으며, 어떤 경력을 쌓아야 할지도 잘 알고 있었습니다. 그는 함께 일하는 피인도자들에게 영감을 불어넣었습니다. 이러한 후원자로서의 역할을 하는 것은 특별히 높은 위치가 필요하지 않은 일반적인 것입니다.

우리는 또한 그가 영향력을 끼칠 만한 어떤 역할을 했을 것이며, 예를 들어 피인도자에게 어떤 기회를 제공하거나 그가 돕는 피인도자의 경력에 도움이 되는 어떤 자리를 위해 그의 상관에게 제안을 했을 것이라고 추측합니다. 분명 그는 피인도자들을 도울 수 있는 것이라면 최선을 다해서 행했습니다. 놀라운 사실은 그는 자기의 자리를 찾았다는 것입니다. 그는 승진하려고 애쓰지 않았습니다. 그는 자기의 지위에 만족하였고, 그 자리에서 자기에게 주어진 자기만의 독특한 역할을 할 수 있다는 것을 알았습니다.

* * *

영향력 네트웍

최근에 나[로버트]는 데이비드 에멘하이저의 테이프를 들었습니다. 자신들이 처한 지역 사회에 강한 영향력을 끼친 사람들에 대한 것이었습니다. 그는 미국 중서부의 도시에 대하여 설명했습니다. 그는 영향력 네트웍을 발견하는 방법을 사용하여 연구를 했습니다. 내게 인상 깊었던 것은 여러 개의 영향력 네트웍이 존재한다는 사실이었습니다. 그리고 사람들이 누가 그 네트웍에 속하고 속하지 않는지를 알고 있다는 사실도 놀라웠습니다.

그 도시에 영향력을 행사하고 있는 사람들의 특징을 나누는 것을 들으면서 관찰한 두 번째는, 아무리 큰 영향력을 행사하고 있는 사람이라도 거의 대부분은 그들이 그 네트웍에서 영향력 있는 사람으로 성장하도록 도와준 한 명 이상의 인도자가 있었다는 사실입니다. 후원자는 조직체 내에서만 발견되는 것이 아니었습니다.

* * *

후원자는 조직 내에만 국한되지 않습니다. 조직이라는 한계를 뛰어 넘어 그 영향력을 행사합니다. 사람들 사이에 형성된 네트웍, 즉 관계망(關係網)이 주요 자원입니다. 후원자는 피인도자가 네트웍 내에 있는 사람들에게 적응하도록 돕습니다. 조직체 내에서 피인도자에게 주어지는 기회는 제한되어 있는 경우가 많습니다. 현명한 후원자는 이 사실을 염두에 두고 피인도자로 하여금 더욱 유익을 얻을 만한 곳으로 연결시켜 주는 다리 역할을 합니다. 대개 후원자는 네트웍에서 "안"에 있는 사람이고, 피인도자는 "밖"에 있는 사람입니다. 피인도자에게 다리를 놓아 주어 "안"으로 들어오게 하는 것이 후원자의 주된 역할입니다. 조직체가 있건 없건 이는 마찬가지입니다.

* * *

자원(資源) 연결자

1980년에 나[로버트]는 전환기에 있었습니다. 나는 하나님께서 선교사로 일하던 나를 새로운 곳으로 인도하고 계신다는 것을 알았습니다. 그러나 어디로 가야 하는지는 몰랐습니다. 척은 훌륭한 연결자였습니다. 나는 선교학 박사 과정 중에 있었습니다. 그는 나의 인도자였습니다. 그는 내 잠재력을 인정하여 강의를 할 수 있도록 초청하였습니다. 그는 새로운 학장과 교수진과 그리고 나를 채용하는 것을 탐탁지 않게 생각하고 있었던 교무처장에게 가서 나를 대신하여 말해 주었습니다. 사도행전 9:27에 나오는 바나바처럼 그는 나를 옹호하였습니다. 교수들은 내게 3년간 수습 기간을 주며, 그 후에 정식 채용하기로 했습니다. 이는 하나님께서 나를 위하여 열어 두신 문이었습니다.

척은 계속해서 나를 관찰하며 대학에 적응해 나가는 것을 도와주었습니다. 후에 나는 척이 내게 행했던 똑같은 일을 다른 몇 사람에게도 행했다는 것을 알게 되었습니다. 그는 후원자이면서 자원 연결자였습니다. 그는 잠재력을 분별할 줄 알았고, 장차 지도자가 될 사람과 적임자가 필요한 교수진을 납득시킬 줄 알았습니다. 그는 특별한 종류의 후원 인도자였습니다. 조직의 필요에 맞추어 개인의 자질을 개발하고 여러 필요들을 채워 줄 줄 알았습니다.

* * *

　인도자로서 역할을 하는 후원자는 결코 이기적이 아닙니다. 적어도 인도와 연관해서는 이기적이 아닙니다. 그들은 조직에 필요한 것과 각 개인에게 필요한 것 사이에 균형을 이룰 줄 압니다. 척은 사람들에게 주목하여 그들의 상황을 알았으며, 조직의 필요에 맞게 그들을 연결시킬 줄 알았습니다. 그는 동료들과 책임자들 사이에서 그의 생각이 관철될 수 있게 할 정도로 신뢰감을 얻고 있었습니다. 그는 문들을 열었습니다. 사실상 그 문들을 창조해 내었다고 해도 과언이 아닙니다.

* * *

때에 맞는 후원자

　딘은 미국과 전세계에 걸쳐 사역을 하는 기관에 소속되어 있었습니다. 미국 내에서 성공적으로 사역을 했기 때문에 스칸디나비아에 선교사로 파송되었습니다. 몇 년 동안 캠퍼스 사역을 한 후, 딘은 이런 형태의 사역에 흥미를 잃기 시작했습니다. 그는 30대 중반에 접어들고 있었습니다. 그러나 불행하게도 그의 새로운 관심이나 그의 은사인 가르치는 것이나 행정에 맞는 자리가 없었습니다. 스칸디나비아 출신 사람들이 이 영역을 맡고 있었기 때문입니다. 그래서 딘은 미국에서 사역을 하기 위해 가족과 함께 미국으로 돌아오게 되었습니다.
　딘에게 몇몇 사역의 기회가 주어졌으나 그의 은사나 원함보다는 조직의 필요에 맞춘 것이 대부분이었습니다. 그러나 딘은 주님을 섬기는 면에 헌신되어 있었고, 조직에도 충성스러웠기 때문에 이런 책임들을 기꺼이 맡았습니다.

그러던 중, 딘이 그 기관의 원로 지도자 중 한 사람인 스탄이 출석하는 교회에서 섬기게 되었고, 성인반을 하나 맡아 가르치기 시작하였습니다. 스탄과 그의 아내도 역시 그 성인반에 출석했는데, 오래지 않아 딘과 스탄 사이에는 친밀한 관계가 형성되었습니다. 딘에게는 가르치는 은사가 있었기 때문에 그 성인반은 크게 성장하였습니다. 스탄은 조직 내에서 딘이 맡고 있는 책임에 대하여 관심을 가지고 물어 보았습니다. 딘과 소속팀의 책임자 사이에 갈등이 있다는 것을 알았습니다. 딘은 다른 곳으로 보내기로 작정되어 있었습니다. 딘이 박식하고, 자기 마음을 잘 털어놓고 말하며, 끊임없이 질문을 하는 사람이었기 때문에 그의 책임자는 이를 싫어했던 것입니다. 딘은 적극적으로 행동을 취하여 다른 사람에게 즉각 영향을 주기를 좋아하는 사람이었기 때문에, 좀더 장기적인 성장에 초점을 맞추고 있는 그 팀에는 적합한 인물이 아니었습니다.

스탄은 딘에게 있는 은사와 잠재력을 보고는 딘뿐만 아니라 조직에서도 책임감을 가지고 이를 개발해야 함을 알았습니다. 스탄은 그의 권위를 사용하여 딘을 그가 몸담고 있던 팀에서 빼내어 딘의 은사와 행동 방식을 필요로 하는 팀에 새로이 보냈습니다. 그곳 사람들은 딘에 대하여 근거도 없는 부정적 선입견을 갖고 있었기 때문에 스탄은 책임자 몇 명을 조용히 만나 딘에 대하여 설명하며 자기가 딘을 얼마나 높이 평가하고 있는지를 알렸습니다. 딘에게는 그의 은사와 능력을 나타내기 위한 올바른 임무와 활동 공간과 지원이 필요했습니다. 스탄은 딘에 대하여 "그에게 기회를 주기만 하면 사역에 큰 유익이 될 것입니다"라고 말해 주었습니다.

비록 스탄이 선지자는 아니었지만 딘에 대한 그의 예측은 그대로 맞아 떨어졌습니다. 그는 조직에 큰 기여를 하게 되었으며, 새로운 명성도 얻게 되었습니다. 그는 지난해에 그의 은사를 더 잘 발휘할 수 있는 책임을 맡아 옮기게 되었는데, 현재도 계속 그의 은사와 능력을 꽃피우고 있습니다.

* * *

스탄은 딘에게 있는 리더십의 기본적인 자질을 파악할 줄 알았을 뿐만 아니라 딘에게 싹트고 있었던 은사도 발견할 줄 알았습니다. 비록 딘이 조직 내에서 맡고 있던 책임에 잘 맞지 않고 있었음에도 말입니다. 나아가 다른 사람이 딘의 잠재력을 인정하지 않음에도 그는 자기의 이름을 걸고 딘의 개발과 책임 변경에 헌신적으로 임했습니다. 스탄은 조직 내에서 멤버들에게 충성한다는 것이 무엇인지를 잘 보여 줍니다. 조직 사회에서 흔히 볼 수 있는 것과는 달리, 아래에서 위로의 충성이 아닌 위에서 아래로의 충성이었습니다. 그는 또한 후원자의 보호 역할 기능을 잘 예시해 주고 있습니다. 한때 조직 내에서의 딘의 장래가 모호했을 때, 스탄은 이 상황에 개입하여 딘을 위한 새로운 길을 모색하여 주었습니다. 이 예를 통해서 후원자의 역할이 극히 이타적임을 볼 수 있습니다. 그는 딘이 하나님의 뜻을 분별하여 따라갈 수 있도록 동기를 부여하고 그 길을 열어 주었습니다. 그는 보호자 역할을 했습니다. 그는 기회를 열어 주었습니다. 그는 새로운 길을 열어 그 길로 딛을 인도해 주었습니다.

많은 기독교 기관에는 들어오기도 하고 떠나기도 하는 사람들이 늘 있습니다. 어떤 사람의 경우에는 잠재력이 많음에도 불구하고 질적인 지도자로 개발되기 이전에 떠나기도 합니다. 여러 이유로 떠나지만 다음과 같은 이유를 생각할 수 있습니다.

◆ 조직 패턴에 맞지 않음
◆ 그 기관의 비전보다 더 큰 비전을 가지고 있음
◆ 리더십으로서의 자질과 잠재력을 덮어 버리는 거친 면이 있음
◆ 지나치게 이용당하거나 개발의 기회를 잃기를 원치 않음
◆ 모험을 필요로 하지 않는 자리에 배치받음
◆ 그 기관의 의사 결정권자와 긴밀한 관계가 형성되어 있지 않음

이렇게 기독교 기관을 떠나는 사람들은 다양한 결과를 낳습니다.

◆ 사역을 완전히 떠남
◆ 자기가 원하는 것을 하기 위해 다른 조직이나 기관을 찾음
◆ 유능한 지도자가 되어 다른 기관에 기여함
◆ 자기 개발에 실패함

어떤 경우이든 그들이 떠난 기관에는 기여를 하지 못합니다. 이렇게 뒷문으로 나가는 것을 어떻게 막을 수 있습니까? 이를

위해서는 후원자 역할을 하는 인도자가 절대적으로 필요합니다. 잠재력을 가진 지도자를 잃지 않기 위해서입니다.

후원자는 기관 내에서 전략적 위치에 있는 사람이어야 합니다. 그래야 젊은 지도자뿐만 아니라 기관 전체에 유익을 줄 수 있습니다. 후원자 역할을 잘할 줄 아는 사람들에 대하여 기관에서는 보상을 주고, 자유로움을 주어야 합니다. 그러나 대개 이 형태의 인도는 비공식적으로, 보이지 않는 곳에서 일어나며, 기관에 알려지는 법은 거의 없는데, 이렇게 되어서는 안 됩니다.

지금까지 설명한 후원자의 역할을 하는 인도자에 대한 정의를 개념화시켜 봅시다.

> 후원이란, 어떤 조직 또는 네트웍 속에서 지위 상으로나 영적으로 권위가 있으며 신뢰를 받고 있는 인도자가 피인도자의 개발과 조직 내에서의 영향력 향상을 위하여, 자원이 없는 피인도자와 관계를 맺으며 도와주는 관계적 과정이다.

표 8-1. 후원자의 역할과 능력 부여

역할	능력 부여	설명
1. 선발	자신감, 기대감, 특별한 존재라는 생각	지도자감을 선발하여 자신감과 그가 특별한 존재라는 생각을 심어 준다. 이를테면, 기관에 상당한 기여를 할 수 있다는 생각…
2. 격려	인내	피인도자를 신뢰하고, 피인도자에게 자신감과 성취 의욕을 북돋아 준다.
3. 기술 전수	지도력, 영향을 주는 법	대인 관계의 기술을 전수함 - 네트웍 사용법, 권위의 올바른 사용, 기타 직접적인 인도의 기술.

역할	능력 부여	설명
4. 자원과의 연결	여러 자원	피인도자에게 필요한 자원을 연결시켜 준다. 예를 들어 교육, 훈련, 재정, 그리고 사람을 연결시켜 준다.
5. 전망	분석 기술	후원자는 조직 전체에 대한 시야를 가지고 있기 때문에 조직의 구조와 네트웍과 장기 목표 등을 알고 있다. 이로 인하여 낮은 지위에 있는 사람들에게 전망을 줄 수 있다.
6. 자극과 고무	삶의 방향	후원자는 대개 끝낼 것을 염두에 두고 시작한다. 그들은 피인도자에게 어떤 능력이 있으며 무엇을 성취할 수 있는지를 보고, 이런 사람이 되도록 자극하고 고무시켜 준다.

후원자로서의 인도에 대한 실제적 제안

후원하는 인도는 부정기적 인도에 속합니다. 피인도자가 언제든지 이용할 수 있는 것도 아니며, 또한 항상 그런 관계를 형성할 수 있는 것도 아닙니다. 이는 대개 인도자에 의하여 시작되기 때문입니다. 이러한 사실 때문에 자기가 발탁되기를 기대하는 잠재적 지도자는 실망을 느낄 수도 있습니다. 그러나 이 후원하는 인도를 받고 싶어하는 사람들에게 유익한 일반적인 제안이 있습니다.

피인도자를 위하여

1. 진로를 결정할 때 가능하다면 인도의 필요성을 인정하고 이를 실행하고 있는 기관을 선택하십시오.

2. 당신이 이미 알고 있는 자신의 잠재력을 계발하는 일에 집중하십시오.
3. 당신이 속한 기관이나 상급자에게 "맹목적" 충성심이 아닌 건강한 충성심을 보이십시오. 충성심은 인도자가 찾고 있는 특성입니다.
4. 승진은 부산물이지 목표가 아님을 기억하기 바랍니다. 사람을 영향력 있는 위치로 옮기는 것은 하나님의 일입니다. 하나님을 기쁘시게 하는 일에 초점을 맞추고, 주님께 받은 것을 주님의 목적을 위하여 사용하도록 하십시오.
5. 당신을 최대한으로 개발시켜 줄 수 있는 사람과 관계를 맺을 수 있도록 하나님께 기도하십시오. 하나님을 의뢰하십시오. 문을 열어 주시고, 새로운 진로를 보여 주시며, 당신을 향한 주님의 계획을 성취하는 삶으로 인도하여 주시도록 기도하십시오. 사람의 후원이 아니라 하나님의 선한 인도하심을 의뢰해야 합니다.

조직 내에서 영향력 있는 위치에 있는 사람들은 후원자로서 다른 사람들을 이끌어 주는 것이 중요함을 반드시 알아야 합니다. 후원자가 되어야 할 사람들을 위한 제안이 있습니다.

후원자를 위하여

1. 신뢰감이 중요합니다. 성실함과 능력이 있어야 신뢰를 받을 수 있습니다. 지속적으로 본을 보이며 경건한 삶의 간증을 보이십시오.
2. 지위를 통한 영향력을 사용하십시오. 당신이 영향력 있는

지위에 있다는 것은 이 지위를 책임감을 가지고 사용해야 한다는 것을 함께 시사하고 있습니다. 인도는 이 지위를 책임감 있게 사용하는 한 가지 방법입니다.

3. 네트웍을 개발하십시오. 네트웍은 중요합니다. 당신에게 없는 자원에 접근할 수 있는 길을 제공하기 때문입니다. 피인도자가 다양한 훈련을 받으며, 다른 사람들의 생각을 접할 수 있도록 해줍니다. 피인도자가 균형 있게 성장하려면 이러한 상호 교류가 중요합니다.

4. 가장 좋은 개발 기회는 조직 밖에 있을 수도 있습니다. 피인도자가 적극적으로 찾아 시도하도록 도우십시오. 이를 위해 네트웍을 사용하십시오.

5. 후원하는 인도는 지도자가 책임을 지고 하는 하향적 인도입니다. 우리의 감독 하에 있는 사람들 중에도 우리가 도울 수 있는 특별한 필요를 가진 잠재적 지도자가 있을 수 있습니다. 먼저 하나님께 장차 지도자가 될 사람을 보내 달라고 기도하십시오. 그리고는 관찰하십시오. 지도자를 선택하고 개발하는 것은 훌륭한 지도자의 주요 역할 중의 하나입니다.

6. 종종 조직 내에서 지도자의 위치에 있는 사람들이 정체기에 접어든 경우가 많습니다. 바로 이런 사람들에게 인도가 필요합니다. 후원자들은 이런 사람들을 주의 깊게 찾아야 합니다. 그들에게 다가가서 격려하며 필요를 채워 주는 훈련을 통해 그들의 수준을 높여 주고, 새로운 업무 기회를 제공함으로써 지도자로서 더욱 성장할 수 있도록 열망을 불어넣어 줄 수 있습니다. 정체기에 접어든 지도자들에게 새로운 업무 기회, 도전적인 성격의 직무를 부여하면 그들을 새롭게 할 수 있습니다. 후원자는 정체기에 접어든 지도자를 다

시금 활력 있게 만들 수 있는 자원이 많이 있습니다. 정체 상태에 있는 지도자들에게는 흔히, 자신이 얼마나 가치 있는 사람으로 바뀔 수 있는가에 대한 전망, 자신의 상태를 올바로 진단할 수 있는 분별력, 자신에게 무엇이 필요한지를 파악하는 기술 등이 결여되어 있습니다. 따라서 그러한 지도자들을 회복시킬 수 있는 동기 부여가 필요합니다.

7. 편애의 함정에 빠지지 않도록 주의하십시오. 특별한 대우를 받을 사람이 아닌데 자기와 긴밀한 관계에 있다고 해서 높여서는 안 됩니다. 후원이란 하나님께서 개발하고자 하시는 사람에게 특별한 관심을 집중하는 개발 과정입니다.

8. 바나바가 보였던 지도자 교체 원리를 활용하십시오. 바나바와 바울은 팀을 이루어 사역을 했는데, 처음에는 바나바가 그 팀의 지도자였습니다. 그런데 사도행전 13장에 가서는 바울이 그 팀의 지도자인 것을 볼 수 있습니다(43-45쪽 참조). 당신이 후원하는 사람이 당신 이상으로 개발될 잠재력이 있을 수 있습니다. 그들의 잠재력을 키우기 위해 당신의 지위 이상이 필요하다면 그들을 승진시킬 준비를 하십시오.

9. 조직 전체를 늘 염두에 두십시오. 후원이란 단지 개인의 필요를 위해 개인을 개발하는 것이 아니라 조직과 그 개인의 유익을 위해 하는 것입니다.

좋은 소식과 나쁜 소식

상담자, 교사, 후원자와 같은 부정기적 인도는 제자삼는 자, 영적 조언자, 코치와 같은 강도 높은 정기적 인도와는 대조가 됩니다. 정기적 인도가 의도적인 노력을 상당히 필요로 하는 반면에 부정기적 인도는 그렇지 않습니다.

　이 대조 속에 담긴 의미가 무엇인지를 집고 넘어가야 할 것 같습니다. 정기적 인도는 시간이 많이 걸리며 계획적이어야 하기 때문에 부정기적 인도를 할 때보다는 인도자를 찾기가 힘듭니다. 부정기적 인도는 앞에서 말한 역학적 요소나 계획성이 비교적 약하기 때문에 이를 감당할 수 있는 인도자를 폭넓게 구할 수 있습니다. 인도자가 많다는 것은 좋은 소식입니다. 그러나 이에 단점도 있습니다. 개인적인 관계가 약하고 회계 책임도 약하기 때문에 능력 부여가 약화될 수 있기 때문입니다.

요약

부정기적 인도는 강도가 덜하지만, 그렇다고 해서 우리 삶에서의 중요성이 떨어지지는 않습니다.

　사업가들은 변호사나 기업 상담 전문가들을 고용하는데, 실제로 그들의 도움을 필요로 하지 않을 때가 있어도 계속 고용 관계를 유지합니다. 마찬가지로 우리도 언제든 필요가 생기면 도움을 청하러 갈 수 있는 상담 인도자와 미리 관계를 형성해 놓아야 합니다.

　모든 교사가 인도자는 아닙니다. 그리고 교사 인도자가 되기 위해 교사라는 직업을 가져야 하는 것도 아닙니다. 교사 인도자는 지식을 전달하는 이상의 역할을 합니다. 지식을 잘 전달할 줄 아는 능력과 더불어 피인도자에게 영감을 불어넣고, 격려하고, 피인도자의 삶에 능력 부여를 하기 위해 본을 보일 줄 알아야 합니다.

　그리고 후원자가 없다면 많은 잠재적 지도자들이 조직 내에서

구석에 박혀 있거나 아니면 문 밖으로 버려집니다. 다른 어떤 형태의 인도보다 이 인도는 인도자의 겸손한 태도가 필요합니다. 다른 사람에게 있는 잠재력을 발견하고, 이를 개발시켜 주며, 자기의 유익보다 조직과 피인도자의 유익을 우선 순위에 둡니다. 후원자가 다른 사람이 성장하는 일에 초점을 맞출수록 자기 자신도 성장하게 됩니다.

추가 연구(6-8장)

1. 성경에서 가장 유명한 상담자는 욥기에 나오는 사람들일 것입니다. 그럼에도 그들은 욥에게 그리 도움이 되지 못했으며 그들을 통해 욥의 삶에 능력 부여가 일어나지 않았습니다. 외견상으로 보면 그들은 표 6-1에 나타난 여덟 가지 역할을 다 한 것 같습니다. 그들에게 결여된 것은 무엇입니까? 이 예에서 당신은 상담을 청하거나 혹은 상담을 해주려고 할 때 어떤 교훈을 배울 수 있습니까?

2. 모세는 주님과 대면하여 교제할 정도로 긴밀히 하나님과 동행하였습니다. 그리고 이스라엘의 위대한 지도자였습니다. 그럼에도 그는 인도자가 필요했습니다. 출애굽기 18장에서 그의 장인 이드로가 방문한 것을 살펴보십시오.
   가. 모세의 삶에서 이드로는 어떻게 인도자의 역할을 했습니까? 인도자로서 이드로는 어떤 태도를 보였습니까? 그리고 모세는 피인도자로서 어떤 태도를 보였습니까?
   나. 매력, 적극적 반응, 그리고 회계 책임이라는 요소가 어떻게 나타나 있습니까? 능력 부여가 일어났습니까?

3. 결국에는 상담이 효과를 나타내었습니다. 무엇 때문에 이드로의 상담이 효과적이었습니까? 모세와 이드로의 관계에서 당신은 무엇을 발견할 수 있습니까? 모세는 이드로의 조언에 어떤 반응을 보였습니까?

4. 성구 사전을 사용하여 여호수아의 초기 삶을 깊이 연구하십시오. 여호수아를 위해 모세가 교사 인도자로서의 역할을 했다는 것을 어떻게 추정할 수 있겠습니까? 이 인도는 민수기 27장에서 모세가 여호수아를 후원하는 데서 절정을 이룹니다.

5. 지금까지 살펴본 여섯 가지 형태의 인도를 좀더 잘 이해하기 위하여 당신보다 신앙 생활을 오래 한 성숙한 그리스도인에게 면담을 요청하십시오. 이 여러 형태의 인도에 대하여 당신이 이해하고 있는 바를 설명하고, 그들의 인생에서 있었던 이러한 예들을 소개해 줄 수 있는지 요청하십시오. 우리가 소개한 예에 그들에게 들은 예를 더함으로써 인도에 대한 이해의 폭을 더 넓힐 수 있을 것입니다.

제 9 장
수동적 인도 : 동시대 인물

오늘날 모본이 될 만한 사람들은 어디로 갔습니까? 도대체 영웅이 있기는 합니까? 훌륭하다고 여겼던 모본과 영웅들은 사라져 버린 것 같습니다. 공적 생활에서 겪는 여러 압력, 저항할 수 없어 보이는 권력과 부와 성(性)의 위력, 그리고 오늘날 대중 매체와 사회의 냉소적인 태도로 인하여 장차 모본이 될 많은 사람들이 넘어지고 빛이 바래거나 모습을 감추었습니다. 이 사람들 대신에 오늘날에는 이른바 "스타"들이 등장하여 그 자리를 메우고 있습니다. 연예계, 스포츠계, 혹은 사업계를 보면 스타들이 화려하게 등장하여 대중의 우상이 되고 있습니다. 하지만 그 스타들의 삶의 방식, 행동 등의 밑바닥에는 자기 중심적인 태도가 자리잡고 있고 가치관이 얼마나 혼란스러운지 모릅니다. 우리는 결코 그들을 본받을 수가 없습니다. 이러한 경향에 예외가 있기는 하지만, 적어도 현재의 미국 문화에서는 모본이 된다는 생각 자체가 산산조각이 난 상태입니다. 구직자 면담 및 배치의 전문가인 한 사람의 말을 들은 적이 있습니다. 그는 면접시 사용하는 질문을 바꾸지 않으면 안 된다고 했습니다. "당신에게 모본이 되며 영웅이라고 생각하는 사람은 누구입니까? 왜 그런지도 말해 보십시오"라는 질문을 했을 때 제대로 대답하는 사람은 거의 없으며 눈만 멀뚱멀뚱할 뿐이라는 것이었습니다.

정말 모본이 될 만한 사람이나 영웅이 없는 것입니까? 아니면 단지 공격을 받을까 두려워 "기는" 것입니까? 그것도 아니면, 미국인들은 "모든 것을 갖춘" 사람들이 있을까라는 회의적 생각에 사로잡혀, 모본이란 완벽한 사람이 아니라 자신의 가치관대로 살아가기 위해 애쓰며 계속 진보를 이루는 사람이라는 사실을 잊었기 때문입니까? 우리는 수많은 모본과 영웅들이 우리 주위에 있다고 믿습니다. 우리는 그들을 발견하여 우리의 삶에서 영향을 받아야 합니다. 그러나 어떻게 합니까?

인도자가 없어 보일 때

지금까지 설명한 여섯 가지 인도 형태에는 적어도 세 가지 중요한 문제점이 있습니다.

1. 당신이 처한 상황에서 인도자가 될 만한 사람을 찾기가 쉽지 않을 수도 있습니다. 당신이 원하는 능력 있는 사람을 발견할 수 없거나 혹은 있더라도 당신에게 시간을 내어 주지 못할 수도 있습니다.
2. 준비된 사람을 찾을 수 있다고 해도 인도와 능력 부여가 일어날 수 있는 활발한 관계를 맺지 못할 수도 있습니다.
3. 능력 있는 사람이 주위에 있기는 한데, 당신을 인도해 줄 마음의 준비가 안 되어 있거나 기술이 없을 수도 있습니다.

이러한 문제가 일어날 때 당신은 어떻게 하시겠습니까? 인도를 받는 것이 불가능한 상황에서 당신에게 인도가 필요하다고 말한 후에 인도자를 찾도록 동기 부여까지 하는 것은 실망을 주는 것을 지나서 잔인하기까지 합니다! 사실상 도움이 되기보다는 해를 끼치는 격이 되는데, 당신을 실망시켜 더 이상 인도자를 찾으려는 노력조차 하지 못하도록 하는 것이기 때문입니다. 어떻게 하면 이러한 부정적인 상황을 극복할 수 있겠습니까? 지금까지와는 다른 형태의 인도를 알아봄으로써 가능합니다. 당신은 여의치 않은 인도자와의 간접적인 관계를 통해서도 인도의 유익과 능력 부여를 경험할 수 있습니다. 두 가지 종류의 수동적 인도자가 있습니다. 하나는 동시대 모본으로서 인도자의 의도적인 노력이 없더라도 당신을 인도해 줄 수 있는 현존하는 사람입니다. 다른 하나는 역사적 모본으로서 이미 고인이 되었지만 자서전이나 전기를 통하여 당신을 인도할 수 있는 사람입니다. 이러한 "모본 인도자"는 언제나 준비되어 있습니다. 그러나 피인도자가 이를 발견하려는 노력을 해야 합니다.

이 모본 인도자는 기본적으로는 수동적입니다. 정기적 인도나 부정기적 인도에 비하여 적극적으로 관계를 맺는 면은 약합니다. 따라서 피인도자가 인도의 기본적인 3요소인 매력, 적극적 반응, 회계 책임을 스스로 만들어야 합니다. 모본 인도자는 자기가 다른 사람의 삶에서 하고 있는 역할이 무엇인지도 모를 것입니다. 그러나 피인도자가 적극적으로 이 요소들을 보이면 능력 부여가 일어납니다.

본을 보이는 것은 성서적인 개념입니다(베드로전서 2:21, 5:3, 요한일서 2:6, 히브리서 12:1-3). 성경에서는 바울과 베드로, 그리고 예수 그리스도를 모본으로 하여, 다른 사람에게 능력을 부여하는 중요한 방법으로 본을 보이는 것을 강조하고 있습니다. 바울이 디모데를 돕기 위하여 어떻게 본을 보이는 것을 활용했는지 생각해 봅시다. 고린도전서 4:16-17에서 바울은 고린도인들에게 도전하면서 모본에 대하여 언급하고 있습니다.

> 그러므로 내가 너희에게 권하노니 너희는 나를 본받는 자 되라. 이를 인하여 내가 주 안에서 내 사랑하고 신실한 아들 디모데를 너희에게 보내었노니, 저가 너희로 하여금 그리스도 예수 안에서 나의 행사 곧 내가 각처 각 교회에서 가르치는 것을 생각나게 하리라.

얼마나 강력한 말입니까! "너희는 나를 본받는 자 되라!" "자, 형제들이여, 나를 본받으시오. 내가 여러분에게 본을 보이겠습니다. 물론 나는 완전하지 않습니다. 그러나 내가 가르치는 모든 진리를 삶에서 적용하려고 노력하고 있습니다. 그리고 내가 사역을 했던 각 교회에서, 내가 무엇을 가르쳤으며, 어떻게 내가 그 가르침을 따라 살았는지를 디모데가 다 말해 줄 것입니다." 디모데는 바울의 삶과 사역의 모습을 모두 보았습니다. 디모데후서 3:10-11에서 우리는 바울이 디모데에게 본을 보이면서 얼마나 투명하게 자기의 삶을 드러냈는지를 볼 수 있습니다.

> 나의 교훈과 행실과 의향과 믿음과 오래 참음과 사랑과 인내와 핍박과 고난과 또한 안디옥과 이고니온과 루스드라에서 당한 일과 어떠한 핍박 받은 것을 네가 과연 보고 알았거니와 주께서 이 모든 것 가운데서 나를 건지셨느니라.

그러나 본을 보이는 것을 통해 돕는 것은 디모데에게만 국한된 것이 아니었습니다. 바울은 일반적인 사역을 이러한 방식으로 했습니다. 빌립보서 4:9에서 바울은 빌립보 교회 사람들 모두에게 본받는 삶에 대한 권면을 하고 있습니다.

> 너희는 내게 배우고 받고 듣고 본 바를 행하라. 그리하면 평강의 하나님이 너희와 함께 계시리라.

히브리서 13:7-8에서 히브리서의 저자는 지도자를 통하여 본을 받으며 능력 부여를 받는 것에 관하여 다루고 있습니다.

> 하나님의 말씀을 너희에게 이르고 너희를 인도하던 자들을 생각하며, 저희 행실의 종말을 주의하여 보고 저희 믿음을 본받으라. 예수 그리스도는 어제나 오늘이나 영원토록 동일하시니라.

이 명령은 우리 앞서 헌신적으로 살았던 사람들의 본을 따르도록 권면하고 있습니다. 이 구절은 또한 예수 그리스도께서 영원토록 살아 계셔서 그들의 삶에 자원이 되셨으며, 그들과 동일한 자질을 오늘날 우리 속에도 형성하여 주실 수 있다는 약속으로 우리를 격려하고 있습니다.

완벽한 모본을 찾으려다 곁길로 빠지지 마시기 바랍니다. 예수 그리스도 외에 완벽한 모본은 없습니다. 그러나 당신이 계발되기를 원하는 어떤 특정한 영역에 계속 진보를 보이고 있는 사람을 주의 깊게 찾아보기 바랍니다.

동시대 모본은 당신이 오늘이라도 관찰할 수 있는 사람들 중에 있을지도 모릅니다. 그들은 당신이 중요하게 생각하는 가치관을 따라 살고 있습니다. 당신은 그들을 관찰하며, 배우고, 어떤 경우에는 그들과 직접 관계를 맺을 수도 있습니다. 이 사람들은 자기들의 가치관과 이에 대한 헌신을 드러내는 어떤 환경을 통해서 "부각"되는 경우가 대부분입니다.

* * *

본을 따라감

내[폴]가 피터 도킨스의 이야기를 읽은 것은 고등학교 3학년 때였습니다. 그때 그는 미국의 육군사관학교인 웨스트포인트의 마지막 학기에 재학 중이었습니다. 그는 미국 대학 미식축구 선수 중에서 가장 뛰어난 선수에게 주어지는 헤이즈만 상을 받았습니다. 또한 그는 전미(全美) 사관생도단(團)에서 최우수 생도였습니다. 학과 성적은 7등이었습니다. 내가 도전을 받은 것은, 어려움 중에서도 인내하며 계속 탁월한 수준을 추구한 점입니다. 그는 어렸을 때 소아마비를 앓았는데 이를 극복하였으며, 고등학교 미식축구 선수로 뽑히기에는 너무 키가 작았습니다.

피터는 사관학교에 입학하자 잠잠히 자신을 개발하기 시작하였습니다. 역도를 하며 근육을 단련시켰고, 달리는 속도를 증가시키기 위하여 지속적으로 연습하였으며, 그의 코치가 제안한 내용들을 모두 따라 하기 시작했습니다. 학급의 동료들조차도 숙제 완성을 위해 그를 의존할 정도였습니다. 피터는 최선의 노력을 다하지 않은 것에는 절대로 만족하지 않았습니다. 경쟁이 치열한 상황 가운데서도 그는 다른 사람들의 필요를 자기 자신의 필요보다 우선 순위에 두기도 했습니다. 그는 시간을 내어 동료들을 도와주었고, 진정한 친구가 되어 주었습니다. 나는 이러한 사실들을 그에 관한 기사들을 통해 알게 되었으며, 후에는 직접 웨스트포인트에 들어가서 그의 친구들과 대화를 나누는 가운데 알게 되었습니다.

비록 나는 피터를 한 번밖에 만나지 못했지만, 그의 삶은 웨스트포인트 초기의 어려운 생활을 해나가는 나에게 활력을 불어넣어 주었습니다. 나는 피터만큼 잘 달리지는 못합니다. 그러나 나는 인내하며 최선의 노력을 다했습니다. 역기도 들고, 달리기를 하며, 코치가 말해 준 것을 그대로 따라 하기 위해 열심히 노력했습니다. 나는 결코 위대하지 않았으며, 분명 기본적으로 내게 있는 능력 이상으로 더 발전할 수도 없을 것입니다. 그러나 첫 경기에서 내가 선발 하프백으로 나가게 되었을 때 감격의 눈물을 흘리게 되었습니다. 나는 속으로 생각했습니다. '드디어 해냈어… 그건 재능이 뛰어나서가 아니라 인내하며 탁월함을 추구한 덕분이야.' 한번은 나의 코치가 부모님 앞에서 나에 대하여 다음과 같이 말했습니다. "이 젊은이는 믿을 만합니다. 우리는 그에게 무엇이든 요구할 수 있습니다. 그의 능력 이상의 것까지 말입니다. 그러나 의심할 여지없이 그는 해냅니다!" 고맙습니다, 피터!

말할 필요도 없이, 피터 도킨스에게서 보고 나도 가

지기를 열망한 가치관은 내 생애에 계속 영향을 미쳤으며, 도전에 직면하였을 때의 나의 접근 방식에도 영향을 미쳤습니다. 최근에 육군 미식축구팀 창단 100주년 기념식을 맞이하여 수백 명의 졸업생과 미식축구 선수들이 이를 축하하기 위하여 모인 적이 있습니다. 피터도 참석하였으며, 당연히 관심의 초점이 되었습니다. 그는 여전히 인내하며 자신의 삶의 수준을 탁월하게 유지하는 일을 지속하고 있었습니다(나는 그의 경력을 계속 관찰해 왔습니다). 그는 서명을 받으려는 사람들과 옛 친구들에 둘러싸여 있었기 때문에 그의 시간을 조금도 얻을 수 없을 것 같았습니다. 그러나 나는 조용히 그에게 다가가서 어깨를 두드렸습니다. 그리고는 "피터, 고맙습니다. 당신은 정말 큰 일을 하셨습니다!"라고 말했습니다. 그는 웃으며 고개를 끄덕였지만 내 말 속에 담긴 모든 뜻을 다 깨닫지는 못했을 것입니다. 언젠가는 그에게 꼭 말해 주어야겠습니다.

* * *

이 예화에서 피터 도킨스는 피인도자인 내게 끼친 영향력에 대해서는 전혀 알고 있지 못합니다. 우리는 직접적인 관계도 없었습니다. 있다면 내 쪽에서만 일방적으로 나간 간접적인 관계만 있었을 뿐입니다. 나는 그가 유명해서가 아니라 비슷한 가치관, 공통된 경험과 동일한 목표 추구의 면에서 매력을 느꼈습니다. 강도 높은 정기적 인도에서처럼 회계 책임에 대한 약속도 없었지만, 나는 피터에게 적극적 반응을 보이며 내가 관찰한 것을 실행하여 능력 부여를 경험했습니다.

모본은 실제적인 영역에서도 당신에게 영향을 줄 수 있습니다. 그리고 어떤 경우에 있어서는 피인도자가 인도자의 영향력을 다 깨닫지 못할 때도 있습니다. 이를 무의식적 인도라고 부릅니다. 모본은 단지 함께하며 같이 일하는 것을 통해서도 피인도자에게 태도와 가치관을 심어 줄 수 있습니다. 돈에 대한 태도나 다른 사람들에 대한 태도와 같은 것은 부모가 말로 가르치기 훨씬 이전에 이미 부모의 태도를 아이가 본받고 있는 것을 볼 수 있습니다. 또한 당신이 나름대로의 이유를 가지고 존경하는 사람들의 장점이나 습관들을 자기도 모르는 사이에 닮고 있다는 사실을 발견할 수 있을 것입니다. 분명 의도적으로 이를 배운 것은 아닐 것입니다. 여기서 우리가 권면하는 바는 모본을 통하여 스스로 인도를 받는 면에 더욱 깨어 열심을 내라는 것입니다. 비록 모본이 되는 사람이 이를 알고 있지 못한다 할지라도 적극적이어야 합니다.

* * *

함께하며 본을 보임

토드는 전도라는 말만 나오면 자신이 없었습니다. 그러나 버드는 자연스럽게 전도할 줄 아는 것 같았습니다. 어느 날 토드와 버드는 주위의 잃어버린 사람들에 관해 대화를 하게 되었습니다. 토드는 크게 자극을 받았습니다. 버드가 다른 사람에게 접근할 때 의무감을 가지고 나아가지 않고 단순한 마음으로 나아가 상대방에게 맞추어 주고, 그의 이러한 관심 표명이 결국은 어떤 일을 함께하는 것으로 나타난다는 것을 알고는 매우 놀라워

했습니다. 토드와는 달리 버드는 대부분의 시간을 불신자들과 함께 보내며 그들이 접근하기 쉬운 상태로 있었습니다. 버드는 토드 부부를 다음 토요일에 있는, 동네의 믿지 않는 사람들과의 바베큐 파티에 참석하도록 초청했습니다. "자네가 그들을 만나 봤으면 좋겠네.… 그들은 내 친구들이야."

버드가 바베큐 파티에서 초청한 사람들과 어떻게 관계를 맺는지를 보는 것만으로도 토드에게는 큰 경험이 되었습니다. 그들은 버드와 함께 있기를 즐겼으며, 버드는 이웃 사람들을 실제적으로 사랑하기 위하여 수고를 했습니다.

그날 밤 돌아와서 토드는 전도에 대하여 전혀 새로운 생각을 하게 되었으며, 새로움과 해방감을 누리게 되었습니다. 그는 버드에게 계속 질문을 했으며, 얼마 가지 않아서 이웃 사람들과 관계를 맺으며 자연스럽게 사랑하려는 시도를 하기 시작했습니다.

버드와 토드는 친구가 되었고, 각자의 친구들을 위하여 함께 기도하였습니다. 버드는 토드가 그를 의지하려 할 때마다 철저히 차단하였습니다. 다만 그는 본을 통하여 여러 가지로 토드를 돕고 가르쳐 주었습니다. 버드에게 있어서, 토드는 그들 주위에 있는 잃어버린 사람들에게 나아가는 모험에 함께하는 사람일 뿐이었습니다. 그러나 토드에게는, 그 동안 참석해 본 전도 세미나나 읽어 본 여러 책에서 받을 수 없었던 도움을, 실제로 그것을 하고 있는 사람을 "직접 가까이서 개인적으로" 봄으로써 얻는 귀한 기회였습니다.

* * *

당신의 삶에서도 개발하고자 하는 영역이 분명히 있을 것입니다. 하지만 그 영역의 개발을 위해서는 누군가 그것을 하고 있는 사람 옆에 있어야만 합니다. 부엌에서 일어나는 일을 배우는 것에서부터 시작하여 가족 경건의 시간을 배우는 것까지 무엇이던 간에, 그것을 실제로 행하고 있는 사람을 찾아, 본을 받으려는 시도를 하고, 그들 주위에 함께 있으라는 권면을 하고 싶습니다. 이것이 효과적이 되기 위해서는 이에 필요한 요소들을 당신 편에서 적극적으로 보여야 합니다.

모본을 통한 인도는 일반적으로 수동적입니다. 이제 중요한 예외를 소개할 차례가 된 것 같습니다. 지금까지 우리는 인도에서 주도권을 쥐는 것이나 본을 따라 하는 것이 피인도자에게서 나오는 것으로 설명해 왔습니다. 피인도자가 매력과 적극적 반응과 회계 책임을 보이는 것입니다. 그러나 성숙한 그리스도의 제자가 본의 중요성을 알고, 완전하지는 않지만 몇몇 영역에서 모본이 되는 경우도 있습니다. 이러한 경우에는, 인도자들이 주도권을 쥐고 피인도자를 초청하여 적극적으로 관계를 맺으며, 자기의 행동을 관찰할 수 있는 기회를 줍니다. 사도행전 16:1-3에서 바울이 디모데에게 자기와 선교 여행을 같이 하자고 초청한 것이나, 마가복음 3:14에서 예수님께서 "자기와 함께 있게" 하시려고 열두 제자를 택한 것을 깊이 묵상해 보십시오.

"모본"과 "함께함"은 지도자 개발 방법 중에서 가장 효과적이라 할 수 있습니다. 인도자는 언제나 모든 영역에서 모본이 될 수는 없습니다. 그런 경우에는 피인도자의 개발 과정에 필요한 또 다른 모본을 소개시켜 줄 수 있습니다. 여기서의 핵심은 모본을 통한 인도는 언제나 피인도자가 주도하는 것은 아니라는 점입니다. 우리[폴과 로버트]는 모두 각자의 선교 여행이나 사역에 지도자로 성장하고 있는 이들을 참여시켜 우리와 함께 있게 했습니다. 그들은 우리가 염두에 두는 것과는 다른 것을 배우기도 하지만, 이것이 함께하는 것의 유익이 되기도 합니다. 성령께서 함께하셔서 피인도자의 "참 필요"를 채워 주실 것입니다. 또한, 서로 교류함을 통해 인도자 자신도 평가를 통해 배울 수 있는 기회가 생기기도 합니다. 그리고 이를 통해 상호 관계가 더욱 발전합니다.

또한, 7장에서 언급한 교사 인도자의 경우, 인도자가 피인도자에게 모본이 되어 준다면 배움의 기회는 더욱 효과가 증대될 수 있습니다.

* * *

가르치고 본을 보임

목회자인 톰은 비범한 사람이었습니다. 성경을 가르치는 것 이상의 일을 하고 있었습니다. 그는 사람들이 직접 사역을 함으로써 사역을 배울 수 있다고 믿었습니다. 나아가 그는 사람들이 사역에 참여하도록 이끄는 방법도 알고 있었습니다. 그는 몇 명의 떠오르는 지도자들과 함께 그의 집에서 성경공부를 하면서 말씀도 가르치고 지도력에 대하여도 나누었습니다. 그는 또 그들이 다른 성경 교사들의 가르침도 받아 보는 것이 효과적이라고 믿었습니다. 이를 통해 그들이 더욱 잘 성장할 수 있다고 생각했습니다. 그래서 그는 유명한 성경

교사들을 자주 초청하여 가르치게 하였습니다.

톰과 함께 있거나 함께 일을 하는 것만으로도 누구에게나 개발의 경험을 쌓을 수 있는 좋은 기회가 되었습니다. 그러나 데일은 그 이상을 원하였습니다. 데일의 마음 깊은 곳에서는 톰처럼 다른 사람들의 삶에 영향을 미쳐 그들로 하여금 더 높은 수준으로 사역을 하며 지도력을 발휘하도록 돕는 사람이 되고 싶었습니다. 톰이 젊은 지도자들을 대상으로 폭넓게 제공하고 있는 것 이상을 얻기 위해 데일은 항상 준비된 상태에서 톰과 더 많은 시간을 함께하기 위해 노력했습니다. 데일은 또한 톰이 어떤 열정과 가치관을 가졌기에 그러한 삶을 사는지 발견하여 자기의 삶에 적용하기로 결심했습니다.

톰이 인도하는 성경공부 모임에 참석하며, 함께 여행하고, 함께 기도하는 일 등을 통하여 평생 동안 지속될 수 있는 도전을 받게 되었습니다. 톰은 열정적으로 배우며, 항상 성경에 대하여 더욱 많이 알아 가려고 했습니다. 이것이 그의 평생의 목표였습니다. 그는 성경의 진리들을 읽고, 연구하며, 다른 사람들과 나누었습니다. 그 주위에 있는 사람이라면 누구든지 그의 열정을 보고서는 이내 그 모임에 참여했습니다. 톰은 사람들이 성경에 몰입하기 시작하면 분명 성경을 사랑할 것이라고 믿었으며, 이를 통해 각자의 삶이 변화되며 능력 있는 삶으로 바뀔 것이라고 믿었습니다.

데일은 함께하면서 성경을 공부하는 법과 성경공부 그룹을 인도하는 법을 자연스럽게 배우게 되었습니다. 그는 "평범하게" 보이는 성도들이 사역에 함께하게 되고, 톰의 사랑과 확신에 찬 "권고"를 통해 활력 있는 삶으로 변화하는 것을 지켜보았습니다. 제자를 삼으려는 데일의 열정은 한때 일격을 받았습니다. 데일이 자기가 돕던 사람들에게 도전을 해보았지만 기대한 것과 같은 방식으로 반응을 보이지 않았기 때문입니다. 톰은 아버지와 같이 데일에게 권면을 해주었습니다. "한 명만 반응을 보이더라도 그 한 사람이 바로 당신에게 필요한 전부입니다." 데일은 더 배우기를 원하는 "한 사람"에게 초점을 맞추기로 하였습니다.

그러나 데일은 톰의 대인 관계 방식에 단점이 있는 것을 보고 또 다른 교훈을 배웠습니다. 톰은 관계를 맺는 초기부터 "한 사람"을 열정적으로 찾았습니다. 그러나 그는 그 사람들을 몇 달간만 집중하다가 그 후에는 다른 사람들에게로 향했습니다. 이로 말미암아 사람들의 기대 수준이 높아지다가는 도와주는 사람이 없어졌기 때문에 갑자기 허공에 붕 떠버렸습니다. 데일은 이러한 경향을 역전시켰습니다. 그는 기대치를 명확히 하였으며, 점점 수준을 높여 갔습니다. 그리고는 지속적으로 이에 헌신하였습니다.

* * *

데일은 톰과 함께했던 몇 년 동안을 돌아보면서 톰의 열정과 습관 및 방식들이 자기의 사역과 삶에 상당히 많이 접목된 것을 발견하고는 놀랐습니다. 그는 영원토록 감사할 것입니다.

동시대 모본은 세 가지 중요한 역할을 합니다. 가치관을 심어 주며, 역할에 따른 본을 보여 주고, 또한 어떻게 헌신적인 삶을 사는지를 보여 줍니다. 더 나아가 피인도자의 능력에 따라서 동시대 모본은 다른 여섯 가지 인도 형태의 몇몇 기능들을 할 수 있습니다. 동시대 모본은 직접적인 관계를 통해 곧바로 피인도자에게 도전을 하지는 않지만, 본을 보임으로써 간접적으로 도전과 영향을 줄 수 있습니다. 그러나 만약 피인도자가 모본에 대하여 적극적인 반응을 보이며 받아들인다면 동일한 결과를 낳을 수 있습니다.

지속적으로 동일한 가치관을 유지하며 살아가는 사람의 삶은 언제나 새롭고 신선한 도전을 주는 능력이 있습니다. 자기에게 시선이 집중되지 않도록 하면서도 지속적으로 자기가 확신한 바대로 살아가는 사람을 보는 것은 그 자체로 도전이 됩니다. 그러한 본을 보이는 사람을 만나는 것은 정말 큰 은혜입니다. 적극적으로 이런 기회를 만들고 가까이해야 합니다.

* * *

조용한 본

아시아의 한 사업가는 방황 끝에 하나님께서 예비하신 일련의 사건을 경험한 후에 예수님을 믿게 되었습니다. 왕 선생은 냉소적인 태도를 가졌기 때문에 믿음을 가지기까지 많은 과정이 필요했습니다. 또한 이러한 태도 때문에 서구의 여러 선교사가 그의 영적 성장을 도우려고 시도했지만 제대로 도움을 받을 수 없었습니다.

그러나 옆 건물의 자그마한 방에 한 서구인이 살고 있었는데, 가구도 단촐하게 갖추고 있었습니다. 왕 선생은 자기 사무실의 창문을 통하여 그 방을 내려다볼 수 있었습니다. 그는 그 서구인의 생활 방식을 관찰하였습니다. 창문을 통해서 은밀하게 볼 때도 있었고, 바깥에서 여러 사람들 속에 묻혀 있는 그를 관찰할 때도 있었습니다. 그는 자기가 먹을 것이 거의 없음에도 다른 사람에게 후히 주는 넓은 마음을 가지고 있었습니다. 또한 자주 무릎을 꿇고 하나님께 기도하며 여러 시간을 보내는 것을 보았습니다. 날마다 믿음으로 사는 삶이었습니다. 왕 선생은 그의 순수한 믿음을 보았습니다.

결국 두 사람 사이에는 제자삼는 관계가 이루어졌습니다. 그러나 그 선교사가 삶에서 이미 그리스도를 드러내는 삶을 살았기 때문에 영향력은 벌써부터 미치고 있었습니다. 오늘날 왕 선생은 세계적인 규모의 사역을 하고 있습니다. 그가 비록 그 서구 선교사로부터 제자의 삶에 대하여 많은 것을 배웠다고 말하지만, 40년이 지난 후에 그가 자주 기억하는 것은 최초에 창문을 통하여 관찰했던 것들이었습니다.

* * *

> 동시대 모본이란 현존 인물로서, 삶과 사역의 본을 통해 간접적으로 다른 사람에게 기술이나 삶의 원리, 가치관 등을 전수함으로 능력을 부여해 주는 사람이다.

간접적으로 이루어지는 이 인도 관계에서 능력 부여의 핵심은 가치관을 삶으로 보여 주는 것입니다. 그리하여 피인도자가 그 가치관을 따라 살도록 도전하는 것입니다. 대개 인도자와 피인도자가 서로 의도적으로 관계를 개발하고자 할 때에는 별로 시간이 걸리지 않습니다. 피인도자는 인도자의 행동을 직접 관찰하면서 새로운 생각이나 가치관, 기술을 받아들이게 되며, 적어도 인도자를 닮고자 하는 마음을 가지게 됩니다. 인도자는 가치관들을 삶으로 보여 줄 뿐 아니라, 지속적으로 본을 보이는 삶을 삶으로써 이 가치관대로 살도록 동기를 부여합니다. 구드윈의 '기대치 원리'가 능력 부여의 중요한 수단이 됩니다. 그것은 사회 현상을 역학적으로 설명한 것으로, "잠재력이 있는 지도자는 자기가 존경하는 지도자가 진심으로 원하는 기대치까지 성장하는 경향이 있다"는 것입니다. 즉, 인도자가 더 많은 것을 기대할수록 피인도자의 삶은 더 높은 수준으로 성장한다는 말입니다.

이와 같은 간접적 관계를 통한 인도는 피인도자가 그 관계에서 주로 사용되는 영향력의 통로를 잘 이해할 때 효과적으로 능력 부여가 이루어질 수 있습니다. 동시대 모본에서 인도자는 주로 세 가지 역할을 하며, 여기에는 피인도자의 적극적 반응이 꼭 필요합니다. 표 9-1에는 인도의 효과를 증진시킬 수 있는 방안이 제시되어 있습니다.

표 9-1. 동시대 모본을 통한 인도 효과의 증진

인도자의 역할	피인도자의 할 일
1. 가치관대로 삶	가. 본을 통해 전달되는 가치관의 영향력을 느낀다. 나. 가치관을 동일시하고, 본받을 만한 것을 선별한다. 다. 가능하면, 무엇 때문에 인도자가 그러한 가치관을 따라 살게 되었는지를 알아본다. 라. 하나님 앞에서 이러한 가치관을 가지기로 결심하며, 이 가치관을 따라 살기 위해 하나님을 의뢰한다.

2. 이 가치관대로 살 수 있음을 삶을 통해 입증함		"하나님의 말씀을 너희에게 이르고 너희를 인도하던 자들을 생각하며 저희 행실의 종말을 주의하여 보고 저희 믿음을 본받으라. 예수 그리스도는 어제나 오늘이나 영원토록 동일하시니라"(히브리서 13:7-8).
	가.	히브리서 13:7-8에 나오는, 지도자와 연관된 명령을 개인적으로 순종하기로 결심하여, 자신의 영적 지도자를 본받는다.
	나.	히브리서 13:7-8에 나오는 약속을 믿는다. 예수 그리스도께서 동일한 지도력을 오늘날에도 당신에게 주실 것을 믿는다.
	다.	하나님께서 이 과정에 함께하시며, 이 모본을 당신에게 개인적으로 사용하고 계심을 믿는다.
3. 본을 통해 동기를 부여함	가.	다양한 상황을 통해 인도자의 삶을 관찰하기 위하여 가능한 한 많은 시간을 인도자와 함께 보내면서 함께 사역을 하고 관계를 증진하는 기회를 가진다.
	나.	당신의 본분을 기억하라. 즉 긍정적인 면을 관찰하여 삶에서 본받는 것이다. 어떤 동시대 모본도 완벽하지 않다. 당신의 모본에 단점이 있다고 해서 장점을 놓쳐서는 안 된다. 종종 새로이 성장하는 지도자는 자기가 존경하는 사람의 단점을 보고 마음이 상할 수 있다.

제 10 장

수동적 인도 : 역사적 모본

❖

역사적 모본은 아직 개발되지 않은 금광과도 같습니다. 역사적 모본의 역할은 본질적으로 동시대 모본과 같습니다. 그러나 생생한 삶의 모습을 통해서가 아니라 책을 통해서 이루어진다는 데에 차이점이 있습니다

> 역사적 모본이란 현재는 작고하였지만 그의 삶과 사역이 기록된 자서전이나 전기를 통하여 다른 사람에게 가치관과 삶의 원리와 기술 등을 전수함으로써 능력을 부여해 주는 사람이다.

* * *

수세기에 걸친 인도

역사적 모본은 그들의 전기나 자서전을 통하여 우리를

인도할 수 있는 사람을 말합니다. 내[폴]는 수많은 역사적 인물을 통해 배웠습니다. 자주 읽었습니다. 처음 한 번 읽고 나서 몇 가지 가치관들을 배웠습니다. 그러나 다시 읽으면서 다른 가치관들과 통찰력을 배울 수 있었습니다.

예를 들어, 나는 조지 뮐러라는 역사적 인물을 통해 도움을 받았습니다. 나는 매년 적어도 한 번은 그에 관한 책을 읽기로 목표를 세웠습니다. 비록 이 목표대로 되지 못할 때도 있지만 나는 당신에게 내가 읽고 있는 조지 뮐러 전기를 보여 주고 싶습니다. 곳곳에 밑줄이 그어져 있습니다. 새로이 읽을 때마다 추가로 여백에 기록합니다. 기록된 내용은 가치관, 원리, 상황에 대한 통찰력, 그리고 현재 나의 상황에 필요한 실제적 지침 등입니다. 조지 뮐러는 100년 훨씬 이전 사람입니다. 그러나 그의 전기를 읽을 때마다 헌신된 그의 삶과 여러 결정들을 통하여 도움을 얻고 있습니다.

사역을 시작하던 즈음에 뮐러는 자기의 재정적 필요에 대하여 아무에게도 알리지 않고 오직 하나님께만 구함으로 하나님만을 의뢰하는 삶을 살기로 했습니다. 그는 교회 문 앞에 나무 상자를 하나 두고 교인들의 헌금이나 작은 선물을 넣도록 했지만 의도적으로 이 상자를 부각시키지는 않았습니다. 때론 수주 동안 빈 상자였다가 가까스로 그와 아내의 필요를 채울 만큼만 받은 경우도 있었습니다.

그들은 자기들의 특별한 필요를 조용하게 그리고 꾸준하게 하나님께 구하였습니다. 이런 기도 후에 나무 상자에 가보면 큰 선물이 들어와 있는 경우가 있었으며 종종 또 다른 필요를 위해서 꼭 써달라는 부탁이 담긴 메모가 함께 있었습니다. 어떤 때에는 다른 사람들에게 자기들의 필요를 알리고 싶은 생각이 들어 수주 동안 갈등하기도 했지만 무릎을 꿇고 기도함으로써 지속적으로 하나님을 의뢰하며 잠잠히 기다릴 수 있는 힘을 얻었습니다. 하나님께서는 그들의 믿음을 귀히 여기시며 지속적으로 필요를 공급하여 주셨고, 기적적인 방법으로 채우실 때도 많았습니다. 이와 같은 삶을 통하여 그들은 앞으로 감당할 더 큰 일을 위한 믿음의 기초를 쌓게 되었습니다.

나의 삶에서도 하나님의 공급하심만을 단순하게 의뢰해야 하는 경우가 많이 있었습니다. 최근에 경제적 공급이 시급하게 필요한 상황이 있었는데, 나는 하나님을 기다리기보다는 내 나름대로의 방법으로 그 필요를 채울 여러 가지 방안을 생각하고 있었습니다. 뮐러가 갈등하면서도 믿음을 지킨 부분을 다시 읽고 나서 그의 삶을 통하여 도움을 얻었습니다. 나는 그의 교회의 빈 나무 상자를 그려 보았습니다. 그가 가까스로 살았던 수개월을 생각해 보았습니다. 그는 사람들이 목적을 가지고 헌금한 것을 성실하게 원래의 목적대로 썼습니다. 나는 계속 하나님을 의뢰하고 기다리며 기대할 동기력을 부여받았습니다. 조지 뮐러는 나와 함께 동행하며 나를 인도해 주었습니다.

나는 또한 조지 뮐러의 의사 결정 방법에 큰 감명을 받았습니다. 그는 원칙대로 행하였습니다. 그는 하나님께 충분히 기도하고 하나님의 뜻을 분별하기 전까지는 어떠한 결정도 내리지 않았습니다. 나도 이 원칙을 따르고 싶었습니다. 오늘날에도 주요한 결정을 내릴 때면 나는 조지 뮐러의 원칙을 따릅니다. 이제는 거의 습관이 되었습니다.

* * *

조지 뮐러는 1세기 이상의 시간차에도 불구하고 여러 영역에서 내게 많은 도움을 주었습니다. 이를테면, 믿음과 믿음의 시련에 대하여 많은 교훈을 배웠고, 어떤 일을 결정할 때 기도하며 하나님을 바라고 기다리는 것이 중요함을 배우기도 하였습니다. 나는 배운 교훈을 삶에서 실천하였습니다. 또한 필요할 때마다 그의 전기를 읽음으로써 이러한 인도는 계속되고 있습니다.

역사적 모본에서 찾아 볼 수 있는 중요한 특징이 있다면 지속적으로 언제든지 배울 수 있다는 점입니다. 역사적 모본은 지속적으로 동기를 부여하고, 확신을 심어 주며, 새로운 상황이 닥치면 그들의 교훈을 적용하도록 도전합니다.

* * *

구름같이 둘러싼 허다한 증인들

내[로버트]가 읽은 전기 중에서 8명의 역사적 인물이 지속적으로 내게 자원을 공급하고 있습니다. 8명은 모두 성공적으로 생을 마쳤습니다. 이는 지도자들 중에서는 보기 드문 것입니다.

나는 그들의 전기를 여러 번 읽었습니다. 읽을 때마

다 그들의 삶을 다른 각도에서 비추어 보려고 했습니다. 읽은 책마다 모두 밑줄을 긋고 메모를 많이 했습니다. 읽을 때마다 나는 새로운 통찰력을 얻곤 했습니다. 나이가 들어가고 개인의 삶과 사역에서 다양한 경험을 하면서 이전에는 발견하지 못했던 새로운 것을 전기를 통해 발견하게 됩니다. 경험을 통해 이 역사적 인물들을 좀더 큰 전망 가운데 비추어 볼 줄 알게 되었습니다. 새로운 질문과 목적을 가지고 다시 읽으면 현재 처한 상황 때문에 나는 새로운 것을 볼 수 있게 됩니다. 현재 상황에 필요한 새로운 통찰력을 얻게 되는 것입니다.

다음 표에는 내게 도움을 준 8명의 역사적 인물이 소개되어 있는데, 처음 읽게 된 대강의 시기와 처음 읽었을 때 도움이 되었던 것들을 기록하고 있습니다.

여러 차례 읽으면서 다른 귀중한 교훈들도 나의 것이 되었습니다. 테일러는 더욱 깊이 있는 영적 생활을 추구하였는데 내게도 그런 경험이 필요하다는 생각이 들었습니다. 프레이저의 기도의 삶을 통해 나는 기도가 어떻게 진행되는지를 알 수 있었습니다 – 주님께서는 내게 구하고자 하는 마음을 주시고, 나는 구하고 받고 하나님을 찬양하게 됩니다. 특히 나는 하나님께서 하나님을 믿는 한 사람을 인도하여 믿음의 위기를 겪게 하고 마침내는 응답을 누리도록 하시는 것을 보았습니다. 그는 또한 나의 사역을 지원하는 중보 기도자들이 꼭 필요하다는 것을 보여 주었습니다. 카마이클과 니의 예를 통해 나는 하나님께서 홀로 떨어져 있는 환경을 사용하여 내적 삶을 계발하시는 것을 볼 수 있었습니다.

이 심오한 경험에 대해 그들은 올바로 반응을 하였기에 하나님과 더욱 가까워졌고 영적으로 깊게 성장하였는데, 이로 말미암아 그들은 사역에서 권위를 인정받게 되었습니다. 엘리어트의 일기를 통해서는 주님과의 관계에서 투명하게 자신을 드러내는 것이 중요함을 배웠습니다. 고포스와 브렝글은 삶의 세 가지 영역에서 성공한 좋은 본을 보여 주었습니다: 배우는 태도를 지속함, 하나님과의 생동감 넘치는 개인 교제, 영적 유산을 남김. 이 외에도 계속 나열할 수 있습니다.

이 인도자들은 오늘날에도 나와 함께하면서 내가 여러 상황에 부딪힐 때마다 그들의 교훈을 나의 삶에 적용할 수 있도록 속삭여 주고 있습니다. 그들의 전기를 시간을 들여 기록해 준 사람들에게 감사를 표합니다.

표 10-1. 역사적 모본의 예

연도	인도자	중요한 교훈
1964	테일러	비전, 사역을 하면서 그리고 사역을 위하여 하나님을 의뢰함
1965	프레이저	사역을 변화시킨 효과적인 기도 생활
1966	고포스	일생 동안 하나님의 말씀에 정통하려고 노력함
1966	엘리어트	하나님과의 교제와 순결한 마음을 위한 열심, 그리고 하나님께 쓰임받기를 열망하는 마음
1967	카마이클	하나님과의 친밀한 동행, 깊이 있는 삶의 본
1969	저드슨	인내로 과업을 완수함
1975	니	하나님의 말씀에 잠김, 영적 권위에 대한 교훈
1989	브렝글	영성(靈性), 끝까지 성공적으로 잘 마침

이 예에서는 지속적으로 반복하여 읽은 것만 소개하고 있습니다. 그 외의 수많은 역사적 인물들이 있었는데 어떤 한 시점에서 도움을 주었을 뿐 재차 읽지 않은 것은 여기에 싣지 않았습니다. 여기에 소개된 것은 내게 지속적으로 가치 있는 영향을 준 좀더 강력한 예들입니다. 이 예에서 대부분의 사람들이 5년이란 기간에 집중되어 나타난 것을 주목하십시오. 이 시기는 내가 리더십으로 성장하고 있던 때였습니다. 학습 곡선이 급상승하고 있었던 인상적인 시기였습니다. 그 이후에 내가 읽었던 책은 그때 그때의 필요와 연관한 것들이었습니다. 내가 영적 권위에 대하여 배우는 중요한 갈등기에 니의 삶이 도움이 되었습니다. 브렝글은 리더십을 개발하는 것과 더불어 삶을 성공적으로 마치려는 열망이 고조되었을 때 내게 도움을 주었습니다.

사람들은 종종 "지금까지 나를 인도해 준 사람은 한 명도 없습니다"라고 말합니다. 이런 말 속에는 동시대 모본과 역사적 모본을 통한 유익을 언제나 얻을 수 있다는 사실을 그들이 모른다는 의미가 담겨 있습니다. 그들은 대리(代理) 경험을 통해 배울 수 있음을 알아야 합니다. 이제 성경에 나오는 역사적 모본을 통하여 인도를 받은 한 사람의 경험과 조언을 소개함으로써 이 장을 마치려 합니다.

* * *

한 경건한 노인의 조언

새뮤얼 브렝글은 인생의 말엽에 이 내용을 기록하였습니다. 52세에 아내와 사별한 후 그는 21년 동안 독신으로 지냈습니다. 브렝글의 말을 들어보십시오.

"나는 외로운 사람입니다. 그럼에도 나는 외롭지 않습니다. 나는 성경을 통해 수많은 선지자, 제사장, 그리고 왕들과 함께 살아갑니다. 또한 수많은 사도, 성도, 순교자, 그리고 예수님과 함께 동행하며 함께 교제합니다. 나의 시선은 영광 중에 계신 하나님과 저 멀리 뵈는 하늘나라에 고정되어 있습니다.… 매일 대하는 성경을 통해 나는 이사야, 예레미야, 에스겔, 호세아, 미가, 말라기, 그리고 그 외 많은 위대한 선지자들의 삶 속으로 들어갑니다. 나는 그들과 함께 옛날 예루살렘과 사마리아와 애굽과 바벨론으로 돌아가 감동과 격동과 풍성함이 가득 찬 삶을 다시 누립니다. 이 선지자들은 나의 오랜 친구들입니다.… 그들은 수없이 나를 축복하였습니다. 의를 추구하는 불타는 열심, 인색함과 교만과 세상적인 것과 위선적인 삶에 대한 경고, 살아 계신 하나님께 대한 열심, 하나님을 잊고 마치 하나님께서 계시지 않은 것처럼 살아가는 사람들에 대한 두려움, 그들이 인도하는 사람들의 장래에 대한 염려, 죄를 배격하고 이전에 걸었던 올바른 길로 돌아오라는 외침을 통해 내 마음이 불타올랐던 것입니다."

* * *

이것이 바로 역사적 모본에 의한 인도의 핵심입니다. 우리에게는 영웅이 필요합니다! 많은 신문과 잡지들이 이구동성으로 오늘날의 젊은이들이 따를 만한 진정한 "영웅"이 없다고들 이야기합니다. 대중 매체들이 사람들의 사생활을 샅샅이 파고들어 보도를 해대는 까닭에, 현시대의 영웅들(역사적 영웅들까지도)

은 그들의 인격상의 결함들이 드러남에 따라 영웅으로서의 이미지를 유지하기가 어렵게 되었습니다.

모본을 통한 인도자가 되기를 의도적으로 선택하는 사람은 아무도 없습니다. 하지만 우리 모두는 이미 모본이 되고 있으며, 사람들은 우리를 관찰하고 있습니다. 모본에게 있어서 중요한 열쇠는 성실성입니다. 즉 그들의 삶이 그들이 말하고 있는 가치관과 원리들을 반영하고 있느냐 하는 것입니다. 그것은 그들이 자신들이 제시한 표준에 미치느냐 미치지 않느냐의 문제가 아니라, 그들의 삶에서 겪는 실패에 어떻게 반응하느냐 하는 것입니다. 우리는 모본이 될 사람으로 완전한 사람을 찾고 있지 않습니다. 우리는 계속 진보를 보이고 있는 사람을 찾고 있습니다.

요약

당신을 인도해 줄 사람을 발견할 수 없다고 실망할 필요는 없습니다. 주위에 있는 성숙한 그리스도인의 삶을 관찰하여 본받음으로써 인도를 받을 수 있기 때문입니다. 동시대 모본은 우리가 본받을 만한 가치관들을 삶으로 보여 줍니다. 처음에는 그들의 삶을 본받아 따라 하게 되는데, 그러다 보면 나중에는 자기 것이 됩니다. 만약 동시대 모본을 찾기 어렵다고 느낀다면 지나간 세대 사람들의 전기를 통해 배울 수 있습니다. 바로 역사적 모본입니다. 두 가지 모두 도전과 동기력을 부여해 주며, 그들의 본을 통해 유익한 도움을 실제로 얻을 수 있다는 희망을 줍니다.

이 수동적 형태의 인도자들은 다른 인도자와 동일한 관계를 제공하여 주지는 못하지만, 필요한 때면 언제든지 도움을 얻을 수 있다는 면에서 보면 무한한 가치가 있는 자원입니다.

추가 연구(9-10장)

1. 당신의 삶에 모본이 된 사람은 누구입니까(동시대 인물과 역사적 인물 모두)? 왜 그렇습니까? 당신이 오늘날과 같이 변화하는 데에 그들은 어떻게 영향을 끼쳤습니까?

2. 다른 사람이 당신의 본을 따르고자 한다면, 그들이 당신의 삶에서 꼭 보았으면 하는 것은 무엇입니까?

3. 성숙한 그리스도인에게 그들이 읽은 전기 중에서 가장 중요한 다섯 가지가 무엇이며, 아울러 그들이 배운 중요한 교훈이 무엇인지 말해 달라고 하십시오. 당신이 전기를 선택하는 데 도움이 될 것입니다. (그러나 다른 사람에게 의미가 있었다고 당신에게도 의미가 있는 것은 아닐 수도 있습니다. 다른 사람에게는 굉장한 책인데 당신에게는 별로 유익이 없다고 해서 실망하지는 마십시오. 어떤 책이 주목을 끄는 데는 복잡한 여러 요인이 작용하고 있기 때문입니다.)

4. 믿음의 선배들의 전기 목록을 살펴보고 당신이 알고 싶어하는 역사적 인물을 선택하여 읽기를 시작하십시오!

5. 복음서에 나타난 예수님의 생애를 살펴보십시오. 주님께서 가르치신 교훈을 삶에서 어떻게 본으로 보이셨는지를 찾아보십시오. 단순히 가르치기만 한 것이 아니라 삶을 통해 가르치신 것이 얼마나 능력 있는 것인지를 주목하십시오.

제 11 장
인도의 범위 : 성상 모형

❖

해마다 정치 세계에서는 수많은 지도자들이 도중 하차하는 일이 일어납니다. 정치적 견해 때문에 패배한 것이 아니라 도덕적 결함 때문에 추락하는 것입니다. 즉, 돈이나 권력을 남용하거나 성적인 면에서 부정하기 때문입니다. 그리스도인들은 그들의 영적 지도자들에게도 이러한 인간적 약점이 있다는 사실을 앎에도 불구하고 그들의 지도자가 이런 유혹에 넘어가면 계속 큰 충격 가운데 지냅니다.

지역 교회 목회자들은 섬기던 교회를 떠나야만 하고, 유명한 전도자들은 그들 자신의 삶이 무너진 채 그리스도의 이름을 욕되게 하며, 그리스도인 작가들은 자신들이 주제로 삼아 글로 쓴 영역에서 실패합니다. 세상은 이를 아주 고소해하며 바라보고, 그 다음 화제를 찾으려 애씁니다. 그리고 그리스도인들은 당황과 혼란에 빠집니다.

하나님의 왕국을 위하여 크게 쓰임받을 수 있는 자원들이 낭비되고 파괴되는 것을 보며 우리의 마음은 찢어질 것 같은 느낌을 받습니다. 하나의 행동으로도 이런 느낌을 여러 번 받습니다. 우리가 "영적 거인"이라고 생각했던 사람들에게서 이런 일이 일어나는 것을 본다면 이는 어느 누구에게나 일어날 수 있습니다. 바로 당신과 나도 결코 면역되지는 않았다는 것입니다.

  돈, 성(性), 권력 등을 잘못 사용하는 것이, 주목의 대상이 된 사람들에게 끼쳤던 해악만큼 우리의 삶이나 사역을 파괴시키지는 않겠지만 우리를 무능하거나 능력을 별로 발휘하지 못하는 지도자로 살게 만들 수는 있습니다. 1장에서 소개한 존의 경우를 기억해 보십시오. 그에게도 회계 책임에 대한 필요가 있었습니다. 그는 관계를 맺는 면에서 볼 때 "외딴섬"과 같았습니다. 그 상태에서도 사역을 할 수는 있었지만, 그러나 그의 사역은 계속 절름발이 상태가 되었습니다. 그가 만약 좀더 온전하였더라면 그의 사역이 얼마나 강력했을 것인가를 생각해 보면 비극이 아닐 수 없습니다. 그는 그럭저럭 사역을 마무리할 수 있겠지만 성공적으로 마치지는 못할 것입니다. 우리가 하나님을 섬긴 것이 "나무나 풀이나 짚"으로 한 것인지, 아니면 "금이나 은이나 보석"으로 한 것인지는 주님의 날이 되어야만 밝혀질 것입니다(고린도전서 3:12).

  어떤 보호책이 있습니까? 우리는 어떻게 우리 자신을 보호할 수 있겠습니까? 로널드 앨런 박사는 다음과 같이 말했습니다.

> 성(性), 돈, 그리고 권력은 그 자체로는 악이 아닙니다. 하나님께서 주시는 선물로서 우리의 즐거움과 하나님의 영광을 위하여 쓰라고 하나님께서 계획하신 것입니다. 그러나 부패하기도 쉬운 것이며, 동시에 심각한 파괴를 불러일으키는 것이기도 합니다.

지도자의 위치에 있는 사람들이 이러한 유혹에서 벗어나는 유일한 길은, 지도자가 아닌 사람들이 꼭 해야만 하는 것을 자기도 하고, 다른 사람들에게 자기의 행동에 대하여 책임을 질 줄 아는 것이라고 생각합니다. 지도자들이나 그들이 인도하는 사람들이나 모두 회계 책임을 지는 관계를 맺어야 합니다. 지도자든 그를 따르는 사람이든 모두 자기가 다른 사람들에게 요구하는 수준의 도덕적, 윤리적 기준을 따라야 할 필요가 있습니다.

해결책은 바로 회계 책임을 가진 관계입니다. 여기에서 우리는 인도의 중요한 일면을 봅니다.

> 지도자로 성장하고 있는 사람은 자신을 개발하고 삶과 사역에 대한 건전한 전망을 갖기 위해 여러 인도자, 동료, 지도자들과의 관계망(關係網)이 필요하다.

여러 수직적 관계 및 수평적 관계로 이루어진 네트웍 즉 관계망(關係網)은, 성장을 원하며, 능력 있게 사역을 이끌고, 나아가 성공적으로 마무리짓기 원하는 그리스도인에게는 선택 사항이 아닙니다. 이는 필수불가결한 것입니다! 지도자들에 대한 우리의 연구 결과, 거의 예외 없이 사역을 성공적으로 마친 사람들은 동기를 부여하고, 도전을 주고, 들어 주고, 박차를 가하고, 개발해 주고, 서로 회계 책임을 가진 관계로 이루어진 긴밀한 네트웍 즉 관계망이 있었다는 결론을 내릴 수 있었습니다. 성숙한 단계에 이르지 못하고, 사역도 성공리에 마치지 못한 사람들의 경우에는 이러한 관계망이 없거나 어느 시점에서 이 관계를 잘라 내었습니다. 우리는 개인적으로 우리 자신들을 위하여 관계망을 활성화시키고 이를 유지하며, 이렇게 하는 데에 어떠한 값이 들더라도 지속하기로 마음을 먹었습니다. 그리고 지금도 이 관계는 성장하며 계속 활기를 띠고 있습니다.

신약에서는 예수 그리스도를 제외하고는 가장 강력한 지도자라고 할 수 있는 바울에게도 이러한 관계망이 있음을 찾아볼 수 있습니다. 가말리엘과 바나바라는 인도자, 디모데, 디도, 그리고 그 외의 수많은 피인도자, 또한 "복음의 동역자"라고 불린 많은 상호 인도자가 있었습니다. 이 대부분의 관계에서 바울은 서로 책임을 지며 도전하는 것을 즐기며 성장하였습니다. "철이 철을 날카롭게" 하는 효과를 경험한 것입니다(잠언 27:17). 우리는 그의 관계망이 상당히 역동적이며, 상황에 따라 어떤 사람과는 더욱 가깝고 긴밀한 관계를 유지하고, 또 어떤 경우에는 다른 사람과 더 친밀한 관계를 누렸을 것이라고 짐작합니다. 그러나 그는 끝까지 이 관계망을 생생하게 유지하였습니다. 편지를 쓰고, 방문하고, 함께 사역하고, 같이 살면서 이를 유지하였습니다. 그는 그들 각자를 필요로 하였고, 그들도 바울을 필요로 하였습니다.

불행하게도 대부분의 지도자들은, 새로이 떠오르는 사람이건, 성장하고 있는 사람이건, 성숙한 사람이건 간에, 그들의 약점이 드러나거나 외로운 처지에 있다는 것이 드러나기 전까지는 이러한 관계망이 필요하다는 사실을 깨닫지 못합니다. 우리는 경기를 지기 전에 "호루라기를 불어" 성도들이나 지도자들로 하여금 이 긴박한 필요를 깨닫고 이를 위하여 무엇인가 시도하도록 해야 한다는 짐을 느끼고 있습니다.

* * *

보호를 위한 관계망

나는 아주 능력이 뛰어난 40세의 목회자 한 사람을 만났습니다. 그는 한창 성장하고 있는 교회의 담임 목회자로서 부목사도 두고 있었습니다. 하나님께서 그들 가운데 어떻게 역사하셨는지를 듣는 것은 참으로 흥미진진하였습니다. 그와 부목사가 그들의 일정과 여러 계획을 상의하는 동안 나의 "관계망 측정기"가 작동하기 시작하였습니다. "짐이 너무 과중! 그들의 삶을 이끌어 주는 사람이 있는지 점검 바람." 관계망 측정기의 결론이었습니다. 그래서 나는 몇 가지 질문을 하였습니다.

"여러분이 그리스도 안에서 성장하고 견고한 삶을 살도록 이끌어 주는 사람은 누구입니까?" 그들은 서로 물끄러미 바라보다가, "우리가 서로 해야 합니다"라고 담임 목사인 제시가 말했습니다. 그러나 제시가 그리스도와의 개인적인 교제를 어떻게 하고 있는지 우리가 함께 구체적으로 알아보았을 때, 부목사인 빌은 제시가 겪고 있는 어려움을 전혀 알고 있지 못하다는 사실이 명백해졌습니다. 그들의 일정은 모두 빡빡하였고, 성도들의 요구는 점점 커져 갔습니다. "제시 목사가 현재 세운 일정대로 활동한다면 어떤 일이 일어나겠습니까?"라고 빌에게 물었습니다. 그는 조금도 주저하지 않고 "파산하거나 아니면 겨우 생존할 수 있을 것입니다!"라고 말했으며, 다시금 둘은 염려를 표시하며 고개를 끄덕였습니다. "그런데, 이에 관하여 둘이 대화를 나누어 본 적이 있습니까?"라고 묻자 아무도 대답하지 않고 침묵이 흘렀습니다.

"누가 여러분의 삶에 자원(인도자)이 됩니까? 즉, 필요한 것을 개발할 수 있도록 돕고 정기적으로 여러분의 삶을 평가해 줄 수 있는 사람이 누구입니까?" 몇 명의 이름이 나왔지만 대부분 멀리 떨어져 있었고, 게다가 상당 기간 동안 만나 보지 못한 사람들이었습니다. "만약 내가 그 사람들에게 전화를 걸어 그들이 여러분에게 계속 관심을 가지고 여러분의 성장을 돕기 위하여 무엇을 하고 있느냐고 물으면 뭐라고 대답할까요?" 젊은 부목사가 "할 말이 별로 없을 겁니다"라고 대답했습니다.

"여러분들은 자기가 얼마나 격리되어 있는지를 깨닫고 있습니까? 인생에서 중요한 현단계에서 개발을 통한 자원의 재충전이 없는 상태가 여러분에게 얼마나 큰 약점인지 알고 있습니까?" 둘은 모두 자기들의 필요를 인정하였습니다. 우리는 이 상황을 어떻게 변화시킬 수 있는지에 대하여 몇 시간 동안 구체적으로 논의했습니다. 이 대화를 마치고 한 주 후 흥미 있는 일이 생겼습니다. 그 목사는 예배 도중 눈물을 흘렸는데, 심한 압박감 때문이었습니다. 이 압박에 대하여 알고 있는 사람도 있었지만 아무도 다가오지 않았고, 그들이 목사에게 어떤 부담을 주고 있는지 아는 사람도 없었습니다. 그는 이 일 이후로 관계망을 개발하는 것에 더욱 큰 우선순위를 두게 되었습니다.

* * *

우리가 성상(星狀) 모형이라고 부르는 것을 같이 살펴보도록 하겠습니다. 이 모형을 통하여 당신이 일생 동안 어떤 관계를 맺어야 할지에 대하여 알 수 있습니다. 우선 상향 인도가 있습니다. 이는 성숙한 그리스도인과 수직적인 인도 관계를 형성하는 것인데, 그는 당신이 필요한 자원과 경험을 전달해 줄 수 있는 사람입니다. 우리는 앞에서 이러한 형태의 인도에 대하여 살펴보았으며, 이것이 무엇인지에 대해서도 나누었습니다. 이 성상 모형에서는 또한 수평적 관계를 언급하고 있는데, 우리는 이를 동료 간의 "상호 인도"라고 부릅니다. 마지막으로 하향 인도가 있는데, 당신이 다른 그리스도인에게 인도자의 역할을 하는 것입니다. 당신에게는 모든 관계가 다 필요합니다. 그러나 이 관계들은 본래 역동적이며, 관계를 형성하고 유지하는 데에는 신중한 노력이 필요합니다. 이에 대하여 다음에 다루고자 합니다.

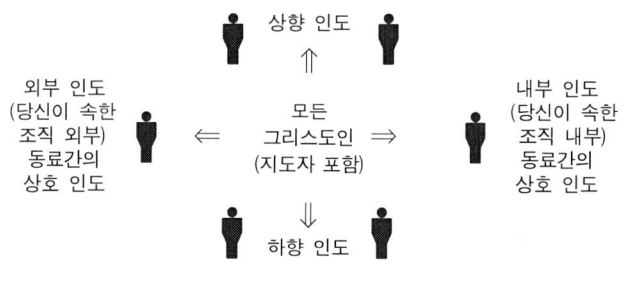

그림 11-1. 인도 관계의 성상 모형

각 인도 관계에는 각기 개발되는 영역이 있으며 각자가 져야 할 책임이 포함되어 있습니다. 저마다 도움을 주는 것이 있습니다. 다른 것에는 없는 독특한 역할도 포함되어 있습니다. 각각에 대하여 좀더 자세히 살펴봅시다.

상향 인도

모든 지도자들은 상향 인도를 통하여 경험이 풍부한 사람으로부터 방향과 전망을 제시받을 필요가 있습니다. 우리가 앞서 일곱 가지의 인도 형태를 기술한 것은, 삶의 여러 영역에서 당신을 인도할 수 있는 경험과 하나님께서 주신 자원을 가진 사람, 즉 당신의 인도자를 발견하는 데에 동기를 주기 위한 것이었습니다.

지도자로 개발되는 초기와 중간 단계에서는 상향 인도에 대한 필요가 분명해 보입니다. 그러나 이는 일생 동안 지속되어야 하는 필요입니다. 사역이 일정 궤도에 진입한 사람이라고 할지라도 계속 배우는 태도를 유지해야 하며, 특히 중요한 결정을 내리거나 전환기에 처한 경우에는 계속해서 인도자를 찾아야 합니다. 혹은 정기적으로 자신의 영적 상태를 점검하거나 자신보다 더 넓은 전망을 가진 사람의 통찰력을 얻기 위하여 인도자를 찾아야 합니다.

사역의 초기에는 제자삼는 인도자, 코치 인도자, 그리고 교사 인도자가 영적으로 어린 그리스도인으로 하여금 영적 삶의 기초를 놓고, 은사를 발견하고, 자신에게 알맞는 사역을 발견할 수 있도록 돕는 것이 필요합니다. 지도자로서 사역이 안정 단계에 이르고 더 많은 책임을 맡게 되며 은사를 효과적으로 사용할 줄 알게 되면, 영적 조언자와 상담자 그리고 후원자(조직 안에 있다면)를 통하여 정기적으로 도움을 받을 필요가 있습니다. 사역과 직업, 그리고 개인의 영적 삶에서 정체 상태에 이르는 것은 중간 단계나 그 이후입니다. 이런 상황에서는 영적 조언자와 상담자의 역할이 중요합니다. 새로운 사역을 시작하거나 전환기에 처한 사람에게는 코치의 역할이 지대합니다. 물론 모본은 어느 시점에서나 필요하고 또한 적절합니다.

상향 인도는 전망과 회계 책임과 견뎌 낼 수 있는 힘을 제공합니다. 당신이 끝마무리를 잘하려면 이 세 가지 요소가 꼭 필요합니다. 상향 인도에서 당신이 주목해야 할 중요한 사항은, 지속적으로 발전하려면 평생에 걸쳐 어떠한 형태이든 인도가 필요하다는 것입니다.

하향 인도

성상 모형의 수직 방향을 완성하기 위하여 하향 인도에 대하여 알아보기로 하겠습니다. 우리는 모두 현재의 나이가 어떻든 우리 뒤에 오는 세대에 관심을 가져야 합니다. 주로 이 하향 인도를 통하여 우리 다음 세대에게 하나님을 충성스럽게 섬길 수 있는 능력과 헌신과 가치관을 개발시켜 줄 수 있습니다.

우리는 앞에서 당신이 모든 형태의 인도를 다 할 수 있는 이상적인 인도자를 발견하려고 하지 말아야 한다고 했습니다. 마찬가지로 당신이 다른 사람에게 다방면에 걸쳐 인도자가 되려고 한다면 당신은 절대로 그렇게 할 수 없을 뿐만 아니라 아무도 그렇게 할 수는 없습니다. 이렇기 때문에 우리는 여러 명의 인도자를 필요로 합니다. 그리고 당신도 그 여러 인도자 중의 한 사람이 될 수 있습니다. 그러나 우선 작은 영역부터 시작해야 합니다. 만약 하나님께서 당신에게 어떤 것을 가르치셨는데 당신이 이로 말미암아 도움을 얻었다면, 당신은 다른 사람들에게 나누어 줄 잠재적 자원을 가진 것입니다. 구체적으로 작은 영역에서부터 시작해 보십시오.

사역을 하면서도 사람들을 개발하기 위하여 인도를 사용해 본 적이 전혀 없는 사람들이 많이 있습니다. 이런 사람들을 위하여 히브리서 5:11-12을 다음과 같이 풀어 쓸 수 있겠습니다. "우리가 인도에 대하여 할 말이 많이 있지만 여러분이 인도를 해보지 않았기 때문에 설명하기가 어렵습니다. 사실 때가 오래 지났기 때문에 여러분이 마땅히 유능한 인도자가 되어 있어야 할 터인데 여러분은 인도의 기초적 개념이 무엇인지 누구에게 가르침을 받아야 할 처지에 있습니다."

그러므로 시작하십시오! 이미 당신이 경험한 것을 최대한 활용하여 인도에 시간을 투자하십시오. 인도를 시작하는 최고의 동기력은 바로 다른 사람으로부터 도움을 받는 데서 생깁니다. 작은 영역이라 할지라도 다른 사람에게 도움을 받은 사람은 다른 사람을 도울 자질이 충분한 인도자 후보자가 됩니다. 도움을 받은 사람은 도움을 줄 수 있습니다. 당신도 다른 사람을 도울 수 있다는 확신을 가지십시오. 이런 확신이 있을 때 다른 사람을 인도하는 첫걸음을 내딛게 될 것입니다.

다른 사람을 인도하면 서로 축복을 누립니다. 인도를 통하여 인도자나 피인도자 모두 더 높은 수준으로 개발됩니다. 피인도자는 제3장에서부터 제10장까지 말한 여러 영역에서 능력이 향상됩니다. 그러나 여러 도전과 더불어 축복들로 말미암아 인도자 자신의 삶과 사역과 리더십의 역량도 향상됩니다.

수년간에 걸쳐 우리의 피인도자들은 다음과 같은 유익을 주었습니다.

◆ 그들의 신선한 생각과 우리와 다른 사고 방식으로 말미암아 우리의 생각에 도전을 주었습니다.
◆ 비슷한 문제들을 접근하는 과정에서 우리의 융통성 있는 태도를 단련해 주었습니다.
◆ 우리의 일관성 있는 삶과 더불어 지식과 행동이 일치하는 삶을 점검함으로써 특수한 형태로 우리에게 회계 책임을 부과하였습니다. 피인도자는 인도자의 삶에서 일관성이 결여되면 금새 알아차립니다. 우리가 그들에게 제안한 것은 우리의 삶을 통하여 실현되어야 했습니다.
◆ 이상적인 탁월한 수준을 추구하도록 동기를 부여해 주었습니다. 인도를 처음 시작한 사람일수록 대개 신선한 동기로 탁월한 수준을 추구합니다. 그들은 아직 경험이 별로 없기 때문에 그런 수준을 추구하는 것에 대해 비판적이지 않습니다. 종종 우리는 구체적 영역에서 늘 탁월한 수준을 추구하도록 도전을 받고 마음을 새롭게 할 수 있었습니다.

인도자의 태도는 피인도자를 개발하는 데 있어서 접근 방식을 결정하는 중요한 열쇠가 됩니다. 인도자는 피인도자 중심의 태도를 가져야 합니다. 즉, 피인도자의 필요, 목적, 그리고 원하는 바가 인도의 속도, 내용, 형태, 그리고 접근 방법 결정의 기준이 되어야 합니다. 피인도자가 개발되는 것이 우선입니다. 위에서 언급했듯이 인도자는 그 과정에서 역(逆)으로 유익을 얻게 됩니다. 그러나 이는 인도 관계를 맺고 지속적으로 추구해 나갈 때 얻는 부산물입니다.

동료간의 상호 인도

동료란 우리의 친구로서 나이, 배경, 환경 등 여러 가지 공통점이 있기 때문에 자연스럽게 관계를 맺는 사람을 말합니다. 동료 관계는 성상 모형에서 수평적 차원을 형성합니다. 상호 격려와 보호에 유용한 많은 자원이 이 관계 안에 들어 있습니다. 아마도 당신은 이러한 형태의 도움을 이미 경험해 보았을 것입니다.

우리는 동료끼리 서로 인도자가 되기 때문에 이를 상호 인도라고 부릅니다. 인도란 하나님께서 주신 자원을 관계를 통해 나누어 능력 부여가 일어나도록 하는 것을 이르기 때문에 동료 관계 또한 인도 관계가 될 수 있습니다. 그러나 우리들 대부분은 우리가 할 수 있음에도 불구하고 이 놀라운 자원을 활용하기 위하여 관심을 기울이지 않습니다.

수직 관계에 있는 인도자와는 달리 동료는 나이가 비슷할 뿐 아니라 경험도 공통적인 것이 많습니다. 이로 말미암아 그들은 더욱 편안하고 의미 깊은 관계를 누리며 자기를 솔직하게 나눌 수 있게 됩니다. 바로 이러한 관계 때문에 서로 자극을 주고, 상호 작용을 하며, 개인적으로 더욱 깊이 서로에게 회계 책임을 질 수 있게 됩니다. 그들은 대개 동일한 도전과 관심사에 직면하고 있기 때문에 서로의 사정을 충분히 이해하면서도 핵심을 찌르는 도움을 줄 수 있습니다. 상향 인도자와는 나눌 수 없는 아주 비밀스런 일을 나눌 수도 있습니다. 또한 상대방이 자신을 충분히 이해하며 도움을 줄 수 있다는 신뢰감을 가질 수도 있습니다.

성인 남자가 인간 관계에서 느끼는 공허감에 대하여 관심을 가진 사람들의 연구 결과를 살펴보고, 또한 성인들의 일대일 인간 관계 상태를 비공식적인 방법으로 조사해 보고 나서, 우리는 이 영역에 대하여 깊은 관심을 갖게 되었습니다. 성인 남자 열 명 중 두 명만이 서로를 신뢰하는 가운데 상대방에게 책임을 지며 자기의 삶을 헌신하는, 의미 있고 개방적이며 안정적인 관계를 누리고 있었습니다. 반면 여자는 열 명 중 여섯 명이 이런 관계를 누리고 있었습니다. 그러나 이들에게는 모두 지속적으로 관계가 유지되고 친밀감을 누릴 수 있는 적어도 하나 이상의 동료 관계가 필요하였습니다. 물론 배우자와의 관계는 제외하고서 말입니다. 이에 대해서는 제12장에서 좀더 자세하게 다루도록 하겠습니다. 그리고 동료 관계의 여러 가지 형태에 대하여 소개하고 각각의 장점을 밝히겠습니다.

요약

회계 책임을 지닌 관계의 네트웍, 즉 관계망은 일생 동안 성공적인 삶을 살아가는 데에 보호막이 됩니다. 서구 개인주의는 흥미진진한 모험담을 만들어 내지만, 그러나 "고독한 방랑자" 식의 생활 태도는 결국에는 영적인 병을 일으키고 맙니다. 우리는 다음과 같은 관계의 균형이 필요합니다.

- ◆ 상향 인도자 : 앞서 간 길을 안내해 줄 수 있는 사람.
- ◆ 하향 피인도자 : 우리의 안일한 태도를 바꾸어 주며, 우리의 확신을 새롭게 하여 주고, 지속적으로 활기 있게 살아가도록 새롭게 하여 주며, 하나님의 나라를 위한 우리의 사역을 배가할 수 있도록 해주는 사람.
- ◆ 동료간의 상호 인도자 : 우리를 잘 알며, 동일시하여 주고, 서로 자극을 주며, 회계 책임을 지도록 해주는 사람.

성상 모형은 이상적인 것으로서, 인도자와 피인도자, 그리고 상호 인도자와의 관계를 통하여 모형의 중심에 있는 사람이 구체적이고도 필요한 도움을 받을 수 있습니다. 이 모형은 역동적인 것으로서, 환경이 바뀌고 관계를 맺고 있는 사람들이 발전함에 따라, 끊임없이 변화하고 성장하고 강조점의 이동이 일어나게 됩니다. 그러나 내면적인 삶에서 견고하며, 자기가 맡은 책임과 사역을 능력 있게 감당하고, 마지막까지 성공적인 삶을 살고자 한다면 이러한 모형에 접근하기 위하여 모든 노력을 경주할 가치가 있습니다.

추가 연구(11장)

1. 성상 모형을 사용하여 당신의 삶에서 인도자, 피인도자, 상호 인도자의 역할을 하고 있는 사람의 이름을 해당 영역에 기록해 보십시오.

2. 질문 1에서 언급한 모든 관계를 평가해 보고, 도움을 얻는 정도가 얼마나 되는지와 더불어 현재 관계가 어떤 상태에 있는지를 살펴보십시오.

3. 위에서 언급한 관계에 영향력을 키우며 회계 책임을 증진시키려면 어떻게 할 수 있겠습니까? 당신의 성상 모형에서 인도자/피인도자/상호 인도자와의 관계 중 빠진 것은 없습니까? 그것은 무엇입니까? 이러한 관계를 만들 만한 가능성이 있습니까?

제 12 장
동료간의 상호 인도

동료는 모든 관계 중에서 가장 쉽게 사용할 수 있는, 능력 부여의 자원이지만, 가장 개발이 덜 된 자원이기도 합니다. "지도자의 관계망"에 대한 세미나를 참석한 후 빌은 "나는 동료가 있다는 것을 당연하게 받아들였습니다. 항상 주위에 있었기 때문입니다. 그들과 대화를 나누며, 함께 웃고, 여러 가지 일을 같이 했습니다. 그러나 자신을 정직히 드러내며 투명하게 나누어도 안심할 수 있고, 동시에 동일한 헌신 속에서 서로 책임을 지는 관계를 통하여 격려를 받고 힘을 얻었던 동료 관계가 있느냐는 질문을 받았을 때 나는 한 사람의 이름도 말할 수 없었습니다!"라고 말했습니다. 빌에게 친구가 없다든지 혹은 의미 있는 동료 관계가 하나도 없다는 말이 아니라, 서로 충분한 유익을 얻을 수 있는 수준으로 동료 관계를 개발해야겠다는 생각을 해본 적이 없다는 말이었습니다.

불행하게도 빌의 상황은 전형적입니다. 동료는 많이 있었지만 동일한 헌신 속에서 신뢰할 수 있는 관계까지 발전한 사람은 없었습니다. 우리의 연구 조사는 사회학자 대니얼 얀켈로비치의 연구와 일치하는데, 미국인은 열 명 중 일곱 명이 삶에서 공허감을 느낀다는 것입니다. 비록 알고 지내는 사람들은 많이 있지만 가깝고 친밀한 친구는 거의 없기 때문입니다.

몇 달 후에 빌은 이와 같은 현실을 경험했습니다. 그는 개인의 삶과 자신의 일에서 어려움을 겪기 시작했는데, 이를 알아 챌 만큼 가까운 사람이 한 명도 없었던 것입니다. 빌이 한 친구에게 자기의 갈등을 자유함 가운데 나누는 데에는 몇 주가 걸렸습니다. 그것마저도 조심스러운 태도로 부분적인 것만 나누었을 뿐입니다. 자기의 약점을 드러내면 대개는 긍정적인 반응을 얻게 되며, 두 사람은 가까운 사이가 되게 마련인데, 빌과 그의 친구가 이런 사이가 되었습니다.

동료 관계는 우리가 제11장에서 설명한 성상 모형의 중요한 일부를 이루고 있습니다. 우리 모두에게 꼭 필요한 것입니다. 동료 관계에는 특이한 점들이 있습니다. 동료는 개발 과정, 나이, 그리고 환경적인 압력 등등 인생에서 동일한 단계에 처해 있습니다. 그리고 내려야 할 결정이나 직면해야 할 도전이 동일할 때가 많습니다. 이렇게 공유하고 있는 현실 여건으로 인하여 자연스럽게 대화가 이루어지게 되며, 서로 이해하고 용납받는다는 느낌을 가질 수 있게 됩니다. 이와 같은 특성 때문에 서로 정직하게 자기를 개방할 수 있게 되며, 결과적으로 서로 격려하고, 자극을 주고, 보호하고, 책임을 지고, 힘을 북돋는 관계를 이룰 수 있습니다. 그러나 이러한 관계는 "저절로" 생기는 것이 아닙니다. 시간이 걸리며, 우선 순위를 두고 이 관계에 헌신해야 생깁니다.

*　*　*

다윗과 요나단 – 상호 인도

전혀 어울릴 것 같지 않았지만 굉장한 힘을 발휘한 한 조가 있었습니다. 요나단은 아버지 사울을 이어 왕위를 계승할 후계자였습니다. 그는 또한 유능한 용사로서 전투의 흐름을 바꾼 영웅적인 행동을 하기도 했습니다(사무엘상 14:6-23). 그는 지도자였습니다. 반면에 다윗은 양치기 집안 출신입니다. 그러나 요나단처럼 용사였고, 영웅이었습니다. 그는 골리앗을 죽인 후 큰 명성을 얻었습니다. 그리고 이스라엘이 가는 곳마다 이길 수 있도록 지휘하였습니다. 사람들은 그를 칭송하는 노래를 부르며 그를 환영하였습니다(사무엘상 18:5-7). "온 이스라엘과 유다는 다윗을 사랑하였으니 그가 자기들 앞에 출입함을 인함이었더라"(사무엘상 18:16). 다윗도 역시 지도자였습니다.

요나단과 다윗은 나이가 비슷했으며, 장래가 유망한 지도자였습니다. 다른 사람들 같았으면 두 사람은 서로 경쟁하고, 원망하는 관계 가운데 지냈을 것이지만 이들은 달랐습니다. 다른 제자를 밀어 제치고서라도 가장 높은 자리를 차지하려고 항상 다투었던 예수님의 제자들과는 달리, 다윗과 요나단은 항상 상대방의 최선을 추구하였습니다(사무엘상 20장). 목숨이 위태로울 때에도 변치 않았습니다.

* * *

동료간의 상호 인도

다윗과 요나단과 같은 친구 혹은 동료 관계는 이러한 관계를 맺기 위해 기도하고 적극적으로 시도할 가치가 있습니다. 사무엘상에 나오는 두 사람의 관계를 좀더 자세히 살펴보면서, 어떻게 의미 깊은 관계가 맺어졌으며, 서로 유익을 주었는지를 알아봅시다.

1. 그들은 공통점이 있었습니다: "…요나단의 마음이 다윗의 마음과 연락되어…"(18:1).
   - ◆ 하나님을 따르며 하나님의 뜻을 순종하고자 하는 마음에 있어서(14:6, 17:45-47).
   - ◆ 전쟁에 대한 관심이나 기술에 있어서[배경].
   - ◆ 사울의 집과 군대라는 동일한 환경에 있어서.

2. 그들은 헌신했습니다: "…우리 두 사람이 여호와의 이름으로 맹세하여 이르기를…"(20:42).
   - ◆ 하나님께(14장).
   - ◆ 서로의 유익에 - "요나단은 다윗을 자기 생명같이 사랑하여 더불어 언약을 맺었으며"(18:3).
     "요나단이 다윗에게 이르되 네 마음의 소원이 무엇이든지 내가 너를 위하여 그것을 이루리라"(20:4).
   - ◆ 서로의 장래와 가족에(20:12-17,42).

3. 다음과 같은 유익을 경험했습니다:
    - ◆ 서로를 주의 깊게 돌보아 주는 보호의 관계(20장).
    - ◆ 서로 어떤 것이든 나눌 수 있는 신뢰감 있는 개방된 관계 (20:3).
    - ◆ 우정과 교제(20:42, 그리고 그들의 이야기 속에 일반적으로 담겨 있는 내용을 통하여).
    - ◆ 어려움을 겪을 시기에 힘을 북돋아 주고 격려함-"사울의 아들 요나단이 일어나 수풀에 들어가서 다윗에게 이르러 그로 하나님을 힘있게 의지하게 하였는데"(23:16).
    - ◆ 자기가 희생되더라도 서로의 최선의 유익을 구하는 데에 헌신된 사랑-"곧 요나단이 그에게 이르기를 '두려워 말라. 내 부친 사울의 손이 네게 미치지 못할 것이요, 너는 이스라엘 왕이 되고, 나는 네 다음이 될 것을 내 부친 사울도 안다' 하니라"(23:17).
    - ◆ 서로를 "날카롭게"(잠언 27:17) 하고 하나님을 따르도록 도전을 줌.

요나단과 다윗이 경험했던 관계를 살펴보고 나서, 우리는 그런 관계가 놀라운 것이며, 우리에게도 필요한 것이라는 결론을 쉽게 내릴 수 있습니다. 그러나 우리 대부분은 또한, 오늘날의 사회에서는 이런 관계가 비현실적이라고 생각할 것입니다. 하지만 우리는 이런 관계를 경험한 적이 있을 뿐 아니라, 이런 관계를 통해 유익을 누린 사람들을 만나 보았습니다. 이런 관계는 실현 가능한 것입니다! 우리는 모든 사람에게 이러한 관계가 필요하다고 생각합니다. 그렇다면 어디에서 시작할 것입니까?

우리는 동료 관계를 세 가지 형태로 나누어 보았습니다. 개방의 정도, 신뢰도, 그리고 헌신의 정도에 따라 차이가 나며, 이에 따라 서로에 대한 회계 책임이나 능력 부여의 정도에도 차이가 납니다. 이 관계들에 대하여 차례로 살펴봅시다.

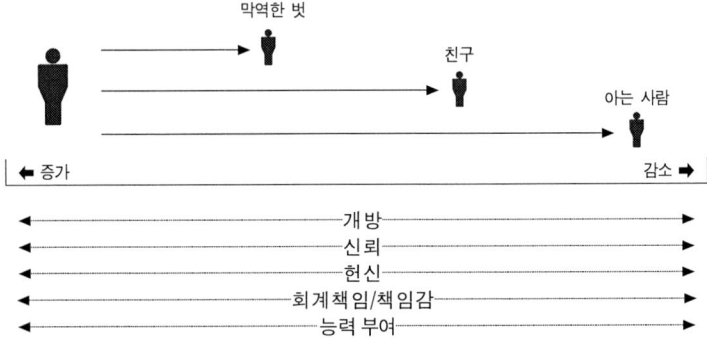

그림 12-1. 동료 관계의 유형

우리 삶에는 세 가지 형태의 동료 관계가 모두 필요합니다. 각각을 통하여 우리는 개인 생활, 직업, 그리고 다른 여러 가지 면에서 유익을 얻습니다. 동료를 통하여 정보를 얻고, 관찰과 평가를 통해 피드백을 받으며, 친밀감을 누리고, 우리의 존재와 추구하는 목표에 대한 의미를 부여받게 됩니다.

동료 고유의 특성 때문에 더욱 자연스럽게 관계를 맺으려고 할 것입니다. 그러나 각 형태마다 나름대로의 제한점과 장점이 있습니다. 이 때문에 세 가지 형태의 관계가 다 필요합니다.

아는 사람

표에서 '아는 사람'은 가장 오른쪽에 있기 때문에 별로 중요하게 보이지 않지만 사실은 정반대입니다. 아는 사람은 어디에나 있습니다. 당신이 활동하는 모든 영역에서 아는 사람들을 만납니다. 그들은 체형, 키, 얼굴색, 개성이 다 다릅니다. 잠깐 보는 사람들도 있지만, 매일 보는 사람들도 있고, 또 특별한 일이 있어야 만나는 사람들도 있습니다. 이웃집 사람, 학급 동료, 친척, 팀의 동료, 같은 교회의 교인 등 수많은 형태를 띠고 당신 주위에 항상 있습니다.

당신은 아는 사람들과 기본적인 정보를 나눕니다. 그들은 당신이 생활하고, 일하고, 즐기고 있는 이 세상에 대하여 잘 알 수 있도록 당신에게 정보를 제공하여 주는 원천입니다. 그들은 여러 가지 사실과 관찰된 내용과 경험들을 당신에게 전달해 줌으로써 당신이 주위 상황을 잘 이해할 수 있도록 도와줍니다. 그러나 당신은 스쳐 가는 한두 번의 대화를 통하여 보고 관찰하는 것 이상으로 더 많은 것들을 알 수는 없습니다. 이렇게 서로에 대하여 모르는 것이 많기 때문에 표 12-1에서 볼 수 있는 바와 같이 서로에 대한 헌신이나 신뢰의 정도가 낮습니다. 그럼에도 대부분의 관계는 여기에서 시작되며, 더 깊어질 수도 있고, 아니면 대개는 그 수준에서 머물게 됩니다.

친구

'친구'는 그 다음 단계의 동료 관계입니다. 이 범주에 속한 사람에 대하여 당신은 상당히 많은 것을 알고 있습니다. 당신은 자신에 대하여 좀더 많이 드러내기 시작합니다 - 흥미, 어떤 일에 대한 생각이나 느낌, 관심사, 싫어하는 것과 좋아하는 것(그 이유까지도), 그리고 당신의 과거 등. 당신의 행동 반경이나 함께 움직이는 패턴이 그들과 더욱 겹칠수록 이러한 일이 더 많이 일어납니다. 서로 보내는 시간이 많기 때문에 이 관계에서는 서로에 대한 신뢰감, 개방과 헌신의 정도가 더욱 깊어집니다. 그러나 이러한 것을 경험하려면 개인적으로 시간과 노력을 더욱 많이 들여야 합니다.

이러한 수준의 관계(친구)에서는 "서로" 함께함으로써 괄목할 만한 유익을 경험하기 시작할 것입니다. 당신이 다른 사람에게 자신을 개방하고 약점이 드러나는 위험을 감수할 때 어떠한 유익이 기다리고 있는지를 살펴보는 것은 유익한 일입니다. 믿음으로 말미암아 당신은 "서로" 함께하는 것을 실행할 수 있고, 그렇게 할 때 하나님께서 당신 안에서 역사하실 것을 기대할 수 있습니다.

표 12-1. "서로(피차)"가 들어간 구절들

내가 너희를 사랑한 것같이… 서로 사랑하라	요한복음 13:34-35, 요한일서 3:11
너희가 짐을 서로 지라	갈라디아서 6:1-2
서로 용납하여 피차 용서하라	골로새서 3:13
피차 권면하고 피차 덕을 세우라	데살로니가전서 5:11
피차 권면하여… 죄의 유혹으로 강퍅케 됨을 면하라	히브리서 3:12-14
서로 돌아보아 사랑과 선행을 격려하라	히브리서 10:24-25
너희 죄를 서로 고하며… 서로 기도하라	야고보서 5:16

최근에 비행기를 탔을 때 나[폴]는 한 심리학자와 멋진 대화를 나누었습니다. 그는 다양한 계층의 사람들을 상담하는 일을 하고 있었습니다. 상담을 원하는 사람들이 전례 없이 많아지고 있다는 그의 말을 들으며, 나는 그가 동정심이 많지만 한편으로는 좌절감을 느끼고 있음을 알 수 있었습니다. 그는 이러한 경향을 뒤집을 해결책이 없었던 것입니다. 그때 나는 한 가지 해결책이

있다고 말했습니다. 바로 예수 그리스도를 통한 하나님과의 화목이었습니다. 그 심리학자는 자기는 기독교 가정에서 태어나 교회에 다녔지만, 복음을 받아들인 사람들에게 복음이 별로 큰 영향을 끼치지 못하는 것처럼 보이자 신앙 생활을 그만둘 수밖에 없었다고 고백했습니다. "제게 찾아오는 사람들 중 3분의 2 이상이 신앙 생활을 하고 있는 사람들입니다!"라고 그는 덧붙였습니다. 그리고는 잠시 멈추었다가 좀더 근본적인 문제를 말했습니다. "당신은 신약성경에 '서로'라는 말이 얼마나 나오는지를 아십니까?" 내가 고개를 끄덕이자 그는 말을 이었습니다. "만약 그리스도인들이 성경에 나오는 그 구절대로 살려고 조금이라도 노력한다면 제게 찾아오는 그리스도인들 중 90퍼센트는 제게 오지 않아도 될 것입니다. 그리고 믿는 사람이든 믿지 않는 사람이든 간에 다른 모든 사람들도 떼를 지어 그 말씀대로 살고 있는 교회로 몰려갈 것입니다."

왜 그리스도인 교제에서 "서로"라는 요소가 빠졌습니까? 자기 중심적인 태도나 혹은 다른 사람에게 적극적으로 다가갔을 때 자기의 약점이 드러나는 것에 대한 두려움 등의 여러 가지 이유가 있을 것입니다. "서로" 함께하는 것은 단지 "아는 사람" 수준의 관계에서는 쉽게 이루어지지 않습니다. 의미 있는 동료 관계를 형성하고 있는 "친구" 수준의 관계에 있을 때에 비로소 "서로" 함께하는 것이 실제로 가능합니다. 그런데 바로 이런 수준의 관계에서도 "서로"라는 요소가 빠져 있는 것이 발견됩니다.

왜 친구가 없는 그리스도인들이 많습니까? 모든 것을 스스로의 힘으로 해야 하며 다른 사람의 도움을 청하는 것은 자기의 연약함을 표시하는 것으로 생각하는 개인주의 때문입니까? 잦은 이사 때문입니까? 대부분의 가정이 3,4년마다 한 번씩은 이사를 합니다. 미국과 같이 시간을 중요시하는 사회에서는 "시간은 돈이다"라는 생각 때문에 많은 관계들이 시간의 제약을 받습니다. 이러한 요소들 모두가 관계 형성에 영향을 미칩니다. 그러나 헌신이라는 요소가 개입되면 각각은 모두 극복될 수 있습니다.

친밀한 관계를 가로막는 진정한 방해물은 우리 안에서 비롯됩니다. 바로 두려움과 교만입니다. 다른 사람에게 자기를 개방하는 것은 대부분의 사람들에게 가장 두려운 경험입니다. 자기의 내면 생활을 드러내는 것은 "나는 아무것도 가진 것이 없다"라는 것을 드러내는 것이기 때문입니다. 많은 사람들이 자기만이 유일하게 부족한 사람이라고 생각합니다. 또한 교회에서 지도자의 위치에 있는 사람들은 "가진 것이 있는" 사람으로 인식되며, 이런 그릇된 인식을 고치기 위해 행해지는 것은 거의 없습니다. 그래서 많은 사람들은 자기의 내면 모습 중에서 계산되고 걸러진 단편만을 "살짝" 보여 주는 정도로 관계를 맺어 나갑니다. 그리고는 그리스도의 능력을 힘입어 모든 것을 혼자 해나가야겠다는 결심을 더욱 굳힙니다. 마치 사도 바울처럼 살아가겠다는 것입니다! 그러나, 그리스도와 그리스도의 은혜가 충분하기는 하지만 우리는 혼자서 살아가도록 창조되지는 않았습니다. 바울도 전적으로 어느 한쪽만을 고집하며 살지 않았습니다. 우리는 서로를 필요로 합니다!

> 서로 돌아보아 사랑과 선행을 격려하며, 모이기를 폐하는 어떤 사람들의 습관과 같이 하지 말고, 오직 권하여 그날이 가까움을 볼수록 더욱 그리하자. (히브리서 10:24-25)

> 두 사람이 한 사람보다 나음은 저희가 수고함으로 좋은 상을 얻을 것임이라. 혹시 저희가 넘어지면 하나가 그 동무를 붙들어 일으키려니와 홀로 있어 넘어지고 붙들어 일으킬 자가 없는 자에게는 화가 있으리라. 두 사람이 함께 누우면 따뜻하거니와 한 사람이면 어찌 따뜻하랴. (전도서 4:9-11)

친구가 될 수 있는 동료를 어디서 만닙니까? 당신이 참여하는 모든 영역에서 하나님께서 당신 주위에 보내 주신 아는 사람들 속에서 발견할 수 있을 것입니다. 시작하기에 자연스런 곳은 당신에게 가장 중요한 모임일 것입니다. 공통적으로 관심이 있는 일을 함께 하면 친구 관계로 성장할 수 있는 기본 배경이 형성됩니다. 이러한 환경에 처하기 위해 지속적으로 자기를 드리면 사람들을 알 수 있는 기회가 많이 생깁니다. 그러나 조화를 이루는지를 알기 위해서는 개인적으로 함께 보내는 시간이 필요합니다.

*　*　*

아는 사이에서 친구로 발전함

룻은 내가 알고 있는 많은 사람들 중의 한 사람이었습니다. 룻은 남편과 두 아이, 시간제 일, 부인 성경공부, 이웃 사람들과의 사회 활동으로 인하여 바쁜 삶을 살고 있었습니다. 아는 사람들이 더 많이 생기는 것이 필요하지는 않았습니다. 오히려 의미 있는 관계가 필요했습니다. 룻은 이 같은 자기의 필요를, 곧 이혼하려고 한다는 자기 어머니의 편지를 받고 깨닫게 되었습니다.

성경공부 시간에 룻은 부모의 이혼 계획을 나누며 기도 부탁을 했습니다. 그러나 자기의 느낌이나 혹은 어떤 반응을 보여야 할 것인가에 대한 자기의 갈등은 언급하지 않았습니다. "나는 내 믿음으로 이 일을 감당해야 해. 왜 이 문제를 구차하게 다루려고 하지?" 성경공부를 마치고 집으로 돌아오는 길에 룻은 눈물을 흘리며 자기도 모르게 이런 말을 했습니다.

같이 성경공부를 하고 있는 셰리는 몇 년 전에 부모가 이혼하는 경험을 했습니다. 그녀는 이런 경험이 얼마나 어려운 것인지를 알고 있었습니다. 그녀는 집에 도착하자 룻에게 전화를 하려고 수화기를 들었습니다. 그러다가 잠시 머뭇거렸습니다. "왜 내가 끼여들어야만 하지? 룻이 대화를 하려고 하지 않으면 어떻게 하지?" 그러나 자기가 어려움 가운데 있었을 때 친구의 도움이 얼마나 컸던가를 기억하며 다이얼을 돌리기 시작했습니다.

셰리의 전화를 받고 룻은 놀랐습니다. 관심을 보여준 것이 너무도 고마웠습니다. 셰리도 자기와 같은 경험을 했었다는 사실이 룻에게는 큰 격려가 되었으나, 셰리의 여러 질문에 대답하는 데에는 약간 방어적이었습니다. "이 일로 내가 얼마나 어려운지를 다른 사람에게 알리는 것이 왜 그리 두렵지?"라고 룻은 의아하게 생각했습니다. 그래서 룻은 담임 목사님께 찾아가기로 결심했습니다.

다음날 룻은 어머니에게 전화를 걸었습니다. 그러나 부모가 화해할 기미는 전혀 보이지 않았습니다. 절망

속에서 룻은 교회에 전화를 했습니다. 그러나 목사님께서는 외출하셨고, 하루 종일 돌아오시지 않는다는 것을 알았습니다. 그녀는 직장에 있는 남편에게 전화를 했습니다. 남편은 이전부터 그래 왔던 것처럼 그녀를 깊이 이해하여 주었지만, 룻은 남편이 이 일을 어떻게 받아들여야 할지를 모르고 있는 자기에게 무엇이라 말해야 할지를 몰라 갈등하고 있다는 것을 알아챌 수 있었습니다. "셰리에게 전화해 보아야 할 것 같아. 그러나 셰리는 강하기 때문에 이런 문제를 나와는 상당히 다르게 처리했을 거야. 나는 너무나 약하고, 내 자신에 대해 실망하고 있단 말이야"라고 룻은 생각했습니다.

마침내, 아침에 해야 할 일을 별 생각 없이 기계적으로 마친 후에, 룻은 셰리에게 전화를 걸어 점심 먹은 후에 산책을 같이 하자고 약속했습니다. 그 주 동안 얼마나 마음이 어려웠으며 이 일에 전혀 준비가 되어 있지 않다는 사실을 셰리에게 고백하기 위해 룻은 낼 수 있는 모든 용기를 동원해야 했습니다. 셰리도 자기의 감정을 실어 다음과 같이 말했습니다. "네가 어떤 느낌이 드는지 알겠어. 나도 너무나 외로웠고, 믿음이 없는 것 때문에 얼마나 실망했는지 몰라." 이 말을 듣고 룻은 아주 이해심이 많은 친구에게 자기 마음속에 있는 모든 갈등과 생각을 다 쏟아 부었습니다. 셰리가 자기를 이해하여 준다는 사실과 더불어 자기의 반응과 느낌이 극히 정상적이라는 사실을 알고 나서 룻은 크게 안도감을 느꼈습니다.

함께 산책을 하거나 전화로 대화를 나누고, 기도 시

간을 갖는 것을 통해 룻과 셰리의 관계는 계속 발전했습니다. 셰리에게 삶을 개방하는 것을 통해 룻은 같이 성경공부를 하고 있는 사람들에게 자기의 모습과 필요를 더욱 많이 드러낼 용기를 갖게 되었습니다. 자기 이야기를 나누자 사람들은 룻에게 관심을 보이기 시작했고, 룻은 그들의 관심과 기도 덕분에 큰 격려를 얻었습니다. 오래지 않아 룻과 셰리는 정기적으로 만나 산책하며 대화를 나누게 되었고, 다른 사람들을 이 시간에 초청하기도 했습니다. 한 가지 관계에 발전을 보이며 "서로" 함께하는 것의 유익을 경험하면 다른 관계에서도 신뢰 가운데 자기를 더욱 개방하게 됩니다.

* * *

믿음으로 자기를 개방하려는 시도는 위험을 무릅쓰고 행할 만한 가치가 있습니다. 꼭 갈등 거리만 나눌 필요는 없습니다. 개인적 목표나 추구하는 것에 대해 나눌 수도 있습니다. 어떤 한 영역에서 다른 형제나 자매의 도움을 경험하고 싶은 마음을 있는 그대로 표현하는 것은 친구 관계의 시작으로 충분합니다. 일단 "친구" 관계가 시작되었으면, 관계가 깊어지고 성장하고 싶은 영역에서 서로 자극을 주기 위해 그 관계를 통하여 기대하는 바에 대하여 서로 의견을 교환하고 약속을 할 필요가 있습니다.

막역한 벗

동료 관계의 세 번째 형태는 하나님께로부터 오는 특별한 선물입니다. 우리는 이를 "막역한 벗"이라고 부르겠습니다. 막역한 벗이 있으면 다른 어떤 관계에서도 찾아볼 수 없는 큰 축복과 힘을 얻습니다. 이 관계는 서로에게 제한 없이 개방하고, 신뢰하며, 서로에게 헌신하고, 자기의 삶에 대하여 서로에게 회계할 책임을 지고 행동하는 것입니다. 막역한 벗은 우리가 이 장 서두에서 설명한 요나단과 다윗의 예에 잘 요약되어 있습니다. 사무엘상 16-23장을 읽어 보면 자세히 알 수 있습니다.

　단지 아는 사람이 아닌 그 이상의 관계에서는 각 사람마다 상호 의존의 필요가 있습니다. 그러나 서로를 알고 친구 관계가 이루어지기 전까지는 이러한 필요가 있다는 것이 명백하지는 않습니다. 막역한 벗 사이에서는 서로에 대한 감사와 존경의 마음이 우러납니다. 막역한 벗은 서로간의 차이점을 문제시하지 않습니다. 오히려 그들의 관계를 보완하여 주는 요소로 생각합니다. 친구가 공통의 목표와 추구할 것을 함께 발견하고 공유하며, 개방적인 마음과 신뢰심이 성장하면, 그 관계를 막역한 벗 사이로 발전시킬 기회가 생깁니다. 친구에서 막역한 벗으로 발전하는 데에 기여하는 요소는 바로 심오하고 의미 있는 목표를 추구하는 데에 서로 헌신하는 것입니다. 이를 통하여 서로를 책임지려는 태도가 성장하며, 혼자서는 절대로 다다를 수 없는 새로운 수준으로 각자가 성장합니다. 또한 온전한 삶과 내면적인 삶의 성장에 필요한 책임 있는 태도를 갖도록 해주는데, 이는 최후까지 승리하기를 원하는 사람들에게는 꼭 필요한 것입니다.

＊　＊　＊

막역한 벗은 사랑으로 책망할 수 있다

　테드와 나[폴]는 아침 식사 시간에 알게 되었습니다. 이런 저런 얘기를 나누다가 우리는 배경이 비슷하며 동일한 관심사가 있음을 발견하였습니다. 우리는 함께 라켓볼을 시작했고, 가족들과 함께 몇 가지 일을 하기도 했습니다. 테드는 진지하게 그리스도를 따르고 있었는데 이것이 매력적이었습니다. 나는 수년 동안 신앙 생활을 해왔지만 나의 영적인 상태는 겨우 정체기를 벗어나고 있었던 때였습니다. 우리는 성경을 공부하며 기도하기 위하여 일주일에 한 번씩 만나기로 약속했습니다.

어느 날 점심을 같이 하던 중에 테드는 가장으로서 가족을 이끌고 아들을 지도하는 면에서 좌절감을 느끼고 있다고 했습니다. 그의 고민을 이해하고는 우리가 직장에서 성공하는 것처럼 가정에서도 훌륭한 삶을 살고 싶지 않느냐고 물었습니다. 우리는 서로를 쳐다보며 미소를 지었습니다. 테드가 다음과 같이 불쑥 말했습니다. "왜 아니겠어? 우리 한번 시도해 보자구!" 우리는 서로를 위해 기도해 주기로 하였으며, 훌륭한 가장이 되는 것이 어떤 것인지를 깊이 생각해 본 후에 그 주에 만나 서로 나누기로 하였습니다. 이러한 시도는 몇 달 간이나 지속되었습니다. 이를 통해 우리는 아버지로서, 남편으로서 괄목할 만한 성장을 하게 되었습니다.

이러한 긍정적인 경험에 기초하여 우리는 진보를 보이기 원하는 삶의 다른 영역에 대해서도 토의를 시작하였습니다. 함께 성장하려는 시도를 통하여 우리는 서로를 더욱 개방하게 되었고, 서로 상대방이 자기에게 끼치는 영향에 대하여 감사하고 있음을 알게 되었습니다. 친구 관계가 형성되었습니다. 어느 날 이에 대하여 생각하던 중, 나는 우리의 이 관계를 통하여 각자가 기대하는 바를 구체적으로 정해 보자고 제안했습니다. 분명하지만 말로 표현하지는 않았던 몇 가지 기대하는 바가 분명하게 드러나기 시작했습니다. 즉, 개방적인 마음, 신뢰, 서로에게 정직함, 어떤 일이라도 자유롭게 나누고 이에 대하여 비밀을 지켜 주는 것, 그리고 서로를 위하여 기도하고 도움을 주는 데에 헌신하는 것 등이 있었습니다. 그리고 나서 테드는 우리의 삶에 공동의 목표가 있으면 좋겠다고 했습니다. 우리는 가정과 직장에서 그리스도께 영광을 돌리기 위하여 그리스도를 더욱 알아 가고 사랑하는 것이 추구할 만한 가치가 있는 목표라는 것에 동의하였습니다.

"상대방이 수준에 이르지 못하는 것이 보이면 어떻게 하지? 서로 회계 책임을 지며, 서로에게 도전을 하고 질문을 할 수 있는 권리를 가지기로 하면 어떨까?"라고 테드가 물었습니다. "물론 좋지! 정말 그럴 마음이 있다면 모두 다 하자구!"라고 나는 대답했습니다. 우리는 기도를 통하여 하나님 앞에서 서로 언약을 맺었습니다.

모든 것은 잘 진행되었고, 하나님께서는 하나님 자신에 대하여 많은 것을 가르쳐 주셨으며, 하나님의 아들을 따르는 것이 무엇을 의미하는지에 대해서도 가르쳐 주셨습니다. 우리는 더욱 가까워졌으며, 진정으로 주님 안에서 서로를 위하는 것이 무엇을 의미하는지도 깨달았습니다. 그러자 일이 일어났습니다.

나는 기독교 기관에서 전임 사역자로 일하고 있었으며, 다른 간사들을 방문하여 도와주는 책임을 맡고 있았습니다. 내 아들 폴은 그 지역 고등학교 농구팀에서 주전 센터였는데, 그 팀은 성적이 좋았습니다. 금요일 저녁에 큰 경기가 있을 예정이었습니다. 그 리그의 수위 팀을 결정하는 경기였기 때문에 모든 사람들이 관심을 가지고 있었습니다. 그런데 목요일에 내게 예기치 않은 전화 한 통이 걸려 왔습니다. 전화로는 해결할 수 없어 보이는 문제였습니다. 썩 마음에 내키지 않았지만 금요일 아침에 비행기를 탔습니다. 그리고는 주말 내내 여행 중에 있어야 했습니다.

테드는 금요일 오후에 출장에서 돌아왔습니다. 저녁을 빨리 먹은 후에 가족들과 함께 경기장을 찾았습니다. 그는 농구를 좋아했으며, 폴이 경기하는 모습을 지켜보았습니다. 그들은 경기장에 가까스로 시간을 맞추어 도착하였습니다. 나를 발견할 수 없었기 때문에 그냥 아무 곳에나 자리를 잡았습니다. 경기는 팽팽하게 진행되었고, 멋진 모습이 펼쳐졌습니다. 특히 폴이 눈에 띄게 뛰어났습니다. 결국 폴의 팀이 감격적인 승리를 했습니다. 경기 종료 벨이 울렸을 때 관중들은 경기장 안으로 몰려들어갔습니다. 모두 고함을 치며, 껴안고, 춤을 추었습니다.

테드는 가까스로 폴에게 다가가 포옹을 하고서는 축하의 말을 건넸습니다. 그리고는 "아버지는 어디 계시지?"라고 물었습니다. 폴은 실망스러운 듯이 "예, 어디론가 갑자기 떠나셔야만 했어요"라고 대답했습니다. "얘야, 아버지도 이 경기를 보고 싶어하셨을 거야"라고 테드가 말했습니다. "물론 그러시겠지요"라고 말한 후

폴은 다른 사람과 포옹을 하기 위해 돌아섰습니다.

나는 일요일 오후에 돌아왔습니다. 화요일 아침에 테드를 만나 식사를 같이 했습니다. 나는 아들의 경기에 대해 상세히 들었고, 아들이 자랑스러웠습니다. 테드는 경기의 모든 면을 전해 주었습니다. 그리고는 나를 바라보며 물었습니다. "지난주 여행을 꼭 갔어야만 했었나?" "원하지는 않았지만 어쩔 수 없었어"라고 대답했습니다. 잠시 침묵이 흐르자 내가 이를 깼습니다. "자넨 내가 가지 말았어야 했다고 생각하나?" 테드는 잠깐 동안 생각해 보더니 다음과 같이 말했습니다. "나도 자네가 그 문제에 관해 기도하였으며, 아들의 경기를 보고 싶어했다는 것을 알고 있네. 그러나 나는 자네가, 폴에게 아버지가 어디 계시냐고 내가 물었을 때의 그의 반응을 볼 수 있었다면 좋겠네." 나는 이 순간이 나의 회계 책임을 다해야 하는 중요한 시점이라는 것을 깨닫고 나서, 다시금 질문을 던졌습니다. "그러면 자네는 내가 잘못된 결정을 내렸다고 하는 것인가?"

"그렇다네. 나는 자네가 실수했다고 생각하네. 그리고 자네의 여행에 대해서도 염려가 된다네. 만약 자네가 주의하지 않으면 지금까지 자네가 아이들과 애써 맺어 놓은 관계를 잃고 말 것일세!"라고 테드가 말했습니다. 나는 약간 방어적인 태도로 물러서며 말했습니다. "자네는 내가 그 한 경기를 놓쳤기 때문에 그런 결론을 내리고 있는 것인가? 폴은 별로 신경쓰지 않는 것처럼 보이던데… 나를 이해한다고 말했거든." 테드는 심호흡을 하고는 대답했습니다. "물론 자네가 아이들에게 헌신적이라는 것은 나도 알고 있네. 하지만 나는 사춘기인 자네 아이들이 바로 지금 아버지의 우선적인 관심을 받는 위치에 자기들이 있다고 느끼는지 염려스럽다네. 자네가 예전에 했던 것처럼 아이들과 함께해 주지는 않는 것 같아 보이네. 게다가 자네는 폴의 상태가 어떠한지에 대해서도 확실히 모른다고 말하지 않았는가? 지난주에 자네가 폴과의 사이에 거리감을 느낀다고 말했던 것이 기억나네. 나는 자네가 폴에게 먼저 말을 건네어 경기에 참석하지 못해서 마음이 아팠다고 하는 것이 필요하다고 생각한다네. 나는 경기에 가지 않고 대신 자네가 계획한 여행을 가기로 한 결정이 잘못된 것일지도 모른다는 생각이 든다네. 만약 폴이 자네 입장이었다면 어떻게 했었겠는가를 한번 물어 보게. 폴에게 자네가 그 여행에 대해 다시금 평가해 보고 싶다는 것과 그의 말을 듣고 싶다는 것을 알리도록 하게."

나는 테드의 말대로 하기로 약속했습니다. 그날 저녁 식사 후에 나는 두 아이들을 거실로 불러 내가 여행에 대해 평가를 해보고 그들의 의견을 듣고 싶다고 했습니다. "지난주의 일부터 얘기를 시작하자꾸나. 갑작스럽게 여행을 떠나는 것과 폴의 경기에 참석하기 위하여 집에 머무르는 것 중에서 어느 편이 옳겠니? 나는 그 일로 인하여 실수하지 않았나 하는 생각이 든다." 폴이 즉시 반응했습니다. "아빠, 제가 괜찮다고 말씀드렸잖아요. 저는 다 이해해요." 그러나 폴의 누나가 끼여들었습니다. "넌 내게 그렇게 말하지 않았잖아! 나는 네가 큰 상처를 입었다고 생각해. 그리고, 아빠, 저도 아빠 생각하고 똑같아요. 아빠가 실수하신 거예요!"

결국 폴은 자기가 깊이 상처를 받았다고 고백했고, 내가 자기에게 관심을 보이지 않았을 때 어떤 느낌이 들었는지를 말했습니다. "아빠는 저와는 전혀 다른 세상에 있다고 느껴졌어요. 너무나 바쁘게 보였기 때문에 저는 아빠를 귀찮게 하고 싶지 않았어요." 딸아이가 덧붙였습니다. "아빠, 아빠가 놓친 것은 더 있어요. 대단한 것은 아니에요. 하지만 아빠는 항상 딴 세상에 계셨어요."

말할 것도 없이 나의 일정과 우선 순위는 크게 흔들렸습니다. 시간적인 요구의 증가와 더불어, 책임 때문에 갑작스런 일이 생겨 가족의 일정과 겹칠 때 생기는 긴장을 해소하기 위하여 새로운 의사 결정 기준을 세워야 했는데, 아내와 아이들, 그리고 테드가 크게 도와주었습니다.

* * *

이와 같은 방식으로 테드와 나는 회계 책임에 대한 첫 도전을 통과하게 되었습니다. 만약 내가 계속 방어적으로 대하거나 "고맙네, 친구. 한번 기도해 보겠네"라고 말하고는 더 이상 생각도 하지 않았다면 아마도 테드는 더 이상 내게 아무 도전도 하지 않았을 것입니다. 테드의 허심탄회한 조언은 내 삶과 가족에게 큰 기여를 했을 뿐만 아니라, 그러한 기회가 더욱 많이 생기도록 하는 시발점 역할을 했습니다.

리전트 대학의 제임스 휴스턴 박사는 막역한 벗의 중요성에 대해 이렇게 말했습니다.

죄는 언제나 우리 자신의 잘못을 보지 못하게 만드는 경향이 있습니다. 우리는 자신의 행동이 결국에는 그리 나쁘지 않다고 스스로 속이는 것을 멈추게 도와줄 친구가 필요합니다. 우리의 초라한 자아상, 자기 과장, 이기심, 교만, 죄악 된 본성, 위험스런 공상, 그리고 그 외 수많은 것들을 극복하도록 도와줄 친구가 필요합니다.

막역한 벗은 기도의 응답입니다. 하나님의 선물이며 기회이며 다른 어떤 것과 견줄 수 없는 자원입니다. 먼저 당신의 "친구"들 사이에서 찾기 시작해야 하며, 함께하며 대화를 나누는 데에 시간을 투자해야 합니다. 개인의 삶, 사역, 가족, 개인적인 필요, 바람 등을 나누십시오. 그러면서 상대방과의 관계가 어떤 방향으로 흘러가는지 눈여겨보십시오. 함께 즐거운 시간을 가지십시오! 서로 잘 맞는 점이 있는지 보십시오. 서로 반응을 보이는지 살펴보십시오. 지속적으로 기도하면서 인내하십시오. 그리고 서로 의미 있는 동료 관계를 맺고 싶은 당신의 바람을 나누기를 주저하지 마십시오. 기꺼이 약점을 드러내도록 하십시오.

* * *

동료간의 코치

멜리사는 8년 동안 중학교에서 가르쳤습니다. 그러나 아직도 수업 시간에 학생들의 참여를 증진시키는 것에 대해서는 자신이 없었습니다. 교사 강습회에서 발표 학습, 팀 작업, 역할 연기 등 여러 가지 방법을 배워 실행해 보았지만 소용이 없었습니다. 자신이 원하는 만큼 학생들의 참여도가 높아지거나 상호 교류가 증대하지는 않았습니다.

어느 날 점심 시간에 멜리사는 동료 교사인 제니퍼와 제인에게 이러한 마음속의 어려움을 나누었습니다. 제니퍼도 학생들의 참여를 이끌어 내는 능력을 향상시키고 싶은 자기의 바람을 나누었고, 이전에 제인의 학급을 참관한 것이 자기에게 얼마나 큰 도움이 되었는지를 나누었습니다. 제인은 학급 내의 상호 교류를 이용하여 수업을 진행하였고 매우 성공적이었습니다. 제인은 겸손하게 자기가 그리 잘하지 못한다고 했지만 멜리사와 제니퍼는 더 잘 알고 있었습니다.

학생들의 참여를 자극하는 것에 대하여 몇 가지 토의를 한 후에, 제인은 대화의 주제를 자기가 직면하고 있는 필요로 옮겼습니다. 수학을 가르칠 때 다른 학생들은 모두 진도를 빨리 나가기를 원하는데 이해 속도가 느린 학생들을 어떻게 가르치느냐 하는 문제였습니다. 제니퍼는 대학 시절에 이 문제에 대하여 몇 과목을 수강한 적이 있었습니다. 그리고 이를 적용하여 실제로 성공하고 있었습니다.

제인은 분명한 제안을 했습니다. "우리 서로를 돕기로 해! 우린 나누어 가질 수 있는 게 많이 있어." 그들은 각각 가르치는 데 있어서 진보가 필요한 한 가지 영역과 개인적인 개발 계획을 정하기로 했습니다. 그들은 서로 만나 정한 것을 나누고, 원하는 바를 더욱 구체적으로 정하여 4,5개월 내에 목표에 도달할 수 있도록 하였습니다. 서로를 자원으로 활용할 줄 알게 되는 과정은 흥미진진하였으며, 서로 배우고 평가해 주기 위하여 다른 사람의 수업을 참관했습니다. 제니퍼는 자기가 배운 교훈을 친구들에게 나누었습니다. 그리고 재능이 뛰어난 학생들 속에서 배우는 속도가 느린 학생들을 돕는 일에 적용하였습니다. 그리고 나서 멜리사와 제인은 제니퍼의 수업을 참관하여 그 원리를 어떻게 적용하는지를 살펴보았습니다.

약 5개월 이상, 각각은 다른 두 사람을 위하여 주제를 준비하였고, 그들은 모두 다른 사람의 수업에 몇 차례씩 참관하였습니다. 전달된 정보는 매우 교훈적이면서도 실제적이었습니다. 그러나 더 나아가 각자의 수업에 대한 평가와 제안은 더욱 값지고 예상치 못한 축복임을 알 수 있었습니다.

그들은 각자의 개인 개발 계획에 대해 서로에게 회계 책임을 졌습니다. 계획을 새로이 하는 시기를 정하여 계획을 계속하도록 격려하며, 그때까지 배운 것을 나누었습니다. 멜리사는 수년 동안 미루어 오던 야간 강좌를 수료했습니다. 제니퍼는 그 다음해에 가르치기로 되어 있던 과목과 연관된 책을 두 권 읽었습니다. 그리고 제인은 자기의 자료 파일을 정리하여 언제든지 사용할 수 있도록 만들었습니다. 그들의 교수 능력은 크게 강화되었고, 학생들의 참여도 새로운 차원으로 올라섰습니다. 심지어 제인의 학급에서는 그 세 명의 교사가 함께 학생들이 적극적으로 참여하는 새로운 방식의 수업을 시도하기도 하였습니다.

멜리사와 제니퍼, 그리고 제인은 동료 코치의 유익을 경험하였습니다. 공립학교의 교사 향상 프로그램에 익숙해 있는 사람은 지난 10년간 전국에 걸쳐서 개발된 이러한 상호 인도에 대하여 잘 알고 있을 것입니다.

상호 인도는 서로 같은 관심을 가진 영역에서 둘 혹은 그 이상의 동료가 어떤 능력을 개발하고자 할 때 생깁니다. 사실상, 어떤 그룹에서든 누군가 경험과 지식이 있어서 다른 사람들의 개발을 도와줄 수 있는 사람이 있습니다. 그러나 누군가 주도권을 가지고 시작하지 않으면 이러한 관계는 일어나지 않습니다.

우리는 지금까지 상호 인도가 젊은 주부, 보이스카웃 지도자, 투자가, 성경공부 인도자, 주일학교 교사, 그리고 다른 수많은 직업이나 공통 관심사 그룹에서 일어나는 것을 보았습니다. 훌륭한 자원이 언제나 준비되어 있으며, 배우고자 하는 사람을 기다리고 있습니다.

외부 동료와 내부 동료

크기가 어떠하든 조직이나 그룹 내에 있는 사람들은 그들 안에서 동료 관계를 개발하려고 할 것입니다. 이는 자연스러운 현상인데, 직장이나 사역 속에서 동료들과 굉장히 많은 시간을 보내기 때문입니다. 그러나 우리는 이러한 상황 가운데서 특별한 필요가 있는 것을 발견하였습니다. 우리는 이를 외부 동료와 내부 동료로 부르기로 하겠습니다.

분명히, 내부 동료는 그룹이나 조직 내에서 발견되며, 외부 동료는 조직 바깥에서 발견됩니다. 우리는 둘의 균형을 권장합니다. 둘 모두 중요합니다. 조직 내에서의 관계를 즐기며 대부분의 시간을 조직에서 보내는 사람은 오직 내부 동료 관계만 개발하기가 쉬울 것입니다. 내부 동료는 동일한 것을 알고 있으며, 그룹 내의 사람들만 알고 있는 비밀스런 것도 나눌 수 있는 안전한 장소로서의 역할도 합니다. 반면에, 외부 동료는 어떤 그룹에서도 발견되듯이 좁은 시야로 가려는 경향을 객관적인 관점에서 평가해 줄 수 있습니다. 외부 동료와 내부 동료는 교회, 교제 그룹, 사역, 기독교 기관, 그리고 직장 등에서 필요합니다.

상호 인도의 세 가지 요소

우리의 성상 모형에 대한 개관을 통해 동료간의 상호 인도에 대하여 몇 가지 중요한 점을 살펴볼 수 있었습니다. 동료는 회계 책임과 함께 도전적인 전망을 제공해 주어야 합니다. 회계 책임 및 전망과 더불어 능력 부여가 일어나려면 상호 인도 관계에 적어도 세 가지 종류의 관계적 요소가 필요합니다. 서로 잘 맞아야 하며, 즐거움을 주어야 하고, 능력 부여가 일어나야 합니다.

서로 잘 맞음…

먼저 동료는 서로를 용납하며 서로 존중해야 합니다. 상대방에게 매력적인 면이 분명히 있을 것입니다. 물론 서로 다른 점이 있을 수 있으나, 각자 자기가 좋아하며 사귀고 싶은 사람이 있을 것입니다. 이것은 서로에게 분명히 어울리는 점이 있다는 증거입니다. 그러나 처음부터 이러한 결합과 화합이 일어나지는 않습니다. 어떤 경우에는 첫 인상이 좋지 않아 그런 화합이 일어나지 않을 때도 있습니다. 그러나 서로간에 상대방에 대한 존경심이 생기기 위해서는 서로 잘 어울린다는 생각이 들어야 합니다.

이러한 생각이 없는 경우에는 회계 책임을 지거나 힘을 북돋는 일이 생기지 않습니다.

즐거움…
잘 맞는 것 외에 상호 인도 관계는 즐거워야 합니다. 상호 인도자는 함께 있기를 좋아합니다. 공통적으로 즐기는 취미, 관심사, 혹은 훈련을 통해서 즐거워하는 마음이 개발될 수 있습니다. 사실상, 이러한 공통의 관심사는 용납을 위한 발판을 마련합니다. 만약 당신이 동료 인도자와 함께 있기를 즐긴다면, 당신은 함께 있는 시간을 위해 시간을 투자할 것입니다. 이것이 관계 형성에 꼭 필요합니다. '함께 즐기는 시간'은 '진지하게 보내는 시간'만큼이나 중요합니다. 사실, 두 종류의 시간은 각각 다른 시간을 더욱 효과적으로 만들어 줍니다. 동료 관계를 서로 계발하는 데에는 함께 식사를 하거나 운동을 하거나 상대방의 취미를 배우거나 아니면 특별한 일이 없이 그냥 함께 있는 시간을 갖는 것이 필요합니다. 이러한 것들은 친구라면 쉽게 할 수 있는 것이지만 일 중심적인 사람들에게는 어려운 것들입니다.

능력 부여…
상호 인도에 꼭 필요한 마지막 요소는 개방적인 마음, 신뢰, 헌신, 그리고 비밀 유지의 중앙에 위치하고 있습니다. 이는 바로 능력 부여라는 요소입니다. 이 요소는 효과적인 상호 인도 관계에서 중심적인 위치를 차지합니다. 상호 인도자는 중요한 문제에 관해서 상대방에게 투명하게 자기를 개방할 줄 알아야 하며, 이 요소가 빠지면 능력 부여가 일어나지 않습니다. 물론 개방하는 정도는 관계가 진전됨에 따라 커질 것입니다. 사실 투명함 혹은 개방의 깊이는 상호 인도 관계가 효과적으로 이루어지느냐에 대한 주요한 표시등이 됩니다. 개방하는 태도는 다른 두 가지 요소에 달려 있습니다. 바로 신뢰와 비밀 유지입니다. 만약 당신이 동료를 신뢰하며 그가 당신의 비밀을 보장하여 줄 것이라고 믿는다면, 당신의 삶을 개방할 수 있을 것입니다. 이러한 개방으로 말미암아 당신은 서로의 문제나 잠재적 문젯거리를 발견할 수 있으며, 서로 능력을 부여하기 위하여 개입할 수 있게 됩니다. 그러나, 당신이 헌신적으로 그런 일을 하지 않으면 여전히 아무것도 배울 수 없습니다.

그러므로 용납, 화합, 즐거움, 함께함, 개방, 신뢰, 비밀 유지, 그리고 헌신이란 단어는 상호 인도자가 효과적인 관계를 이루기 위하여 추구해야 할 중요한 요소를 설명해 주고 있습니다.

가까이 있느냐와 지속적으로 만날 수 있느냐는 이러한 요소들이 잘 살려지기 위해서 꼭 필요한 사항입니다. 상호 인도의 관계에 있는 사람들은 상대방이 함께하기 원할 때면 언제든지 응할 수 있도록 "마음"과 "환경"이 "준비"되어 있어야 하며, 뿐만 아니라 정기적으로 함께하는 시간을 지속적으로 가져야 합니다. 그래야 동료 인도 관계가 제대로 역할을 다할 수 있습니다. 정기적으로 할 수 있느냐는 당신의 일정 및 얼마나 가까이 있느냐에 달려 있습니다. 이상적인 것은 당신의 동료 인도자(친구 혹은 막역한 벗)와 일주일에 한 번 내지 두 번 만나는 것입니다. 만약 한 달마다 만난다면 만나는 시간을 충분히 길게 확보하는 것이 필요합니다. 상향 인도의 경우에는 멀리 떨어져 있는 경우에도 잘 이루어질 수 있지만, 그러나 상호 인도의 경우에는 덜 효과적입니다.

동료 관계를 확립하는 법

우리는 동료 인도자는 하나님께서 주시는 것이라 믿습니다. 때때로 당신은 삶에서 분명하게 필요가 보이는 때가 있어서 이러한 필요를 채워 줄 특별한 사람, 아마도 상호 인도자를 찾을지도 모릅니다. 그러나 대개는 이러한 역할은 상향 인도자에 의해서 제공됩니다. 상호 인도는 본질적으로 관계에 초점을 맞춥니다. 이에 비해 다른 인도 관계는 필요를 채우는 기능 중심입니다. 그렇기 때문에 상호 인도 관계에서 당신이 어떠한 종류의 사람을 필요로 하는지는 알지 못할 때가 많습니다. 그러므로 당신에게 상호 인도자가 될 사람을 보내어 주시도록 하나님을 의뢰해야 합니다.

당신은 깨어 있을 수 있습니다. 당신에게 상호 인도자가 필요하다는 것을 알 수도 있습니다. 친구 인도자 관계를 지속적으로 추구할 수도 있습니다. 그러나 결국에 상호 인도자에게로 당신을 이끄시는 분은 하나님이십니다. 우리가 상호 인도에 대하여 쓴 안내 지침은 이러한 확신에 근거해서 나온 상식적인 내용들입니다.

표 12-2. 상호 인도 관계 확립을 위한 단계

1. 기도하고 찾으십시오. 필요한 관계를 위해 하나님을 적극적으로 의뢰하십시오. 당신이 속한 곳에서 그러한 관계를 찾아보십시오.
2. 만나십시오. 서로 잘 맞는지를 알아보십시오. 함께 즐거운 시간을 가지십시오. 관계 형성에 기본이 될 일들을 하십시오. 공통된 가치관이나 희망 사항을 발견하십시오.
3. 희망 사항을 나누십시오. 그리고 상호 인도 관계에서 기대하는 바를 구체적으로 정하십시오.

4. 시간을 투자하십시오. 당신의 일정과 활동 중에서 우선 순위를 두어, 서로의 관계가 깊어져서 능력 부여의 수준까지 이를 수 있도록 필요한 시간을 확보하십시오. 서로 속한 영역이 겹쳐질수록 함께 시간을 보내며 노출되는 시간이 많아지며, 이는 관계가 발전하는 데에 중요한 열쇠가 되는 요소입니다.

치료보다는 예방

앞에서도 언급하였지만 일생 동안 지도자가 발전하는 과정을 살펴본 연구에 의하면 마지막까지 성공적으로 잘 끝마치는 지도자가 드물다는 것입니다. 인생에는 곁길로 가게 할 소지가 있는 영역들이 많이 있습니다. 일반적인 중요한 다섯 가지를 예로 들면 다음과 같습니다.

- ◆ 이성
- ◆ 권력
- ◆ 교만
- ◆ 가족
- ◆ 돈

당신은 이 모든 영역에서 실패의 징후들이 보일 때 이를 바로 잡을 수 있습니다. 특히 시작 단계에서는 좀더 쉽습니다. 그러나 이를 위해서는 주로 동료 인도와 같은 아주 특별한 관계가 필요합니다. 상향 인도자는 여러 가지 면에서 당신이 개발되도록 도와줄 것입니다. 그러나 그들은 당신과 많은 시간을 함께 보내 준다거나 상호 인도자처럼 친밀한 관계를 제공해 줄 수 없습니다. 그리고 하향 인도 관계에 있는 피인도자도 당신에게 예방 조치를 취해 줄 수 있는 능력이나 책망하고 바로잡아 줄 수 있는 자격을 갖고 있지 못합니다. 그러나 동료 인도자는 이렇게 할 수 있습니다.

지도자들은 동료 인도자가 필요합니다. 그리스도인 지도자로서 실패하는 일들이 바로 동료들 사이에 친밀한 관계가 형성되지 않은 데서 생기는 경우가 많습니다. 이렇게 되어서는 안 됩니다. 모든 지도자는 회계 책임을 진 동료 관계를 개발하기를 선택해야 합니다. 즉, 이러한 관계를 위해 우선 순위를 두며, 시간을 투자하고, 서로 회계 책임을 지기를 선택해야 합니다.

요약

> 형제들아, 너희가 삼가 혹 너희 중에 누가 믿지 아니하는 악심을 품고 살아 계신 하나님에게서 떨어질까 염려할 것이요, 오직 오늘이라 일컫는 동안에 매일 피차 권면하여 너희 중에 누구든지 죄의 유혹으로 강퍅케 됨을 면하라. 우리가 시작할 때에 확실한 것을 끝까지 견고히 잡으면 그리스도와 함께 참예한 자가 되리라.
> (히브리서 3:12-14)

> 두 사람이 한 사람보다 나음은 저희가 수고함으로 좋은 상을 얻을 것임이라. 혹시 저희가 넘어지면 하나가 그 동무를 붙들어 일으키려니와, 홀로 있어 넘어지고 붙들어 일으킬 자가 없는 자에게는 화가 있으리라.
> (전도서 4:9-10)

철이 철을 날카롭게 하는 것같이 사람이 그 친구의 얼
굴을 빛나게 하느니라.

(잠언 27:17)

오늘날과 같이 성공 지향적이고 개인주의가 팽배한 사회에서
는 성장을 위해 필요한, 가깝고 친밀한 관계를 형성하는 것이 방
해를 받습니다. 지도자로서 지위가 올라갈수록 상호 인도의 기
회를 갖기가 힘들어집니다. 그러나 지도자의 지위가 올라갈수록
곁길로 빠질 위험은 더욱 커지며, 동료와 회계 책임을 가진 관계
를 형성하는 것의 중요성은 더욱 커갑니다.

그러한 친구 관계는 저절로 생기지 않습니다. 이러한 관계는
하나님께로 말미암습니다. 또한 상대방이 최선의 유익을 얻도록
하기 위해서는 자유롭게 개입할 수 있고 여러 가지를 잘 나누는
관계가 필요한데, 그러한 자유롭고 개방적인 관계를 형성하기
위해서는 관계 개발을 위한 노력이 뒤따라야 합니다.

추가 연구(12장)

1. 그림 12-1에 있는 동료 관계의 형태를 사용하여 각 영역에
   속한 당신의 동료 이름을 적어 넣으십시오. 이 장에서 설명
   한 각 형태의 정의에 충실하기를 바랍니다. 당신은 두려움
   이나 교만 때문에 동료 관계를 더욱 깊이 가지지 못하고 뒤
   로 움츠러들지는 않습니까?

2. 가. 성구사전을 사용하여 친구라는 주제에 대한 주제별 성
   경공부를 하십시오. 회계 책임을 가진 친구 관계에 대한

다양한 면을 고찰해 보십시오. 당신이 찾은 구절들에다 200쪽에서 언급한 "서로"가 들어간 구절들을 포함시키십시오. 그리고는 앞 문제에서 기록한 사람들이 친구로서 어떤 수준으로 행동하고 있는지를 평가해 보고 점수를 매겨 보십시오.

나. 이 공부를 통해 배운 바를 적용하기 위하여 이번주에 할 수 있는 일을 구체적으로 적어 보십시오. (예를 들어, 친구 한 명을 택하십시오. 그에게 영적 성장에 대하여 어떻게 격려할 수 있겠습니까?)

3. 그 다음에, "서로" 함께하는 것과 연관하여 당신의 삶을 평가해 보는 시간을 가지십시오. 당신은 얼마나 다른 사람들을 향하여 수용적인 태도를 가지고 있는 사람인지 점수를 매겨 보십시오. 당신은 다른 사람의 격려나 책망을 잘 받는 사람입니까? 당신의 짐을 질 수 있도록 다른 사람들이 당신의 삶에 들어오게 합니까?

4. 당신의 친구나 막역한 벗이 어떤 방법으로 당신의 삶에 회계 책임을 부여하고 있습니까? (만약 없다면, 당신은 당신의 생각만큼 그들이 당신의 삶에 들어오도록 한 것이 아닙니다.)

5. 다음 질문을 생각해 보십시오. 당신의 삶의 여러 영역 중에서 다른 영역들보다 친구에게 회계 책임을 더욱 쉽게 허락하는 영역이 있습니까? 고침을 받기 어려워하는 영역은 무

엇입니까? 꽉 닫아 놓고 다른 사람들이 들어오기를 허락하지 않는 영역은 무엇입니까? 왜 그렇습니까? 그 영역은 당신 혼자 노력해서 개발할 수 있습니까?

6. 한 영역과 친구를 정한 다음, 이번주에 그 영역에 대하여 당신에게 어떤 질문을 해도 좋으며, 그에 대해 회계 책임을 지겠다고 친구에게 알리십시오. 이것이 바로 시작입니다.

제 13 장

인도의 십계명

❖

모든 인도 관계가 효과적으로 진행되지는 않습니다. 어떤 경우에는 서로가 실제로 가능한 것보다 더 많은 것을 기대하기도 합니다. 때때로 정체 상태에 머물기도 합니다. 어떤 경우에는 이리저리 표류하다가 제대로 끝을 맺지 못하는 경우도 생깁니다. 인도 관계는 실망을 줄 수도 있습니다. 어떻게 고쳐야 할지 혹은 어떻게 개선해야 할지를 모를 때도 있습니다. 그럴지라도 당신은 능력 부여의 유익을 경험할 수 있습니다. 어렵게 배움으로써 당신은 당신의 인도 관계를 개선할 수 있는 실제적인 방안을 발견하기도 할 것입니다.

당신의 구체적인 인도 관계에 도움이 되는 중요한 지침을 많이 나열할 수도 있으나, 이 장에서는 강도 높은 정기적 인도나 부정기적 인도 관계에 도움이 된다고 생각되는 몇 가지 일반적인 지침을 소개하고자 합니다. 당신 스스로가 새로운 것을 더할 수도 있을 것입니다. 그러나 다음 사항들은 시작하려는 사람에게 좋은 자료가 될 것입니다.

표 13-1. 인도의 십계명

1. 인도 관계를 확립하라.
2. 각자가 이 관계의 목적에 동의하라.
3. 규칙적으로 만날 시간을 정하라.
4. 회계 책임의 형태를 정하라.
5. 의사 소통 방법을 정하라.
6. 비밀 유지의 수준을 명확히 하라.
7. 이 관계의 시작과 끝을 정하라.
8. 이 관계를 수시로 평가하라.
9. 인도가 일어나는 실제 상황에 맞추어 기대치를 조절하라.
10. 인도 관계를 끝맺으라.

계명 1 : 관계

관계가 강할수록 능력 부여도 커집니다. 수평이든 수직이든 성상 모형에 나온 모든 관계는 꼭 필요한 것입니다. 때때로 인도 관계는 저절로 형성되어 자연스런 방법으로 계발됩니다. 어떤 경우에는 시간이 걸리며 깊이 생각해야 합니다. 서로 일치하며 화합하는 것은 참으로 유익한데, 특히 상호 인도의 경우에 더욱 그러합니다. 대부분의 관계는 친밀한 수준으로 발전하지 않을 것이며, 사실 모든 관계가 그렇게 될 필요는 없습니다. 그러나 마음속에 그 관계를 지속적으로 계발할 필요가 있다는 사실을 명심해야 합니다.

계명 2 : 목적

어떤 경우에는 인도가 실망적일 때가 있습니다. 이러한 실망감은 종종 서로의 기대가 다르다든지 제대로 채워지지 않았다는 데 그 원인이 있습니다. 우리는 경험을 통하여 인도 관계가 시작될 때 기대치를 서로 표현하며, 토의를 통하여 동의점을 찾는 것이 필요하다는 것을 발견하였습니다. 두 번째 계명부터 여덟 번째 계명까지는 기대치의 여러 가지 중요한 영역을 다루고 있습니다. 기대치와 더불어 당신은 토의를 통하여 인도 관계의 기본적인 목표나 목적을 서로 분명히 정하는 것이 좋습니다.

계명 3 : 규칙성

인도자와 피인도자가 얼마 만에 한 번씩 만나야 하느냐에 대한 기대치가 다르기 때문에 실망감이 생길 수도 있습니다. 어떤 인도자는 마음속으로 그리 자주 만날 필요가 없다는 생각을 할 수도 있습니다. 반면 성장하는 피인도자는 시간을 더욱 많이 가지기를 원하는 경우가 있을 것입니다. 이 점에 관하여 대화를 나누는 것이 필요합니다. 그리고 규칙적으로 만나는 시간과 더불어 특별한 예고 없이 만나는 것에 대한 기본적인 약속을 하는 것이 필요합니다. 미리 예고 없이 만나는 시간에 대한 약속이 사전에 잘 되어 있으면 관계 발전에 매우 큰 유익을 줍니다. 그러나 인도자가 우선 순위가 있는 여러 책임에 깊이 관여하고 있을 때 시간이 부족함으로 말미암아 갈등이 생길 수도 있습니다. 관계의 시작 초기에 이러한 면을 분명히 하도록 해야 합니다.

정기적인 인도의 경우에 직접 대면하거나 전화를 통하여 적어도 일주일에 한 번 정도 만날 때 효과적으로 이루어질 수 있습니다. 만약 피인도자가 스스로의 동기력으로 시작하는 사람이거나 많은 책임을 지고 있는 사람이라면 그 정도는 변화할 것입니다.

계명 4 : 회계 책임

회계 책임 혹은 상호 책임은 인도에 아주 중요한 요소입니다. 다른 것과 마찬가지로 이것도 저절로 생기지는 않습니다. 이를 위해 계획을 세워야 합니다. 과제를 어떻게 정하며 감독해야 할지에 대하여 서로 약속을 해야 합니다. 능력 부여의 핵심은 인도자가 피인도자에게 무엇을 나누느냐에 있지 않고 인도자가 피인도자에게 부여한 과제가 어떻게 이루어지느냐에 있습니다. 유익을 얻으려면 과제를 완성해야만 합니다. 회계 책임은 이러한 유익이 발생하도록 하는 자극제의 역할을 합니다. 왜냐하면 변화 자체가 어려울 뿐만 아니라 회계 책임이 없으면 변화는 거의 일어나지 않기 때문입니다. 회계 책임은 여러 가지 방법으로 이루어질 수 있습니다: 서면 보고, 예정된 전화 통화, 만났을 때 묻는 질문, 혹은 계획된 평가 시간 등. 인도자는 회계 책임이 이루어지도록 하기 위하여 피인도자가 적극적으로 책임을 다하는 것을 보고 싶어합니다. 피인도자가 스스로 주도권을 쥐고 회계 책임을 부과하면 능력 부여는 가속화되며 증진됩니다.

* * *

편지로 기대치를 표시함

인도자에 따라 목표와 만나는 정도와 회계 책임을 정하는 데에 차이가 있습니다. 다음에 주어진 예는 가볍지 않은 것이어서 모든 사람에게 맞지는 않을 것입니다. 그러나 이를 통해 인도의 두 번째, 세 번째, 그리고 네 번째 계명이 의미하는 바를 잘 살펴볼 수 있습니다.

마크와 게일에게,

여러분은 지난해에 나[로버트]의 강의를 들은 사람들 중에서 최상위에 속하는 학생들이었습니다. 모든 강의마다 탁월함을 성취하기 위하여 창의적인 태도를 보여 주었습니다. 나는 장래에 여러분이 지도자로 쓰임받도록 하나님께서 많은 것을 예비해 두셨다고 믿습니다. 인생의 중요 시점에 서 있는 여러분에게 필요한 것들을 공급할 수 있다는 것에 대하여 감사함을 느끼고 있습니다. 나는 여러분이 하고자 한다면 더 많은 것을 기여할 수 있다고 생각합니다. 그래서 다음 여섯 달 동안 여러분과의 인도 관계를 맺는 것에 대해 제안하니 고려해 보기 바랍니다. 나의 제안 사항을 잘 읽어 보고 답장을 보내어 주기 바랍니다.

우선 나의 견해에서 볼 때, 여러분과의 인도 관계에서는 다음 여섯 가지를 포함하는 것이 좋다고 봅니다.

1. 나는 여러분 각자가 개인적인 성장 계획을 작성하기를 원합니다. 예를 들어 말씀 섭취, 기도 생활, 구체적 기술의 개발 등이 있지만 여러분이 관심을 가지고 있는 어떤 것이든 좋습니다. 나는 그것에 대하여 여러분이 회계 책임을 행할 수 있도록 도울 것이며 그 계획에 대하여 조언을 할 것입니다. 계획의 종류, 범위, 회계 책임의 수준, 그리고 계획의 종료는 여러분에게 달려 있습니다. 나는 단지 여러분이 그 영역에서 진보하도록 도울 것입니다. 지금까지의 나의 경험으로

는 개인 성장 계획은 성장에 대한 관심을 유지하는 데에 매우 큰 자극을 주었던 방법입니다.

2. 여러분은 내게 **언제든지 찾아올 수 있습니다**. 내 사무실에 시간 약속을 적어 놓을 수도 있으며, 집으로 전화를 해도 좋습니다. 어떤 방법이든 좋습니다. 나는 언제나 여러분과 함께할 준비가 되어 있습니다. 더불어, 이 인도 기간 동안 나는 여러분을 위하여 기도할 것입니다.

3. 어떤 종류이든 **영적인 훈련**을 포함시키기를 바랍니다. (매월 한 가지일 수도 있고 두 가지일 수도 있습니다.)

4. 우리는 **정기적으로 회계 책임**을 점검하는 시간을 가질 것이며 서로 **나누는 시간**도 가질 것입니다. 여러분의 진도에 달려 있기는 하지만 한 달에 한 번 혹은 두 번 정도 만나는 것이 좋을 것입니다. 또한 여섯 달의 기간 동안 한 차례 정도 내가 인도하고 있는 모든 사람들과 함께 모여 간단한 식사를 하며 각자의 삶을 나누는 기회를 가지기 원합니다. 우리가 정기적으로 만나는 시간에 나는 다음과 같은 것들을 나누기 원합니다: 일생 동안의 말씀 섭취 계획과 연관하여 내가 해온 것, 나의 기도 생활(기도의 방법, 기도 노트…), 그리고 성경 해석 방법, 영적 권위, 활력이 넘치는 영적 삶의 비결 등등.

5. 이 기간 동안 나는 여러분이 **말씀과 연관하여 두 가지 훈련**을 하기 원합니다. 구체적으로 말하면 다음과 같습니다. 첫째, 균형 잡힌 성경공부 방법을 사용하여

여섯 달 동안 말씀을 체계적으로 공부하는 것입니다. 둘째는 이른바 종합적인 관점에서 성경 말씀을 공부하는 것입니다. 즉 성경 전체를 하나로 바라보며, 각각의 책을 성경의 전체적인 문맥 가운데서 파악하는 것입니다.

6. 나는 종종 여러분의 사역에 함께하고 싶습니다. 즉, 여러분을 방문하여 여러분이 하고 있는 것을 관찰하여 실제 행동을 보며 여러분의 제자들이 어떻게 행하는지를 보고 싶습니다. 그리고 마찬가지로 내가 사역하는 모습을 여러분도 보기를 원합니다. 아마도 정기적인 강의 시간 외에 내가 행하는 특별한 사역의 기회에 함께할 수 있을 것입니다.

마크와 게일, 나는 이것이 여러분에게 매력적인지 아닌지 잘 모르겠습니다. 아니면 아직 시기가 적절하지 않거나 혹은 여러분이 현재 다른 일 때문에 너무 바쁜지도 모릅니다. 조금도 부담을 느끼지 말고 이 제안을 거절해도 좋으며, 혹은 여러분의 시간 계획에 따라 적절하게 바꾸어도 좋습니다. 이번 기회에 응하지 않거나 계획을 수정한다고 해서 여러분을 절대로 과소평가하지 않을 것입니다.

여러분 모두 이 제안에 대하여 기도하여 보고, 1월 첫 주가 끝나기 전까지 알려 주기 바랍니다. 만약 원한다면, 우리는 위에서 말한 몇 가지 과제에 대하여 계획을 세워야 합니다.

* * *

기대치를 수정함

테리와 나[폴]는 어떻게 하면 의미 있는 삶을 살 것인가라는 주제로 대화를 했습니다. 테리는 내가 말한 몇 가지 내용에 긍정적인 반응을 보이며 다시 만나기를 원했습니다. 나는 그에게 지상사명에 대한 다섯 구절을 소개하며 그 구절들과 연관하여 작은 과제를 주면서, "과제를 마친 후 우리 함께 만나 토의해 봅시다. 전화해 주십시오"라고 말했습니다.

며칠 후에 테리는 내게 전화를 걸었고, 우리는 지상사명에 대하여 대화를 나누며 그리스도의 제자에게 어떤 의미가 있는지를 토의했습니다. 테리는 다른 사람을 제자삼는 일에 열의가 있었습니다. 그래서 그러한 목적을 가지고 함께 만나자고 제안했습니다. 그는 받아들였고, 우리는 시작했습니다.

첫 만남에서 우리는 그가 원하는 바와 그에게 필요한 사역의 기술, 그리고 제자삼는 일에 대한 성서적인 기초에 근거하여 계획을 세웠습니다. 우리는 서로 기대하는 바를 토의하였습니다. 그리고 회계 책임의 필요성도 나누었습니다. 우리는 함께 그리스도를 따르며, 서로를 위해 기도하고, 상대방에게 개방하고 정직하기로 개인적으로 약속하였습니다. 4개월 후에 테리가 다른 두 사람을 제자삼기 시작할 때 이 계획은 약간 바뀌었습니다. 그의 필요와 질문 내용이 바뀌었기 때문에 우리는 이에 맞추어 적응하였습니다. 다른 사람을 제자삼고 있는 사람을 도와주는 것보다 더 신나고 흥미진진한 일은 없습니다.

* * *

계명 5 : 의사 소통의 기술

종종 인도자는 피인도자의 삶에서 교정이 필요하거나 염려가 되는 영역을 발견합니다. 이러한 점을 언제 어떻게 전달하느냐를 분명히 정하는 것은 매우 중요한 일로서 인도 관계의 초기에 이루어져야 합니다. 특히 동료 사이에서는 더욱 중요한데, 동료들은 개인적인 영역에서까지도 상대방에게 회계 책임을 지는 경우가 생기기 때문입니다. 인도자로서, 우리는 피인도자들에게 다음과 같이 묻습니다. "만약 당신의 삶에 필요가 보이거나 염려되는 점이 있다면 – 어떤 때는 부정적인 점도 있는데 – 언제 어떻게 이것을 알려 주기를 원합니까?" 이러한 시기와 방법을 제대로 아는 것은 중요합니다. 고쳐 주거나 도전을 해주어야 할 기회가 생길 때(이런 경우는 반드시 생깁니다!) 우리가 그렇게 할 수 있는 준비를 미리 갖추고 또한 상대방으로부터 성숙한 반응을 이끌어내려면 꼭 필요하기 때문입니다. 이는 서로에게 헌신된 동료들끼리 서로 약속을 할 때 꼭 토의를 해야 하는 중요한 문제입니다. 피인도자편에서 먼저 교정과 책망에 대하여 개방된 태도를 보이면 더 바람직합니다. 인도자의 도전에 대해 배우며 성장하고 적극적으로 반응하려는 태도를 보이면, 인도자가 훨씬 자유함 가운데 말해 줄 수 있습니다.

계명 6 : 비밀 유지

　계명 5와 6은 의사 소통과 관련되어 있습니다. 계명 5는 인도자와 피인도자 사이의 의사 소통을 다루고 있으며, 계명 6은 인도 관계 밖에서 일어나는 의사 소통에 대하여 다루고 있습니다. 인도 관계가 깊어질수록 피인도자와 인도자는 개인적인 일에 대해서도 나누게 됩니다. 이 경우에 인도자나 피인도자는 이러한 일들이 그들 이외의 사람들에게 알려지는 것을 원하지 않을 수도 있습니다.

　비밀 유지에 영향을 끼치는 요소에는 몇 가지가 있습니다. 한 가지 요소는 인도자와 피인도자의 개성입니다. 어떤 사람들은 쉽게 상처를 받지만, 어떤 사람들은 비교적 강할 수 있습니다. 어떤 사람들은 개인적인 일들이 알려지는 것에 개의치 않기도 하지만, 자기의 개인적인 관심사를 다른 사람들이 알게 된다는 사실에 때문에 마음에 위협을 느끼는 사람들도 있습니다. 심지어 나이조차 알려지기를 꺼려합니다.

　인도 관계에서는 비밀 유지와 연관된 상대방의 개인적 생각이나 감정을 이해해 주어야 합니다. 당신이 인도 관계를 맺고 있는 사람들 하나 하나에 대하여 이 점을 충분히 고려해야만 합니다. 상담을 할 경우에는 모든 일을 비밀에 붙여야 하며, 사전 허락 없이 다른 사람에게 나누어서는 안 됩니다. 다른 형태의 인도 관계에서도, 당신이 나누는 것이 다른 사람에게 공개하고 싶지 않은 것일 때에는 서로에게 이를 명확히 해야 합니다. 이러한 간단한 말 한 마디가 자유롭게 말할 수 있도록 해주고 나중에 생길지도 모르는 큰 슬픔을 방지할 수 있습니다.

계명 7 : 인도의 시작과 끝

인도의 기간은 능력 부여가 일어나는 기간에 따라 달라집니다. 이를 반드시 기억하고 당신이 맺고 있는 인도 관계에 타당한 기간을 정해야 합니다. 제한 없이 무한정 인도 관계를 갖는 것을 피하십시오. 인도 관계를 시작할 때 영원히 지속되리라는 기대를 하지 마십시오. 사실상, 길어질 가능성이 있는 인도 관계는 적당한 크기로 쪼개는 것을 권장하고 싶습니다. 그렇게 함으로써 각 전환점마다 원한다면 인도 관계를 끝낼 수 있어야 합니다. 만약 주어진 목표나 회계 책임의 수준을 성취하기 위해서는 약 6개월 정도의 시간이 걸린다고 한다면 3개월 동안의 좀더 작은 목표를 설정하고 평가하는 것이 좋습니다. 그렇게 하면 만약 인도 관계를 통해 기대가 채워지지 않을 경우에도 안색이 변하지 않고 관계를 끝낼 수 있게 됩니다. 반면에 관계를 통하여 유익을 얻고 있다면 관계를 지속할 수 있고, 새로운 평가 시점을 정할 수 있습니다. 서로 끝내기를 두려워하며 오랜 기간 동안 불편한 관계를 유지하는 것보다는 새로이 시작할 수 있는 여지를 두며 계획 기간을 짧게 하고, 평가의 기회와 끝내는 시점을 갖는 것이 더 좋습니다.

요약하면, 다음과 같은 기본 지침을 따르는 것이 좋습니다. 즉, 현실적인 시간 제한을 두라는 것입니다. 서로가 관계가 악화되지 않는 상태에서 끝낼 수 있는 시점을 정하라는 것입니다. 지속하자는 제안을 받아들일 여지는 계속 열어 두십시오. 어떤 인도 관계에서도 시간 제한을 두는 것이 필요하다는 것을 염두에 두시기 바랍니다.

계명 8 : 평가

이상적인 인도 관계는 하나도 없습니다. 기대치가 완전히 채워지는 경우는 거의 없습니다. 인도 관계는 수시로 평가가 필요합니다. 현명한 인도자는 세 가지 역동적 요소(매력, 적극적 반응, 회계 책임)와 능력 부여라는 기준을 사용하여 인도 계획의 진행 상태를 중간 중간 평가합니다. 이를 통해 중간 수정이 가능합니다. 평가는 주로 인도자의 몫입니다. 피인도자는 성장하는 것을 느끼기는 하겠지만 효과적으로 평가할 만한 전체적 시야나 전망이 없습니다. 따라서 함께 평가하는 것이 가장 좋습니다.

사실, 인도를 할 때마다 인도자가 먼저 전체 과정을 조망하고 진보가 이루어진 점은 무엇이며, 문제가 있는 것은 무엇이고, 인도를 증진시키기 위하여 그 시점에서 마땅히 해야 할 일이 무엇인지를 아는 것이 필요합니다.

다음은 우리가 제안하는 평가 단계의 예입니다.

단계 1: 인도자가 먼저 다음 사항을 스스로 평가한다.
- 관심도
- 기도
- 과제
- 흥미도
- 지속성
- 변화의 필요성

단계 2: 인도자가 적절한 자기 변화를 시도한다.
단계 3: 인도자와 피인도자가 함께 평가하고 토의한다.
단계 4: 상호 동의하에 기대치를 새로 정하거나 수정한다.

계명 9 : 기대치

계명 8과 9는 동전의 양면과 같습니다. 평가할 때 계명 8은 주로 인도자의 책임이며, 계명 9는 주로 피인도자의 책임입니다.

　기대치는 인도 관계에서 가장 실망을 주는 뿌리가 됩니다. 채워지지 못한 기대치를 벌충하는 기본적인 법칙은 다음과 같은 간단한 것입니다. 즉, 기대치가 실제 인도 상황에 맞는지 평가하고, 그 평가에 따른 결과를 인도 과정에 재반영하여 실제 상황에 맞게 기대치를 수정하라는 것입니다. 현실 상황은 당신이 전혀 예상치 못하는 복잡성을 띠고 있기 때문에 당신이 이상적인 기대치에 이를 때가 거의 없다는 것을 알고 있어야 합니다. 그러나 당신은 실제적인 기대치에는 도달할 수 있을 것입니다. 인도를 진행한 후에, 당신이 기대한 이상치를 현실적으로 일어날 가능성이 높은 것에 맞추어 조절하시기 바랍니다. 이렇게 할 때 능력 부여가 일어나고 기쁨이 있다는 사실을 알기 바랍니다. 이상적인 기대치에 미치지 못한다는 사실 때문에 인도에 대하여 실망할 필요는 없습니다.

계명 10 : 종료

지금까지 여러 곳에서 반복해서 말한 기본 원리는 "끝낼 것을 염두에 두고 시작하라"는 것이었습니다. 모든 인도는 이러한 기본적인 원리를 따라야 합니다. 종료는 인도 관계를 만족스럽게 끝내는 것과 연관이 있습니다. 분명한 끝마침을 염두에 두지 않은 수직적 인도는 피인도자나 인도자 모두 불편한 감정 가운데 흐지부지 끝날 가능성이 많습니다. 수직적 인도는 영구히 지속되는 것으로 계획할 필요는 없습니다. 인도를 즐겁게 끝내려면 분명한 끝마침이 필요합니다. 양쪽 모두 평가하여 어디서 어떻게 능력 부여가 일어났는지를 알아야 하며, 인도 관계를 함께 끝내야 합니다. 성공적으로 끝마침을 한 인도의 경우에는 나중에 부정기적인 인도가 일어나며, 필요할 때마다 삶을 서로 나누는 지속적인 친구 관계가 형성됩니다. 그러므로 이 마지막 계명을 잊지 말아야 합니다. "인도 관계를 끝맺으라." 이 계명은 어느 계명보다도 덜 지켜지는 것이며, 지키지 않을 때 가장 해로운 결과를 낳는 것입니다. 비록 인도가 성공적으로 느껴지지 못했더라도 끝마침은 꼭 있어야 합니다.

개인적인 인도를 넘어서서

인도의 또 다른 형태를 제시함으로써 우리의 이해를 넓히며, 인도를 더욱 유용하게 활용할 수 있을 것입니다. 우리는 지금까지 마치 인도가 개인적인 차원에서만 일어나는 것으로 설명해 왔습니다. 사실 핵심은 그렇습니다. 그러나 인도는 개인적인 관계에서뿐만 아니라 다양한 목표를 가진 소그룹 상황에서도 이루어질 수 있습니다.

소그룹 인도

제자삼는 사역은 그룹 상황에서도 효과적으로 일어날 수 있습니다. 제자삼는 자는 훌륭하게 짜여진 훈련 프로그램을 사용하여 소그룹을 인도할 수 있습니다. 이러한 소그룹 프로그램에는 반드시 고려해야 할 두 가지 약점이 있습니다. 개인적인 제자삼는 사역에서는 직접 함께 행함을 통해 큰 유익을 얻을 수 있습니다. 제자삼는 자는 피인도자에게 실제 삶에서 어떻게 여러 가지 기술을 활용하는지를 보여 줄 수 있습니다. 이렇게 함께함으로써 피인도자의 의지 및 가치관을 변화시킬 수 있습니다. 그룹 상황에서는 종종 개인적인 접촉이 빠지는 경우가 생기며, 이로 말미암아 제자삼는 사역의 중요한 요소인 직접 함께 행하는 것을 빠뜨리게 됩니다. 두 번째 약점은 프로그램에의 순응이라는 문제입니다. 그룹으로 진행되는 제자삼는 프로그램은 대개 모든 사람이 동일한 시간 진행을 따라 동일한 것을 행하기를 요구합니다. 그러나 사람마다 동기력이 다르며, 정보를 받아들이는 능력이나 기술을 배우는 능력에서 차이가 납니다. 그룹에서 제공하는 프로그램의 모든 내용을 그룹 사람들 모두가 다 필요로 하는 것은 아니며, 모든 사람이 같은 빠르기로 이를 받아들일 수 있는 것도 아닙니다. 그러나 이러한 약점은 그룹으로 할 때 생기는 추진력에 의하여 보충될 수 있습니다. 약한 사람도 혼자 할 때보다 성장 속도가 빨라질 수 있으며, 다 마치기까지 합니다.

회계 책임을 진 동류 집단

서로 교제를 나누며, 성장을 위해 자극을 주고, 회계 책임을 지기 위하여 규칙적으로 모이는 동료들로 구성된 그룹에서 서로 영향을 주는 인도가 일어날 수 있습니다. 주로 동료들로 구성되어 회계 책임을 지는 집단에서 수평적 인도가 일어날 수 있습니다. 그러한 그룹에서는 대개 오랜 동안 서로에게 헌신해 왔습니다. 그들은 서로 깊이 있는 관계를 개발하며, 모임 속에서 높은 수준의 개방적인 분위기를 유지합니다. 그룹의 주안점은 성경공부, 기도, 교제 등 다양할 수 있지만 주된 목적은 서로에게 회계 책임을 지는 것입니다. 그리고 각 사람이 서로에게 개방적인 태도를 가짐으로써 다양한 관점을 접하게 되고 이를 통해 끊임없이 새로운 자극을 받을 수 있습니다. 수평적 인도의 주요한 기능은 이렇게 회계 책임을 진 동료 그룹에서 효과적으로 발휘될 수 있습니다.

"장인과 도제" 그룹

또 다른 형태의 상호 인도는 그룹의 한 명이 인도자가 되어 어떤 특별한 기술을 그룹 전체에 가르친다든지 할 때 일어납니다. 한 가지 예로, 교회 성장에 관한 상담을 주로 하는 한 기독교 기관의 후원 아래 단 리브스 박사가 인도한 그룹을 들 수 있습니다. 리브스 박사는 10-15명의 목회자로 이루어진 그룹을 석 달에 한 차례 정도 직접 만나 모임을 가졌습니다. 이 모임 사이에 목회자들은 매달 과제를 수행했는데, 이 과제에는 목회자 상호간의 수평적 인도와 교회 내에서의 하향 인도가 포함되어 있었습니다. 잘 짜여진 이 강력한 프로그램은 수직적 인도와 동료 사이의 상호 인도가 효과적으로 결합된 것입니다.

* * *

원거리 인도

원거리 인도는 피인도자가 어느 정도 성숙해 있어야 가능합니다. 피인도자가 먼저 시작해야만 하며, 책임을 질 줄 알고 다른 사람이 감독하지 않아도 과제를 성실히 해내는 사람이어야 합니다. 이러한 요소가 갖춰질 때 효과적인 인도가 일어날 수 있습니다.

제5장에 나온 예화에서, 패트가 인도를 통하여 목표로 한 것을 다 이루지 못한 상태에서 다이안이 다른 도시로 이사간 것에 대해서는 언급하지 않았습니다. 그러나, 한 시간 거리밖에 떨어져 있지 않았기 때문에 그들은 계속하기로 약속하였습니다. 그들은 3개월마다 한 번씩 만났으며, 두 주일에 한 번씩 전화로 통화를 했습니다. 만날 때마다 그들은 그 동안의 성장을 평가했으며, 목표를 새로이 정했습니다. 그리고 패트는 다이안에게 3개월 동안 할 수 있는, 사역과 성장에 필요한 몇 가지 과제를 주었습니다. 이렇게 해서 1년 동안 지속되었으며, 그들은 원래 목표한 바에 이르게 되었습니다. 인도는 끝났습니다. 그러나 긴밀한 친구 관계가 지속되었습니다.

어떤 교회 성장 전문가들은 석 달마다 한 번씩 그룹 차원에서 사람들을 직접 만나 돕는 방법을 택하고 있습니다. 그러나 이 방법 또한 우편으로 우송되는 과제를 통해 지속적 보살핌이 있습니다. 어떤 경우에는 과제를 토의하기 위하여 전화 약속을 하기도 합니다. 전화 통화 시간은 매우 효과적으로 진행되었는데, 그들의 우편 과제의 일부분이었기 때문입니다. 원거리 인도는 훌륭한 과제와 적극적 반응을 보이는 피인도자가 있을 때 효과적으로 진행됩니다.

* * *

우리 자신의 실수를 통해 배운 것

우리 둘[폴과 로버트]은 과거 몇 년 동안 인도에 참여하는 일이 계속 증가되어 왔습니다. 당신은 아마도 우리들의 실수로부터 유익을 얻는 점이 있을 것입니다. 우리는 분명히 많은 유익을 얻었습니다! 다음에 꼭 피해야 할 다섯 가지 실수를 소개합니다.

1. 인도 관계의 목표를 설정하는 데에 지나치게 주장하는 자세를 취하지 마십시오. 피인도자가 스스로의 동기력과 주인 의식을 가지고 적절한 목표를 정하도록 이끌어야 합니다.
2. 너무 일찍 너무 많은 과제를 주지 마십시오. 피인도자의 진행 속도에 맞추어 조절해야 합니다.
3. 중간에 관계가 미지근해지지는 않았는지 주의해서 보십시오. 인도 관계는 중간 지점에 가서는 시작할 때의 열정을 잃는 경향이 있습니다. 피인도자가 조금씩이라도 성장하도록 도와야 하며, 자주 만나야 합니다.
4. 피인도자를 주의 깊게 평가하여 선발하십시오. 그의 동기가 무엇인지를 파악하며, 반응의 적극성을 관찰하십시오. 올바른 시기도 매우 중요합니다.
5. 어설프게 끝을 내는 것을 주의하며, 회계 책임을 게을리하는 것도 주의하십시오. 인도 기간 동안에 피인도자에게 성실해야 하며, 올바로 끝마쳐야 합니다.

요약

인도 관계의 시작부터 우리가 제시한 "인도의 10계명"을 충실히 따른다면 나중에 많은 실망 거리와 오해를 줄일 수 있습니다. 우리는 다년간의 경험과 실패를 통하여 이 사항들을 알게 되었습니다. 핵심은 의사 소통을 잘하는 것이며, 처음부터 기대치를 분명히 정하는 것입니다. 우리는 지금도 이를 진행하면서 많은 것을 배우고 있습니다. 늘 우리가 처음에 바라던 대로 되지는 않았습니다. 그러나 당신이 그러한 성공적인 인도 관계를 경험한다면 이에 비길 것이 아무것도 없음을 알게 될 것입니다. 그것은 참으로 흥미진진한 일입니다!

추가 연구(13장)

1. 인도를 해보았던 사람과 만날 약속을 하십시오. 인도의 10계명을 적은 종이도 함께 가지고 가십시오. 인도자였던 그 사람에게 종이를 주면서 그 자신의 경험을 통하여 10계명에 추가하거나 바꾸고 싶은 것이 있는가 물어 보십시오.

2. 원거리 인도라는 개념은 인도자의 유용성에 어떤 도움이 됩니까? 인도자는 멀리 떨어져 있어도 당신에게 유용할 수 있습니까? 원거리 인도가 당신에게 유익하려면 당신에게 필요한 것은 무엇입니까?

3. "그룹 인도"에서 당신이 생각하는 장점은 무엇이 있습니까?

4. 당신이 참여했던 과거의 인도 상황을 생각해 보고 앞에서 말한 계명을 주의 깊게 살펴보십시오. 계명 중에서 어떤 것이 당신이 맺었던 관계에 도움이 되었겠습니까?

제 14 장
끝맺음을 잘하는 삶

❖

 오래 전 내[폴]가 만 35세가 되던 생일에 받은 카드에 "축하합니다! 이제 절반이군요!"라는 문구가 친필로 기록되어 있었습니다. 친구가 시편에 나오는 "우리의 연수가 칠십이요"(시편 90:10)라는 구절을 염두에 두었을 것이라는 생각을 하며 빙긋이 웃었습니다. 그때 나는 오늘날은 평균 수명이 훨씬 길어졌기 때문에 35세는 인생의 절반이 아니라 단지 전반부의 뒷부분이라는 생각을 했던 것이 기억납니다. 그러나 카드에 기록된 그 다음 문장이 내 마음을 뒤흔들어 놓았습니다. "인생의 남은 절반은 처음 절반보다 훌륭하고 멋진 삶이 되기를 바랍니다!"
 다음날 나는 친구의 생일 축하문을 더 깊이 생각해 보았습니다. 중년기에 처한 사람이라면 모두에게 그 내용이 해당될 것이 분명하였습니다. 상당히 성숙해 있고, 경험도 있으며, 힘도 있는 35세에 생각해 볼 때 다음 35년 동안에는 분명 더 훌륭하며, 열매가 풍성하고, 의미 있으며, 공헌을 많이 하는 삶을 살아야 할 것 같았습니다. 그러나 어떻게 그러한 삶을 살 수 있을 것인가?

인생을 훌륭하게 마무리한 사람은 참으로 적기 때문이었습니다.
　마지막을 훌륭하게 마치는 것에 대한 생각이 내 마음에 자리 잡기 시작하여 지속적인 연구 과제가 되었습니다. 잘 끝낸다는 말은 도대체 무슨 의미인가? 누가 잘 끝냈는가? 그렇지 못한 사람은 누구인가? 왜 그런가? 로버트와 내가 함께한 이후로 우리의 연구는 성경과 역사, 그리고 여러 전기물을 총망라하게 되었습니다. 우리 시대의 지도자들을 관찰했습니다. 이 연구를 통해서 우리는 큰 교훈을 얻었으며, 개인적인 도전을 받았고, 더욱 경각심을 가지고 삶에 임하게 되었습니다. 계속 연구를 하면서 많은 사람들이 그리스도를 따르기 시작하여 여러 영역에서 주님을 섬기며 풍성한 열매를 맺고 신앙이 성장하였지만 마지막까지 잘 마친 사람은 많지 않다는 데에 놀라게 되었습니다. 어떤 것이 주님께 대한 열심과 결단과 사랑을 잃게 하였습니다. 분명한 결단의 시점 또는 인생 길의 갈림점을 맞게 되었을 때, 그 갈림길에서 올바른 길을 택한 사람도 있었지만 그렇게 하지 못한 사람들도 있었습니다. 혹은 수많은 작은 결정들을 통하여 그리스도의 제자로서 살아가는 삶에 더욱 가까이 간 사람들도 있었고, 멀어진 사람도 있었습니다.
　사도 바울은 끝맺음을 성공적으로 잘하는 것에 집념을 가지고 있었습니다. 그는 인생을 경주로 생각했습니다. 에베소 교회의 장로들을 마지막으로 만나면서, 바울은 다음과 같이 말했습니다. "나의 달려갈 길과 주 예수께 받은 사명 곧 하나님의 은혜의 복음 증거하는 일을 마치려 함에는 나의 생명을 조금도 귀한 것으로 여기지 아니하노라"(사도행전 20:24). 바울은 마지막을 성공적으로 끝마치는 것을 너무도 중요하게 생각하였기 때문에 고린도 교인들에게도 다음과 같이 권면하였습니다. "…오직 상 얻는 자는 하나인 줄을 너희가 알지 못하느냐. 너희도 얻도록 이와 같이 달음질하라.… 내가 달음질하기를 향방 없는 것같이 아니하고 싸우기를 허공을 치는 것같이 아니하여"(고린도전서 9:24-26). 그는 "남에게 전파한 후에 자기가 도리어 버림이 될까 두려워하였기"(27절) 때문에 자기의 몸을 쳐서 복종시켰습니다. 생의 마지막 시점에 서서 그는 기쁨이 충만하여 다음과 같은 간증을 했습니다. "내가 선한 싸움을 싸우고 나의 달려갈 길을 마치고 믿음을 지켰으니"(디모데후서 4:7).

무엇이 사도 바울로 하여금 지속적으로 달리며 앞으로 나아가게 했습니까? 아마도 어떠한 일이 일어나더라도 하나님께 시선을 고정하여 끝까지 주님의 사람으로 남겠다고 결심한 다니엘과 그의 세 친구 사드락, 메삭, 아벳느고에게 동기를 주었던 것과 같을지도 모르겠습니다. 아니면 다윗, 요셉, 사도들, 바나바, 조지 뮐러, 빌리 그래함이나, 혹은 별로 유명하지는 않지만 그들을 아는 사람들에게는 큰 영향을 미쳤던 수많은 그리스도인들에게 동기를 주었던 것일지도 모르겠습니다.

마지막을 성공적으로 끝낸다는 것은 완전함에 도달했다는 의미가 아니라 바울처럼 끝까지 그것을 추구하는 삶을 지속했다는 의미입니다. 즉 당신이 인생을 마칠 시간이 다가올 때도 그리스도를 사랑하고 주님과 더욱 친밀해지는 면에 계속 성장하고 있으며, 주님을 알게 하는 일을 계속하고, 여전히 주님의 제자로서 살며, 하나님께서 당신 주위에 보내 주신 사람들을 사랑하고, 끊임없이 하나님의 뜻을 찾고 행하는 일에 드려지고 있다는 것을 의미합니다.

우리가 연구한 수많은 지도자들에 대한 기록들을 비교해 보았는데, 그들 중에는 성공적으로 끝마친 사람들도 있지만 그렇지 못한 사람들도 많았습니다. 성공적으로 끝마친 사람들에게는 공통적인 특징이 있는 것처럼 보였습니다. 마찬가지로 성공적으로 끝마치지 못한 사람들에게는 공통적으로 부족한 요소들이 있었습니다.

표 14-1. 끝맺음을 잘한 사람들의 특징

1. 전망을 가지고 있었으며, 이로 말미암아 초점 있는 삶을 살 수 있었다.
2. 그리스도와 친밀한 관계를 누렸으며, 내적으로 새로워지는 경험을 지속적으로 하고 있었다.
3. 중요한 삶의 영역들에서 훈련되어 있었다.
4. 평생 동안 긍정적으로 배우려는 태도를 유지하였다.
5. 의미 깊은 관계 속에서 관계망을 형성하고 있었으며, 중요한 영향을 준 인도자들이 있었다.

전망은 훌륭한 지도자와 끝맺음을 성공적으로 잘한 사람들에게서 공통적으로 찾아볼 수 있는 가장 두드러진 특징입니다. 전망을 가진 사람은 현재 상황을 폭넓은 시야로 볼 줄 아는 능력과 현재 일어나고 있는 일을 장기적 관점에서 볼 줄 아는 능력이 있습니다. 전망이 분명하고 올바르면, 중요한 일과 우선적으로 해야 할 일에 초점을 맞출 수 있습니다. 전망이 없으면 초점을 상실하게 됩니다.

대학에 있는 나의 한 친구는 종종 조각 그림 맞추기 퍼즐을 구입하여 기숙사 내에서 팀끼리 경쟁을 시키곤 했습니다. 어느 팀이 가장 빨리 그림을 맞추느냐를 가리는 것입니다. 모두들 아주 잘하는 수준에까지 이르렀습니다. 그런데 어느 날 그림 조각들을 바닥에 쏟아 놓고 원래 완성된 그림 모양은 보여 주지 않았습니다. 전체적인 모양을 몰랐기 때문에 그들은 당황하였고, 그림 조각들을 맞추는 데에 원래 수분이면 충분하였으나 몇 시간이나 걸렸습니다.

전망은 조각 그림 맞추기 퍼즐 상자에 그려져 있는 완성된 그림과 같습니다. 우리가 어떻게 살며 어떻게 기여해야 할지를 분명히 모르면, 우리는 이곳저곳 힘을 쏟기는 하지만 평범한 삶을 살 수밖에 없습니다. 여러 가지 다양한 영역에서 조금씩은 다 하지만 어느 하나 효과적으로 이루는 일은 없습니다. 주위에 영향력을 끼쳤던 사람들은 필요한 영역에 초점을 맞출 줄 알았으며, 그 초점을 계속 유지할 줄 알았던 사람들이었습니다.

사도 바울은 전망과 초점이 어떻게 연결되는지에 대하여 잘 보여 주고 있습니다. 빌립보서 1:12-19에서 바울은 자기가 감옥에 갇혔다는 사실을 아는 사람들이 경쟁심과 그릇된 야망과 악한 마음을 가지고 그리스도를 전하고 있다는 소식을 들었습니다. 그는 이에 대해 화를 내며 그들의 행동을 멈추도록 할 수도 있었을 것입니다. 그러나 그의 사역의 초점은 이방인에게 그리스도를 전하는 것이었습니다(골로새서 1:27, 갈라디아서 2:7).

이러한 전망 때문에 그는 하나님의 구원은 전하는 사람의 동기나 혹은 전하는 방식이 아니라 그리스도의 이름으로 말미암는다는 사실을 기억할 수 있었으며, 하나님께서는 감옥에 갇혀 있는 그의 상황과 다른 사람들을 사용하여 그의 사역의 초점이었던 이방인 세계에 복음을 확장하는 일을 하고 계셨음을 알 수 있었습니다.

당신은 경험을 쌓고 그 경험을 하나님 앞에서 깊이 생각하는 것을 통하여 전망을 계발할 수 있습니다. 시편 73편에 나오는 아삽의 경우에, 악한 사람은 형통하지만 경건하게 살고자 노력하는 자기는 보상을 전혀 받지 못하는 것 같아 실망이 되었습니다.

"내가 어찌면 이를 알까 하여 생각한즉 내게 심히 곤란하더니 하나님의 성소에 들어갈 때에야 저희 결국을 내가 깨달았나이다"(16-17절). 올바른 전망은 하나님 앞에 나아가 말씀을 들을 때에 생깁니다.

초점은, 그리스도의 우선 순위가 무엇인지를 이해하고 개인적으로 적용할 때에 선명해집니다. 지름길은 없습니다. 시간을 필요로 하며, 그리스도와 성경 말씀을 아는 일에 적극적으로 투자해야 합니다. 그리하여 주님의 관심사가 당신의 마음을 사로잡게 해야 합니다. 자기의 삶에서 이러한 요소를 생각할 줄 아는 인도자나 동료는 참으로 큰 자원이 됩니다.

그리스도와의 친밀함은 당신의 내적인 삶에 핵심이 되어야 합니다. 이스라엘의 왕이었던 솔로몬은 잠언에서 "무릇 지킬 만한 것보다 더욱 네 마음을 지키라. 생명의 근원이 이에서 남이니라"(잠언 4:23)고 말했습니다. 다른 사람을 이끌고 섬기는 능력은 당신의 내적인 삶에서 비롯됩니다. 사도 바울의 삶도 그리스도를 더욱 친밀히 알아 가는 것에 초점을 맞추고 있었습니다(빌립보서 3:10). 그는 이를, 평생 동안 추구해야 하며 엄청난 투자가 필요한 일로 생각했습니다.

요한복음 14:21에서 예수님께서는 "나의 계명을 가지고 지키는 자라야 나를 사랑하는 자니, 나를 사랑하는 자는 내 아버지께 사랑을 받을 것이요, 나도 그를 사랑하여 그에게 나를 나타내리라"고 약속하십니다. 말씀에 순종하면 주님의 사랑을 받으며 주님의 나타나심을 더욱 경험하게 됩니다. 마태복음 11:28-30에서 주님께서는 "나의 멍에를 메고 내게 배우라"고 말씀하십니다. 즉, 주님께 순종하며 함께 동역함으로써 주님을 알아 가라는 말입니다. 내가 어렸을 때 한번은 아버지와 온종일 무척 힘든 수리

작업을 했던 적이 있습니다. 우리 둘밖에 없었습니다. 수도관과 밸브를 고치느라 여러 가지 생각을 하고, 땅을 파고, 푸념도 하며, 땀을 흘리고, 여러 가지 대화를 나누었습니다. 나는 그 경험을 통하여 이전의 어떤 때보다 아버지를 더욱 잘 알게 되었습니다. 우리는 함께 "멍에"를 메었던 것입니다.

주님과 함께 시간을 보내며, 주님께 순종하기를 힘쓰고, 주님의 양을 치는 일에 부지런히 함께할 때(요한복음 21:15-17, 마태복음 25:40) 주님과의 친밀함이 계발되며, 당신의 삶의 모든 영역에 영향을 받을 것입니다. 그리스도를 닮은 온전한 성품은, 성령께서 당신의 삶을 더욱 주장하며 당신이 그리스도와 친밀한 교제의 경험을 더욱 해나갈 때, 자연스럽게 당신의 삶에 자리잡게 될 것입니다.

당신의 외적인 삶에서 부족함이 드러날 때, 이는 분명히 아무도 볼 수 없는 당신의 내적인 삶이 온전하지 못하다는 것을 드러내 주는 증상이 됩니다. 그리고 당신의 내적인 삶이 온전하지 못할 때는 영적인 능력이나 확신, 자유함, 혹은 개방적인 태도는 찾아볼 수 없습니다. 내적인 삶에서의 온전함에 이르는 비결은 바로 그리스도와 친밀해지는 것입니다.

우리가 연구한 여러 지도자들 중에서 마지막까지 성공적으로 살지 못한 사람들을 보면 그들은 대개 내적인 삶에서 실패하였습니다. 그들은 온전함을 지키지 못하고, 그릇된 선택을 하였습니다. 자신의 내적 삶과 진리 사이에 틈이 계속 커나가는 것을 자신들은 알고 있었기 때문에 다른 사람들에게 이런 사실이 드러나는 것을 두려워하였고, 그들에게 꼭 필요한 교제에서 멀어지기 시작했습니다. 그 결과 그리스도와의 교제에서도 멀어지게 된 것입니다.

수년 전에, 나는 나보다 연장자인 한 형제를 만났습니다. 그는 그리스도와의 친밀한 교제를 즐기며 온전한 성품과 성령의 열매를 삶에서 보여 주고 있었으며(갈라디아서 5:22-23), 그리스도의 영광을 추구하는 열정을 갖고 있었습니다. 그와 함께 기도할 때 나의 마음은 그리스도의 임재하심으로 가득 차게 되었고, 그가 주님과 누리고 있는 친밀함을 맛볼 수 있었습니다. 나는 그에게 주님과 어떻게 관계를 맺고 있으며 어떻게 개발했느냐고 물었습니다. 그는 자기가 마태복음 22:37-39 말씀을 지키기로 헌신한 때부터 변화가 시작되었다고 했습니다. "예수께서 가라사대 네 마음을 다하고 목숨을 다하고 뜻을 다하여 주 너의 하나님을 사랑하라 하셨으니 이것이 크고 첫째 되는 계명이요, 둘째는 그와 같으니 네 이웃을 네 몸과 같이 사랑하라 하셨으니."

그에게서 도전을 받은 나는 더 깊은 수준으로 그리스도와의 친밀한 교제를 발전시키기로 했습니다. 당신은 예수님의 그 계명을 지키기 위하여 시도해 본 적이 있습니까? 예수님께서는 아버지 하나님을 사랑하는 면에서 이러한 본을 보이셨습니다. 주님의 생애를 살펴봅시다.

- ◆ "그러나 내 원대로 마옵시고 아버지의 원대로 되기를 원하나이다"(누가복음 22:42).
- ◆ "내가 항상 그의 기뻐하시는 일을 행하므로…"(요한복음 8:29).
- ◆ "…나는 그를 알고 또 그의 말씀을 지키노라"(요한복음 8:55).
- ◆ "지금 내 마음이 민망하니 무슨 말을 하리요. 아버지여, 나를 구원하여 이때를 면하게 하여 주옵소서. 그러나 내가 이

를 위하여 이때에 왔나이다. 아버지여, 아버지의 이름을 영광스럽게 하옵소서"(요한복음 12:27-28).
◆ "내가 내 자의로 말한 것이 아니요, 나를 보내신 아버지께서 나의 말할 것과 이를 것을 친히 명령하여 주셨으니"(요한복음 12:49).
◆ "아버지께서 내게 하라고 주신 일을 내가 이루어 아버지를 이 세상에서 영화롭게 하였사오니"(요한복음 17:4).
◆ "검을 집에 꽂으라. 아버지께서 주신 잔을 내가 마시지 아니하겠느냐"(요한복음 18:11).

이 여러 구절을 통해 자신의 뜻을 굴복시키는 태도, 아버지 하나님을 기쁘시게 하려는 열망, 모든 일에 있어서의 신뢰 등 하나님의 영광을 위한 열망이 드러나 있음을 볼 수 있습니다. 예수님께서는 아버지를 잘 알고 계셨기 때문에 아버지와 조화를 이루며 동행하셨고, 모든 문제를 아버지께 가지고 가서 많은 시간을 보내셨습니다. 당신은 다음과 같이 말할 수도 있을 것입니다. "예수님이시니까 그렇지. 나는 절대로 그렇게 하지 못할 거야!" 아니면, 예수님의 본을 따르는 시도를 할 수도 있을 것입니다. 그렇게 하면 하나님께서는 당신을 만나시며, 당신의 노력에 능력을 더하여 주실 것입니다. 우리는 이에 대하여 자신 있게 증거할 수 있습니다.

훈련은 성공적으로 끝마친 사람들의 삶의 모든 영역에서 나타난 요소는 아닙니다. 그러나 중요한 삶의 영역에서는 반드시 드러났습니다. 물론 사람마다 영역이 다르기는 합니다. 예를 들어, 어떤 사람들은 기도 생활과 성경공부에서 훈련이 되어 있었지만 체중 조절에는 그렇지 못했습니다. 어떤 사람들은 일정을 관리하는 데는 훈련되어 있었지만, 조직하는 면에서는 훈련되지 못하였습니다. 이러한 예를 더 많이 들 수 있습니다. 그러나 분명 삶의 중요한 영역에서는 훈련이라는 요소가 드러났습니다.

웹스터 사전에서는 훈련을 다음과 같이 정의합니다: "자기 절제, 성품, 또는 질서와 효율을 향상하기 위한 연습." 성공적으로 잘 마치기 위해서는 자기 절제가 있어야 하며, 자신의 힘을 목표한 방향으로 흐르게 하는 면에 훈련이 되어 있어야 합니다. 천재적인 아이들을 가르치는 일에 전문가인 낸시 모이어는 다음과 같이 말했습니다. "재능이 많은 아이들이 하나님께 받은 그들의 은사를 낭비해 버리는 것을 보는 것보다 더 실망적인 일은 없습니다. 재능이 많은 아이들이라도 잠재력을 다 발휘하는 아이들은 극히 적습니다. 이는 단순한 한 가지 이유 때문인데, 바로 훈련의 부족입니다. 심지어 재능 있는 어른들도 마찬가지입니다."

당신이 가진 재능, 기술, 그리고 능력이 생의 목표를 추구하는 데에 있어서 진정한 자원과 자산이 되려면 훈련이 꼭 필요합니다. 어떤 영역에서 필요합니까? 바로 마지막까지 성공적으로 끝내기 위하여 필요한 영역들에서입니다.

선교사들은 잃어버린 사람들을 구하기 위하여 다른 문화권 혹은 다른 민족에게 갈 때 흔히 고린도전서 9:19-23을 생각합니다. 이를 통해 그들이 만나려고 하는 사람들의 생활 양식에 자기들의 생활 양식을 맞추는 데에 지침을 얻으려 하기 때문입니다. 이 구절에서 사도 바울은 기본 목표가 "더 많은 사람들을 얻는 것"이라고 말했습니다. 그래서 그는 "여러 사람에게 여러 모양"이 되었습니다. 율법 아래 있는 자, 율법 없는 자, 약한 자, 강한 자 등 각양각색의 사람들에게입니다. 그는 "복음을 위하여 모든 것을" 행했습니다.

선교사들을 도와주는 사람으로서 나는 많은 선교사들이 생활 양식 때문에 갈등하고 있음을 발견합니다. 그들이 처한 문화의 그릇된 면에 빠져들거나 크게 유혹을 받는 생활을 하고 있기 때문입니다. 복음과는 정반대 되는 생활을 하는 사람들 속에서 잘 어울리면서도 영적으로 견고한 삶을 살며 열매를 풍성히 맺고 있는 한 선교사가 자기의 비결을 다음과 같이 말하였습니다. "고린도전서 9장의 마지막 네 구절을 잘 적용하여야 합니다."

앞에서 말한 바와 같이, 고린도전서 9:24-27에서 바울은 훈련과 함께 인내에 대하여 강조하고 있음을 볼 수 있습니다. 25절과 27절에서 핵심을 볼 수 있습니다. "우승을 하려면 달리는 데 온 힘을 쏟기 위해서 모든 것을 절제해야 합니다.… 운동 선수처럼 나는 내 몸을 엄격히 단련합니다. 내 멋대로가 아니라 마땅히 할 일을 해낼 수 있도록 훈련합니다. 그렇게 하지 않으면… 실격자가 되어 퇴장 명령을 받을지도 모르기 때문입니다"(현대어성경). 바울은 절제와 훈련에 대하여 말하고 있습니다. 당신의 생활 방식에서 "여러 사람에게 여러 모양"이 되는 유연성을 지니기 위해서는 당신의 내면 생활을 건강하게 유지하는 데 필요한 영역에서 훈련이 되어 있어야 합니다. 그렇지 않으면 "실격자가 되어 퇴장 명령을 받을지도" 모르며, 경주를 완주하지 못하게 됩니다.

당신의 내면 생활을 건강하게 유지하며 영적으로 성장하는 일에 절대적으로 필요하다고 생각하는 영역은 무엇입니까? 그리스도와의 친밀한 교제에 도움을 주는 것은 무엇입니까? 아마도 이러한 영역에 대한 훈련을 하기 원할 것입니다. 단지 훈련을 위한 훈련은 하지 마십시오. 이런 훈련은 율법주의에 흐르거나 짐만 될 뿐입니다. 그리스도와 친밀한 교제를 나누며, 영적 성장에 도움이 되고, 사역에 도움이 되며, 그리스도를 위하여 유익한 훈련을 하십시오. 올바른 영역에서 올바른 목적을 가지고 훈련하면, 당신은 계속 성장하며 하나님의 은혜를 더욱 누려 가고, 성령께 더욱 성숙한 반응을 보이게 될 것입니다.

우리가 관찰한 바로는, 대부분의 사람들은 마흔 살이 되면 배우는 삶을 중단합니다. 이 말은 그들이 더 이상 지식을 습득하고, 이해력을 높이며, 경험을 쌓아 개인적으로 성장하며, 다른 사람에게 유익을 주는 일에 발전하지 않는다는 의미입니다. 대부분의 사람들은 그들의 기존 지식에 의존합니다. 그러나 마지막까지 성공적으로 사는 사람은 평생 동안 긍정적으로 배우는 태도를 유지합니다.

많은 사람들이 정체 상태에 다다릅니다. 특히 지도자들이 그러합니다. 그들은 자기들이 처한 상태에 만족하게 되고, 이미 알고 있는 지식에 만족하며 지냅니다. 이러한 양상은 충분히 편한 생활을 할 정도로 무언가를 얻었을 때나 비교적 안정되고 앞일이 예상 가능한 상황에 처했을 때 일어납니다. 그러나 이는 성경에서 말하고 있는 청지기의 원리와는 정반대입니다.

우리가 관찰한 사실은, 하나님께서는 섭리를 따라, 믿는 이로 하여금 하나님의 영광과 하나님의 목표를 위하여 각자의 능력을 계발하거나 사용하도록 도전하신다는 것입니다. 그런데 많은 사람들은 자기에게 그런 능력이 있는지조차 깨닫지 못합니다. 하나님께서 사람들이나 사건들을 통하여 특별히 인도하셔서 성장을 자극하실 때라야 비로소 깨닫습니다. 우리는 하나님께서 우리에게 허락하신 것을 지속적으로 개발해야 할 청지기 직분을 가지고 있습니다.

선명한 전망을 가지고 있으면 당신이 지속적으로 성장하고 목표로 하는 바를 추구하기 위해 어떤 것을 배워야 할지를 파악하는 데 도움이 됩니다. 배우는 것과 성장하는 것에 가치를 두는 사람들과 계속 교제 가운데 있는 것도 유익합니다. 새롭고 도전적인 상황에 들어가는 것은 배우는 삶에 자극을 얻는 데에 도움이 됩니다.

나[폴]의 어머니는 85세이신데 언제나 독서를 하십니다. 영양학에 대하여 더욱 많은 지식을 습득하시는데 이것이 어머니의 취미입니다. 또한 다른 사람들과 대화를 나누며 어떻게 살고 있는지를 나누십니다. 어머니는 노인 성경공부 모임에 초청을 받았는데 딱 한 번 참석하였습니다. 후에 젊은 여성들과 하는 성경공부에도 함께하게 되었는데, 매주마다 미리 준비를 해야 하는 성경공부였습니다. 나는 어머니께 왜 노인 성경공부반에 계속 다니지 않으시는지를 여쭈어 보았습니다. 어머니는 다음과 같이 말씀하셨습니다. "아, 그 사람들은 아주 좋아. 하지만 그들은 단지 이전과 똑같은 것들에 대해서만 이야기하기를 원해. 나는 새로운 것을 배우고 싶거든." 어머니는 계속 배우고 계십니다. 분명 마지막까지 잘 마치실 것입니다.

우리가 연구한 지도자들은 제각기 의미 있는 관계망을 가지고 있었습니다. 그리고 일생 동안 주요한 영향을 끼친 몇 명의 인도자들이 있었습니다. 이 관계망에 대하여는 앞에서 다루었기 때문에 더 이상 설명을 하지는 않겠습니다. 하지만 꼭 기억해야 할 중요한 사실은, 훌륭한 인도자와 동료들이 있으면 당신이 끝맺음을 잘하는 삶을 사는 데 큰 도움과 격려가 된다는 것입니다. 예를 들면 다음과 같습니다 :

◆ 인도자는 당신의 발전을 위한 중요한 단계에서 전망을 제공합니다.

◆ 우리에게는 끊임없이 새로워지는 경험이 필요한데, 인도자는 당신이 이러한 경험을 하도록 도와줍니다.
◆ 인도자는 당신의 삶에 나타나는 부정적 습관, 좋은 기회에 대한 소극적 태도, 혹은 권위나 권세의 남용과 같은 문제를 파악하여 경계해 줄 수 있습니다.
◆ 동료와 인도자는 당신이 개인의 삶과 성장과 그리스도와의 친밀한 교제의 면에 회계 책임을 질 기회를 제공하며 자극을 줍니다.
◆ 동료와 인도자는 당신이 올바른 훈련을 하며, 새로운 전망을 얻도록 격려해 줄 수 있습니다.
◆ 동료와 인도자는 올바른 가치관과 긍정적으로 배우는 태도에 대한 본을 보여 줄 수 있습니다.
◆ 인도자는 당신이 성장과 변화 없이 정체 상태에 머물러 있을 때 더욱 배우는 삶을 살도록 자극을 줄 수 있습니다.

지금까지 표 14-1에 나오는 "끝맺음을 잘한 사람들의 특징"에 대하여 살펴보았습니다. 한 친구와 함께 이 중에 한 가지 특징을 개발하는 것부터 시작해 보시기 바랍니다. 이미 하고 있다면 서로 더욱 자극을 주십시오. 함께하면 서로 힘이 됩니다. 일생 동안 이러한 자질이 개발될 수 있을 것입니다. 그리고 당신이 일찍 시작하면 할수록 마지막까지 성공적으로 살 가능성은 더욱 커집니다. 당신의 목표는 단지 경주를 끝내는 것이 아니라 성공적으로 끝내는 것임을 잊지 마십시오. 그리고 당신의 생애 마지막에 가서만이 아니라 매일, 매달, 매년을 성공적으로 마치는 것임을 기억하십시오. 성공적으로 잘 마치는 것을 하나의 습관으로 기르도록 하십시오.

만약 성공적으로 마치는 여섯 번째 요소를 첨가한다면, 다른 사람을 성공적으로 끝마치는 사람이 되도록 돕는 것입니다. 이를 격려하기 위하여 우리가 좋아하는 다음 시를 소개함으로써 끝을 맺고자 합니다. 시간을 들여 자세히 읽어 보고, 그 의미를 묵상해 보십시오.

경 주

D. H. 그로버그

I.

"그만! 포기하시오! 당신은 실패했오!"
사람들은 내게 소리치며 만류합니다.
"지금은 당신이 감당하기 힘든 장애물이 너무 많소.
이번에는 성공할 수 없단 말이오!"

눈앞을 가리는 실패에 직면하여
부끄러워 고개를 숙이기 시작할 때,
떨어지던 고개는 문득
한 경주 이야기가 떠오르며 멈추어 섭니다.

그 이야기의 장면을 생각하면
연약해진 마음에 희망이 생깁니다.
그 단거리 경주 생각이
내 삶에 활기를 더해 주기 때문입니다.

II.

아이들-어린 소년들의 경주가
선명히 떠오릅니다.
우리 모두 경험했듯이,
손에 땀을 쥐게 하고, 마음은 조마조마합니다.

모두 희망에 부풀어 출발선에 섭니다.
저마다 1등을 하리라 생각합니다.
아니면 공동 1등이든지, 최소한
2등은 차지하리라 생각합니다.

경기장 밖에서는 아버지들이 지켜보고 있습니다.
저마다 자기 아들을 응원합니다.
그리고 소년들은 자기가 1등을 하는 모습을
아빠에게 보이고 싶어합니다.

호루라기 소리가 나고 모두들 달려나갑니다!
젊음이 약동하며 희망으로 불타오릅니다.
1등을 해서 영웅이 되는 것이
그 모든 소년들의 꿈입니다.

한 소년이 선두로 나섰습니다.
그 소년은 생각합니다.
"관중 속에서 지켜보시는 아빠는
틀림없이 자랑스러워하실 거야!"

그러나 내리막길을 질주하다
약간 우묵한 곳을 지나게 되었습니다.
1등을 하리라 생각했던 그 자그만 소년은
그만 발을 헛디뎌 그곳에서 미끄러졌습니다.

넘어지지 않으려고 애를 쓰며
손을 뻗쳐 기운을 내려 했지만,
관중들의 웃음소리 속에
앞으로 푹 쓰러졌습니다.

넘어짐과 동시에 희망도 땅에 떨어졌습니다.
이제는 1등을 할 수 없게 되었습니다.
당황하고 서글픈 마음에 사로잡혀서
그냥 어디론가 사라지고 싶었습니다.

아버지가 벌떡 일어났습니다.
그리고 염려스런 표정을 그에게 보내 주었습니다.
그것은 소년에게 "일어나라! 그리고 우승해라!" 하고
분명히 말해 주는 것처럼 보였습니다.

소년은 벌떡 일어났습니다. 상처를 입지는 않았습니다.
단지 조금 뒤떨어졌을 뿐입니다. 그것뿐입니다.
그리고 온 힘을 다해 달렸습니다.
넘어져서 뒤진 것을 만회하고 싶었습니다.

어서 빨리 뒤진 것을 만회하여

아이들을 따라잡고 1등을 하고 싶었기 때문에
발보다 마음이 앞섰습니다.
그는 다시 미끄러져 넘어졌습니다!

그때 소년은 한 번 넘어졌을 때 그냥 포기하는 게
차라리 나을 뻔했다고 생각했습니다.
"이제는 경주자로서 희망이 전혀 없어!
경기를 그만두어야겠어."

그러나 소년은 웃고 있는 관중들 속에서
아버지의 얼굴을 찾았습니다.
묵묵히 쳐다보시며 다시 말씀하시는 것 같았습니다.
"일어나라! 어서 달려라!"

소년은 다시 벌떡 일어났습니다.
꼴찌에서 열 걸음이나 뒤졌습니다.
소년은 생각했습니다.
"저만큼 따라잡으려면 정말 열심히 뛰어야 해."

젖 먹던 힘까지 다 내어
열 명 가량 따라잡았습니다.
그러나, 선두를 뒤따라 잡으려던 열심이 지나쳐
다시 미끄러져 넘어졌습니다!

패배! 잠잠히 엎드러져 있는 소년의 눈에서는
눈물 방울이 떨어졌습니다.

"더 이상 뛰어도 소용이 없어. 세 번이나 넘어졌는 걸!
나는 실격이야! 이젠 더 못 뛰겠어."

다시 일어나 뛰고자 하는 의지도,
마음속에 품은 모든 희망도 사라져 버렸습니다.
한참이나 뒤쳐졌고, 실수 투성이어서
계속 패배자로 남을 것입니다.

"나는 졌어. 이젠 아무 소용도 없어.
이젠 수치 가운데 살아야 돼."
그러나 소년은 아버지의 얼굴을 떠올렸습니다.
조금만 있으면 대면할 것입니다.

"일어나라"는 소리가 나지막이 들렸습니다.
"일어나라. 다시 달려라.
너는 여기서 실패자로 남을 사람이 아니다.
일어나라. 경주에서 승리해라."

"맘에 내키지 않아도 내 말을 듣고 일어나라.
잃은 것은 아직 아무것도 없다.
승리는 거창한 것이 아니라
다름 아닌 네가 넘어질 때마다 일어나는 것이란다."

그래서 소년은 다시 일어나 뛰기 시작했습니다.
새로운 결심을 했습니다.
경주에서 이기든 지든

절대로 그만두지 않기로 마음먹었습니다.

소년은 세 번이나 땅에 엎드러졌지만
세 번 모두 다시 일어났습니다.
1등을 하기에는 너무나 뒤쳐져 있었지만
여전히 목표를 향해 뛰었습니다.

1등 선수가 들어오자
관중들은 환호를 보냈습니다.
그는 의기양양하였고, 긍지와 기쁨이 넘쳤습니다.
넘어진 적도 없고, 수치스러운 것도 없었습니다.

그러나 넘어졌던 그 소년이
마지막으로 들어올 때
관중들은 더 큰 환호를 보냈습니다.
완주를 했기 때문입니다.

비록 그가 꼴찌로 들어와서
고개를 숙이고 부끄러워하였지만
당신이 만약 관중들의 환호를 들었다면
소년이 우승하였다고 생각했을 것입니다.

소년은 풀이 죽은 얼굴로 말했습니다.
"아버지, 저는 별로 못했어요."
아버지는 대답했습니다. "내가 보기엔 네가 승자다.
너는 넘어질 때마다 일어났으니까 말이다."

III.

그리고 상황이 암담하고 어려워 보이며
대처하기가 힘들어 보일 때
그 어린 소년의 이야기가 생각납니다.
나의 경주를 할 힘을 얻습니다.

인생의 모든 일은 그 경주와 같습니다.
온통 성공과 실패로 가득 차 있습니다.
그러나 당신이 승리하기 위해 필요한 것은
단지 넘어질 때마다 다시 일어나는 것입니다.

"그만둬! 포기해! 너는 졌어!"
눈앞에 들려 오는 소리입니다.
그러나, 내 안에서 또 다른 소리가 들려 옵니다.
"일어나라! 어서 달려라!"

부록 :
성인 학습의 네 가지 원리

말콤 노우레스는 성인 학습의 특징 네 가지를 발견하였는데, 우리는 이 원리를 본서의 인도 상황에 적용하였습니다.

1. 사람에 따라 다르기는 하지만 성인들은 일반적으로 자발적으로 배우는 것을 좋아하는 경향이 있다.

    의미 : 인도자는 이 원리를 이해하고, 피인도자의 학습과 성장을 추구할 때에는 이 원리를 충분히 활용해야 합니다. 피인도자의 개발을 위한 과제를 계획할 때에는 반드시 피인도자가 참여해야 합니다. 인도자는 학습과 성장의 목표에 집중하도록 도와주며, 진보를 이루기 위해 필요한 자원과 아이디어와 피드백을 제공해 주어야 합니다.

2. 성인들은 경험을 통하여 배우는 것을 가치 있게 생각하는 태도가 점점 증가한다.

    의미 : 성인 피인도자의 경우에 경험은 언제나 훌륭한 선생님입니다. 이는 경험을 통하여 중요한 지식과 새로운 경험을 얻을 수 있으며, 학습 과정을 자극받을 수 있기 때문입니다. 지각 있는 인도자라면 경험을 기초로 한 과제나 방법을 사용할 것이며, 여기에는 스스로 발견하는 경험을 하도

록 기회를 주는 것이 포함됩니다. 사례 연구, 관찰과 설계, 토의, 실험, 모의 실험, 현장 체험(배우고 있는 개념의 적용이 필요할 때 하는 활동), 그리고 평가 등이 경험에 기초를 둔 학습 방법들입니다.

3. 성인의 경우에 자발적으로 배우려는 태도는 주로 과업을 성취하거나 혹은 현실 생활에서 직면한 문제를 풀어야 할 필요가 있을 때 생긴다.

   의미 : 현실 생활에서 생기는 문제들을 성공적으로 다루기 위해서 피인도자들은 배우고 성장할 필요성을 느끼며 도전을 받습니다. 현명한 인도자는 이러한 동기력을 효과적으로 활용합니다. 그래서 닥친 문제를 해결하기 위한 실제적인 방법(학습, 개인 성장, 기술 계발 등)을 피인도자가 파악할 수 있도록 도와줍니다.

4. 성인들은 학습을, 자기가 가진 잠재력을 실생활에서 최대로 개발함으로써 자신의 능력을 향상시킬 수 있는 과정으로 생각한다.

   의미 : 성인들은 배움의 결과가 자기 개인에게 유익하다고 생각할 때 동기를 부여받습니다. 그러므로 피인도자는 자신이 배운 내용이 현재 상황에도 적절하게 적용될 수 있음을 알고 있어야 합니다. 또한 그는 앞으로 중요한 영역에서 개인적으로 상당한 성장이 있으리라는 것도 인식하고 있어야 합니다. 만약 이러한 시야가 없으면 피인도자는 학습 과정을 포기할 것입니다. 인도자는 피인도자의 성장에 대한 기대치와 예견되는 결과 사이의 관계를 분명하고 실제적이

며 각 개인에게 맞게 보여 주어야 합니다. 그 이후에 인도자는 그 방향으로의 성장을 촉진시킬 수 있습니다. 성인들은 배우는 데 있어서 목표 지향적입니다.

인도 : 삶으로 전달되는 지혜

2000년 4월 3일 초판 1쇄 발행
2022년 5월 6일 초판 5쇄 발행

펴낸곳: 네비게이토 출판사 ⓒ
주소: 03784 서울시 서대문구 연희로 16 (창천동)
전화: 334-3305(대표), 334-3037(주문), FAX: 334-3119
홈페이지: http://navpress.co.kr
출판등록: 제10-111호(1973년 3월 12일)
ISBN 978-89-375-0237-8   03230

본 출판사의 서면 허락 없이는 본서의 전부
또는 일부의 무단 복제 및 무단 번역을 금합니다.